イスラームの誕生

信仰者からムスリムへ

Fred M. Donner
フレッド・M・ドナー＝著
後藤明＝監訳　亀谷学＋橋爪烈＋
松本隆志＋横内吾郎＝訳

Muhammad and the Believers :

At the Origins of Islam

慶應義塾大学出版会

MUHAMMAD AND THE BELIEVERS :
At the Origins of Islam

by Fred M. Donner

日本語版への序文

拙著『イスラームの誕生――信仰者からムスリムへ』を読み、日本語への翻訳の意義を認め、翻訳作業、ならびに慶應義塾大学出版会による出版の手配をしてくださった日本語版の翻訳者の皆様に深く感謝申し上げる。またこの翻訳版によって、近年の初期イスラームに関する学術研究の潮流とそのテーマについての私自身の考えが日本の読者の皆様の手許に届くことは心からの喜びである。

本書『イスラームの誕生――信仰者からムスリムへ』は、イスラームの勃興が提示した大きな歴史的難問を様々な視点で捉え、これに取り組んでいる数多くの研究者たちの長年にわたる専門的学術研究の成果に多くを負っている。これらの学術研究は多岐にわたっており、ある研究は純粋にテキスト分析に取り組み、特にアラビア語で書かれた年代記、伝記集、そして預言者ムハンマドの発言とされるところの集成（ハディース）に見出されるイスラームの黎明期についての報告を分析している。これらの報告は、全てイスラームの実際の起源よりもはるかに後代に書かれたものである。従って、それらの報告は、その中のいかなる要素が後代の政治的ないし宗教的理想形にあわせて出来事を描こうとしているのか、また（もし事実があるとすればだが）、何が「事実である」と確定しうるのか、を判断するために注意深く解きほぐされねばならないものなのである。またその他の専門的学術研究に携わる人々はイスラームの聖典であるクルアーンのテキスト分析に力を注いできた。この分野は過去三〇年にわたって急激な発展を遂げており、多くの新しい考え方が提示され、本書で行う議論においても重要なものとなっている。というのも、クルアーンは萌芽的段階にあった信仰者の共同体を動かした諸々の概念を知るための、最古にして最良の窓を我々に示してくれるからである。さらに、他の新しい研究では、初期のイスラーム国家の貨幣や初期の碑文が扱われ、あるいはイスラーム史の最初の約百年間に建てられ、今に残る遺跡や建築物が対象となっている。これらの専門分野もまた、最近の数十年に規模が大きくなり、精緻なものとされ、その結果、初期の信仰者運動のイデオロギーと制度に関する我々の理解に多大な貢献をなしているのである。

本書の根底となるこの初期イスラームに関しての学術研究の急速な進展は、私が思うに、とりわけ日本の読者にとっては馴染みのないものであろうから、それ自体歴史的現象として解説に値しよう。一九七〇年代以前、イスラームの起源に関する研究は活気を失い、およそ刺激のない分野であり、専門的に研究する学者も少なく、目新しい考えが聞かれることも滅多になかった。ほとんどの研究者と彼らの業績に基づく一般向けの教科書は、単にイスラームの史料そのものにわずかに修正を加えただけの、使い古された物語を繰り返すのみであった。しかし、この批判的精神を欠いた態度は一握りの研究者たちの研究成果によって挑戦を受けることになる。彼らは新しい仮説を打ち出すことによって、より古い見解を支持するか、あるいは新しい考え方の方向性でさらに進めていくのかを人々に迫ったのである。既に一九六〇年代末において、アルブレヒト・ノートが、長きにわたって受容されてきたイスラームの始まりを伝える伝統的な記述の信頼性に疑義を呈する、イスラームに関する史料批判研究に着手していた。一九七〇年代前半には、ギュンター・リューリンクが、クルアーンおよびイスラームが勃興した際の宗教的文脈に関する画期的な研究を出版する。その数年後の一九七七年に、ジョン・ワンズブローはクルアーンとその発展について、修正主義的な持論を提示する。同じ年、パトリシア・クローネとマイケル・クックは、ノートやその他の研究者によって明らかにされていたある種のイスラーム史料に存在する問題点を避けるべく非ムスリム史料に依拠することで、いかにしてイスラームが始まったのかについて新しく実験的に再構成した歴史を提示した。これらの研究者たちは、必ずしも多くの点で互いに考えが一致していたわけではないし、また彼らの作品は高度に専門的であり、しばしば専門家にとっても難解なものであった。しかし、総体として見れば、彼らの研究は、従来の初期イスラームに関する学術研究が依拠してきた、吟味のされていない土台を揺さぶったのであり、そして彼らこそが、総体として、ここ三〇年間の一大潮流へと成長する修正主義的な学術成果を発することになったのである。

本書『イスラームの誕生――信仰者からムスリムへ』は、初期イスラームへの理解において、これらの開拓者たちが提出した画期的な見解を受け止めようとする私の努力の成果というべきものである。これは、彼らやその継承者たちの書いたもの全てが「正しい」と言っているのではない。彼らや私を含めたその他の者たちは、多くの新しい仮説を、またそれに対する反証を提示しているのであって、時代の考証に耐えられるのは、その内の幾つかだけであろう。しかし、このふるいにかける作業こそが、歴史研究の分野において期待され、望まれるものなのである。重要なことは、今日の初期イスラーム史研究があらゆる歴史研究に妥当する方法によって遂行されているということである。すなわち、諸史料を厳密に分析し、証拠と照らし合わせながら様々な仮説を検証し、またそれぞれの仮説を相互に検証する、ということを継続的に行いながら、遂行されているのである。

さて、ある意味で、本書は、初期イスラームに関する私自身の仮説という枠組みの中に、あらゆる世代の研究者たち（あるいは直近の二世代の研究者たち）の最良の作品であると考えるものの精髄を入れ込もうという努力の成果である。しかしながら、当初より私はこれらの考えをただ研究者に対してのみ示すのではなく、特により広い読者層に提示しようという意図を持っていた。学生時代に、私はある種の書物に刺激を受けた。それらは学問に深く精通したものであり、かつその着想や文章が非常に明確に書かれており、一般読者や初学者が理解し、その真価を認めることのできるものであった。そして私も、いつかそのような書物を書きたいと思ったものである。何故なら、もし歴史の研究に人生を費やしてきた学者たちが、いずれかの時点で、一般の人々に向けて彼らの長年の研究から得た洞察と知見を著作にまとめ説明するという、困難な仕事を行わなかったとしたら、彼らのあらゆる努力は一体どんな意味があったのか、わからなくなってしまうからだ。かくして本書は、その研究テーマについて何が重要であるかを最大限の明瞭さをもって真に説明した書物を著すことに時間を費やした、一世代ないし二世代前の学者たちへの私からの賛辞なのである。本書が次世代の学生や読者にとって同じ役割を果たすことを期待するものであり、またもしそうなるのであれば、これに勝る喜びはない。

フレッド・M・ドナー

二〇一四年五月

〔訳者：左の文献リストは、著者ドナーが言及している研究の書誌情報である。

Albrecht Noth, "Iṣfahān-Nihāwand. Eine quellenkritische Studie zur frühislamischen Historiographie," *Zeitschrift der deutschen morgenländische Gesellschaft* 118 (1968): 274-296.

Günter Lüling, *Über den Ur-Qur'ān: Ansätze zur Rekonstruktion vorislamischer christlicher Strophenlieder im Qur'ān*, Erlangen, H. Lüling, 1974.

John Wansbrough, *Qur'anic Studies*, Oxford, Oxford U. P., 1977.

Patricia Crone & Michael Cook, *Hagarism*, Cambridge, Cambridge U. P., 1977.〕

はじめに

一世紀以上前、高名なフランスの学者エルネスト・ルナン（一八二三〜一八九二）は、イスラームの起源とその初期史に関する彼の研究成果について以下のような概要を記している。「そこで、われわれはあらゆる方面から以下のような単一の結論に達する。イスラームの運動は宗教的信条をほとんど伴わずに生じたということであり、少数の熱心な門弟を獲得したことを除くと、マホメット〔ムハンマド〕は実際のところほんのわずかの信念しか持たずにアラビア半島にて活動し、ウマイヤ家によって代表される抵抗を打倒することに成功しなかった」。

ルナンの発言は、彼も認めているように、極端で荒っぽい考え方であるとされてきたが、イスラームの初期を研究する西洋の学者たちは、長らくの間これらの考えの多くを支持してきたのである。預言者ムハンマド（六三二年没）とその信奉者たちは、主として宗教以外の動機づけによって活動していたのだという理解や、また六六一年から七五〇年にかけて支配の座にあったウマイヤ家は基本的にムハンマドの活動の本質部分に対して真っ向から敵対していたのだという理解は、現在においても西洋の学界に広く共有されている。われわれがイスラームとして知っているものへと発展した運動は「宗教的信条をほとんど伴わずに生じた」（のだ、）というルナンの皮肉たっぷりの発言は、後代の多くの学者たちによって、たいていは翻案を通じ、巧妙な装いを施されて援用されてきたのであり、ムハンマドによって始められた運動の原動力は宗教的確信ではない「具体的な」何ものかであると規定されたのであった。フーベルト・グリムは、ムハンマドの説教は第一に社会的で非宗教的な改革であったという証明を試みた。二〇世紀中葉における社会科学の指導的立場にあったW・モンゴメリー・ワットは、その活動はムハンマドが生きた社会における社会的・経済的圧力によって生み出されたのだと論じた。また、L・カエタニ、C・H・ベッカー、B・ルイス、P・クローネ、G・ボワソック、I・ラピダス、S・バシールを含む他の多くの研究者たちは、その活動は、実際には民族主義者、あるいは「排外主義者」の政治的投機事業の一種であり、そこでは、宗教は副次的なものである（そして、暗示的には、真の諸目的にとっての単なる口実である）と論じたのである。

そこで私は本書において、ルナンの見解に対して真っ向から対立する意見を提出しようと思う。イスラームは、社会的、経済的、あるいは「民族主義的」な運動ではなく、宗教運動として始まったのであり、特にその運動は、正しい行いを通じて個人の救済を得ようとする強い関心の具現化であった、というのが私の確信である。初期の信仰者たちは、救済を保証するに必要な敬虔さと適切な行為の概念に関わる限りにおいて、社会的・政治的な諸問題に関心を示したのである。

さらに私は、ルナンおよび彼に追随する西洋の（そしてムスリムの）学者たちとは明確に異なる考えを有している。すなわち、ウマイヤ朝の支配者たちは、ムハンマドによって始められた宗教運動の外面上の装いを、疑いつつ改竄していった者たちなどではなく、その活動の最も重要な目的を達成するために実践的な方法を模索し、信仰者たちが自身の明確な帰属意識の感覚と宗教共同体としての正当性を獲得することを、おそらくは誰よりも援助した支配者たちであると、私は考える。ウマイヤ朝の貢献がなければ、われわれが今日それをイスラームとして認識しているものの存在さえ怪しいものとなるだろう。

イスラームの初期について正しい歴史理解を得るためには、ムハンマドが過ごし活動したアラビア半島の文脈にとどまらず、古代末期の中東全域における宗教潮流を背景として、その歴史を見ていくことが必要となる。六世紀までに、アラビア半島には周辺地域の宗教思想の潮流が深く浸透していた。それゆえ、私は第一章において前イスラーム時代の中東の状況について手短に述べることから始める。その後、第二章では信仰者たちとムハンマドの運動がいかにして始まったかを、第三章ではムハンマド死後の数十年において信仰者たちの運動が急速に拡大したことを、第四章では最初の世紀においてその運動を分断した内部分裂を、そして第五章ではムハンマドの死からおよそ二世代後に、われわれが明確にイスラームとして認識しているものが、信仰者たちの運動から出現したことを考察する予定である。

謝辞

本書の執筆にご助力頂いた多くの機関並びに多くの方々に言及することは大変な喜びである。アメリカ合衆国連邦政府の全米人文科学基金（NEH）およびヨルダンの首都アンマンにあるアメリカ東洋研究センター（ACOR）の両機関には、二〇〇一年の一時期私を特別研究員として迎えていただき、心より感謝申し上げる。おかげで、同年の上半期のほとんどを、ACORの図書館の落ち着いた、非常に協力的な環境の中で、本書の草稿の執筆に専念することができた。当時のACORの所長であるピエール・ビカーイー博士やパトリシア・ビカーイー博士、そしてACORのスタッフたち、特に司書のフミ・アユービー氏のおかげで執筆ははかどり、また楽しく過ごすことができた。シカゴ大学人文学部の前学部長であるジャネル・ミュラー教授の寛大な計らいにより、私は学科長の責務を免れ、数カ月の休暇と二〇〇二年春の数週間を本書の草稿執筆に費やすことができた。この期間は専らベイルート・アメリカン大学のヤフェト図書館にて過ごした。この素晴らしい施設の有能なスタッフたちにも感謝の意を表したい。数ある図書館と司書の中で、私が最も多くを負うているのは、シカゴ大学のレーゲンスタイン図書館であり、またその中東部門の目録係であるブルース・クレイグ氏である。彼とその仲間たちのおかげで、同図書館にはこの上なく豊富な種類の書籍が、この上なく使いやすい形で備えられていたのである。

読者の皆様には、本書の手稿の全体ないし一部に目を通し、多くの批判的意見や示唆を与えてくれた数多くの友人、同僚のことを申し上げておこう。彼らの意見や示唆のおかげで、私は数多くの不手際を免れ、また本書は明快さや説得力を獲得し、偏りが解消されることになった。依然として残っている欠点は、彼らの見識不足ではなく、私の頑迷さによるものであることは言うまでもない。彼らの名前をアルファベット順に並べると、メフメトジャン・アクプナル、フレッド・アストレン、カレル・ベルトラム、ポール・M・コッブ、ウーゴ・フェレール・イグエラス、マーク・グラハム、ウォルター・E・ケーギ、ハーリド・ケシュク、ガリー・ライザー、シャーリー・ローウィン、チェイス・ロビンソン、ロウシャンク・シャーエリー・アイゼンローア、そしてマーク・ウェグナーである。ライザー博士とシャーエリー・アイゼンローア博士の熱烈な励ましには特に勇気づけられた。また私は二〇〇〇年夏に私が責任者となって開催された「イスラームの起源」に関するNE

Hの夏期講習会にご参加いただいた二十五人の先生方にも感謝申し上げたい。その場において初めて、私は本書に示したアイデアの幾つかの妥当性を問うことができ、彼らの反応に基づいて私は自らの考えをより精緻なものとし、それらのアイデアをこのような書物へと練り上げるよう励まされたのである。また私はヨルダン大学の尊敬すべき同僚たち、アブドゥルアズィーズ・ドゥーリー教授、サーリフ・ハマルナ教授、ファーリフ・フサイン教授に最大の感謝を捧げたい。私は様々な理由で本書執筆を断念しそうになったが、彼らの友情と揺るぎない支援のおかげで、再び意欲を取り戻すことができた。私の同僚であるトーラジ・ダルヤーイー氏（カリフォルニア大学アーバイン校）とゲルト・リューディガー・プーイン氏（ザールブリュッケン）からは写真をご提供いただいた。最後に、妻カレル・ベルトラムに多大な恩義を負うていることを申し添えておく。私のあらゆる作業に対する彼女の思慮深い忠告と愛情と激励が本書に含まれている。

目次

第五章　イスラームの誕生　201

凡例

(1) 本書は Fred McGraw Donner, *Muhammad and the Believers: At the Origins of Islam*, Belknap Press of Harvard University Press, 2010 の全訳である。なお著者の略歴および本書の意義については、巻末の「訳者あとがき」を参照されたい。また訳出にあたってはイタリア語版も適宜参照した。Fred M. Donner, *Maometto e le origini dell'islam*, Roberto Tottoli ed., Piero Arlorio tr., Giulio Einaudi editore, Torino, 2011.

(2) 専門用語や固有名詞の日本語表記については、原則として大塚和夫（他）編『岩波イスラーム辞典』（岩波書店、二〇〇二年）に準ずるが、一部著者の表記を踏襲する、あるいは慣用に従う、などの部分がある。また以下に挙げる日本語参考文献の表記も参照している。

(3) 本書は著者の意図を尊重し、入門書としての体裁をとっているため、原則として本文中には原語表記をせず、巻末の用語集において、アラビア語等の原語を表記した。したがって、原著の本文中にアラビア語の文章がローマナイズされている場合も、本書ではカナ表記している。（例）：フィー・サビール・アッラー

(4) 本文中の（　）、［　］、——は著者による語句説明や挿入文を示している。

(5) 本文中の〔　〕は訳者による補足説明や注釈である。

(6) クルアーンからの引用は、藤本勝次（他）訳『コーラン』全二巻（中央公論新社、二〇〇二年）の訳文を用いたが、一部著者の訳文を反映させている箇所がある。また聖書からの引用は、新共同訳（日本聖書協会刊、一九九九年）の訳文を採用した。

(7)　本書での年代表記は、西暦のみ、およびヒジュラ暦／西暦の両暦併記で示している。また本書で採用したヒジュラ暦の月名は次の通りである。

ムハッラム月（一月）　ラジャブ月（七月）
サファル月（二月）　シャアバーン月（八月）
第一ラビーウ月（三月）　ラマダーン月（九月）
第二ラビーウ月（四月）　シャウワール月（十月）
第一ジュマーダー月（五月）　ズー・アルカアダ月（十一月）
第二ジュマーダー月（六月）　ズー・アルヒッジャ月（十二月）

(8)　訳出に際して参照した日本語文献は以下の通りである。

イブン・イスハーク著、イブン・ヒシャーム編註『預言者ムハンマド伝』全四巻、後藤明、医王秀行、高田康一、高野太輔訳（岩波書店、二〇一〇～二〇一二年）
大貫隆（他）編『岩波キリスト教辞典』（岩波書店、二〇〇二年）

図版一覧

写真 1　Walls of Constantinople. Wikimedia / Nevit Dilmen, December 2000.

写真 2　Hagia Sophia. Wikimedia / "Bigdaddy 1204," June 2006.

写真 3　Roman road in Syria. Author photo, November 1966.

写真 4　Mar Saba. Wikimedia, January 2006.

写真 5　St. Simeon. Author photo, August 1974.

写真 6　Sasanian Throne-Hall at Ctesiphon. Author photo, May 1967.

写真 7　Triumph of Shapur, Bishapur. Courtesy of Touraj Daryaee.

写真 8　Bar'an Temple, Ma'rib. Wikimedia / Bernard Gagnon, August 1986.

写真 9　Jabrin oasis, Oman. Author photo, January 1977.

写真 10　The Ka'ba. Al-Sayyid 'Abd al-Ghaffar / C. Snouck Hurgronje, ca. 1890. Courtesy of E. J. Brill, Leiden.

写真 11　An Early Qur'an. Dar al-Makhtutat, San'a', Yemen, No. 01-25-1. Courtesy of Gerd-R. Puin.

写真 12　Floor from St. Menas, Rihab. Author photo. February 2001.

写真 13　Early coins. Courtesy of the American Numismatic Society, ANS 1977.71.13 and ANS 1954.112.5.

写真 14　Ayla. Author photo, March 2001; plan courtesy of Donald Whitcomb.

写真 15　Coins of rivals to the Umayyads. Courtesy of the American Numismatic Society, ANS 1951.148.3 and ANS 1953.9.4.

写真 16　Dome of the Rock, Jerusalem. Author photo, April 1967.

写真 17　Umm Qays. Author photo, February 2001.

写真 18　Letter of Qurra ibn Sharik. Courtesy of the Oriental Institute of the University of Chicago. OI 13756.

写真 19　Two coins of 'Abd al-Malik. Courtesy of the American Numismatic Society, ANS 1970.63.1 and ANS 1002.1.406.

写真 20　Tomb of 'Umar II. Author photo, August 2005.

イスラームの誕生——信仰者からムスリムへ

第一章　イスラーム前夜の中東

イスラームという宗教の起源は、六世紀後半にアラビア半島西部の町メッカに生まれた、ムハンマド・ブン・アブドゥッラーという人物の生涯の中にある。当時のアラビア半島は孤立した土地ではなく、むしろ、中東や東地中海地域を含む、より広範な文化世界の一部であった。それゆえ、ムハンマドが活動したその生活環境と彼が始めた宗教運動の意味を理解するために、われわれはまずメッカの近隣地域を越えた広い範囲に目を向ける必要がある。

ムハンマドは、学者たちが「古代末期」と呼ぶ時代の中ほどを生きた人であった。それは西暦でおよそ三世紀から七～八世紀にかけての、ギリシア・ローマ世界やイラン世界の「古典」文化が漸次的変容を遂げていた時代

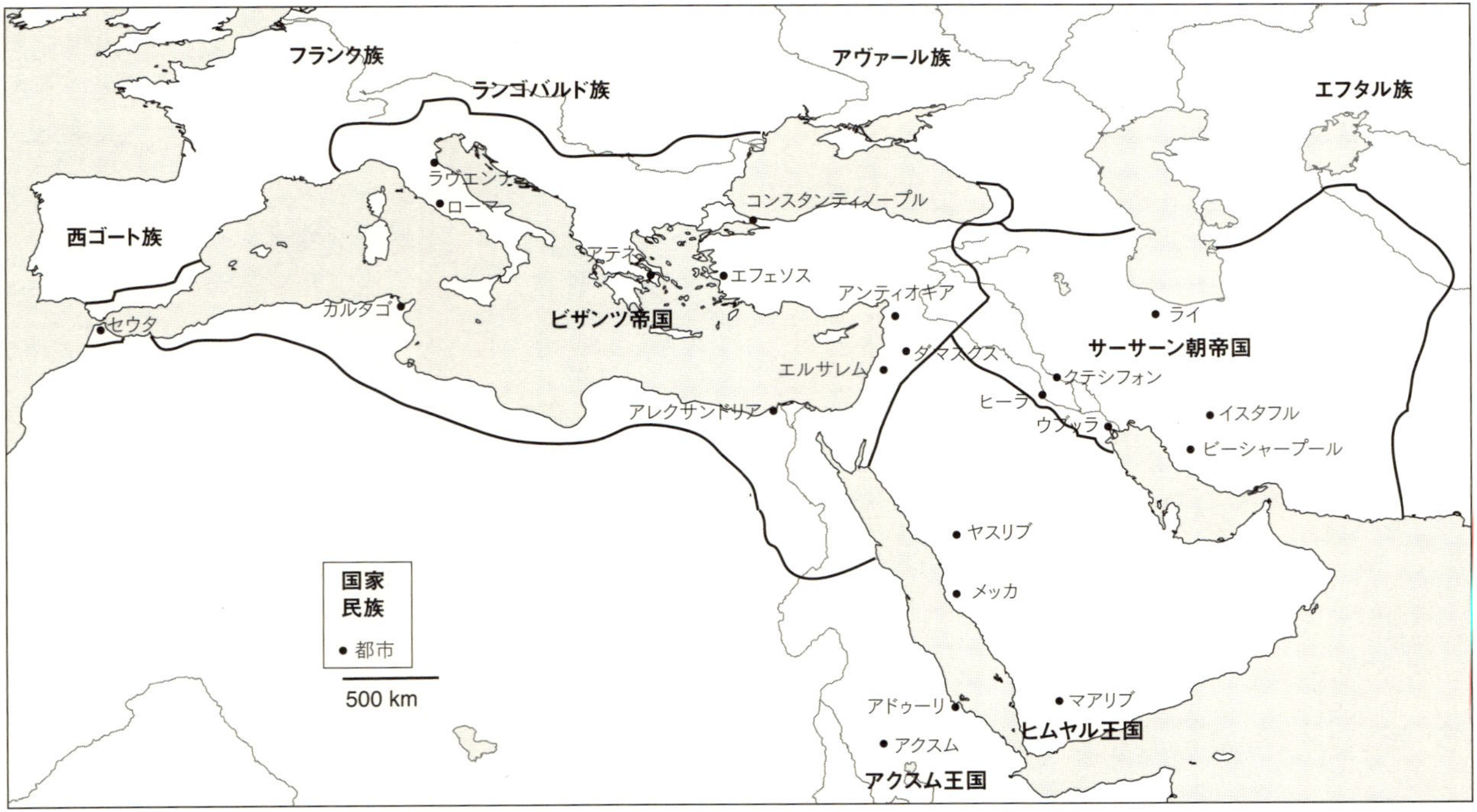

地図１　西暦 565 年頃のビザンツ帝国とサーサーン朝帝国のおおよその国境線を示したもの

であった。地中海地域とその隣接地域において、初期の古典文化の特徴の多くは、新しい形式、あるいは修正された形式ではあったものの、七～八世紀になっても認められた。一方でその他の特徴は、消滅しているか、見分けもつかぬほどに変えられているか、はたまたまったく新しい意味と機能を付与されていた。例えば、六世紀において、東地中海地域周辺の古代ローマ帝国領だった土地に生きた教養のあるエリートたちはギリシア哲学、ローマ法、そしてギリシア・ラテン文学の素養を身につけていた。もっとも、これらの学芸の追求はあまり広範には及ばず、またしばしばローマ時代とは異なる新しい問題を扱っていたようである。同時に、キリスト教の浸透により、この時期までにほとんどの人々が従来の異教信仰を放棄していた。同様に、円形劇場や公衆浴場、都市民のもろもろの義務の遂行などに収束する古典時代の公的な、そして市民的な儀式は、特に小さな都市において衰退を始めており、また五世紀以降、それらは次第に、宗教的で内省的な種類のより私的な営みに取って代わられていった。東地中海地域へのキリスト教の広まりに伴い、従来は書き言葉ではなかったシリア語、コプト語、アルメニア語、エチオピア語といった言語が、ギリシア語やラテン語と並行して、新たに典礼や、やがては文学を書き記す言語として出現した。そこで、振り返ってみると、東地中海地域の古代末期時代は、市民生活とギリシア・ラテン文化と深く結び付いたそれ以前の古典時代と、個人的な宗教的実践を強調し、アラビア語による新しい文学的伝統の発達を伴った後続のイスラーム期との間の、一種の過渡期であったと理解することができるのである。

古代末期の中東における帝国

六世紀後半、中東と地中海地域は政治的に二大帝国によって支配され、西側はビザンツ帝国あるいは後期ローマ帝国、東側はサーサーン朝ペルシア帝国の領域であった。ビザンツ帝国は事実上、古《いにしえ》のローマ帝国の後継国家であり、その支配者たちは一四五三年に帝国の滅亡を迎えるまさにその時まで、自らをギリシア語でロマイオイ(「ローマ人」)と称していたのである。それゆえ、ビザンツ帝国はしばしば「後期ローマ帝国」と呼ばれるが、本書では、首都コンスタンティノープルが建設された場所であるボスポラス海峡に面する村ビザンティオンにちなんでビザンツ帝国と呼ぶことにする。

六世紀末、ビザンツ帝国は地中海の東岸および南岸(今日のトルコ、シリア、エジプトなど)の土地を支配していた。もう一方の大帝国サーサーン朝ペルシア帝国は山がちなイラン高原とそれに隣接する今日のイラク低地帯、すなわちチグリス川およびユーフラテス川の肥沃な流域に中心を置いていた。ちょうどビザンツ帝国がローマの遺産を保持したように、サーサーン朝は古代ペルシアの長きにわたる帝国的伝統の継承者であった。アフガニスタンから地中海中央部までの広大な地域の大半は、この二大帝国いずれかの直接支配を受けた。直接支配を免れた諸地域もいずれかの影響下に固く結び付けられるか、あるいは政治的忠誠、宗教的影響力、経済的優位性をめぐる二大帝国の激しい抗争の場となった。こうした争いが行われた地域はアルメニア、コーカサス、そして本書において最も重要なアラビア半島などであった。中東には、二大帝国に幾分劣る第三の勢力として、アクスム王国が存在した。アクスム王国の首都はエチオピア高原に位置していたが、住民は紅海海岸に位置する港町アドゥーリを起点として広範な海上交易を展開していた。四世紀までに、アクスム王国はキリスト教を受容し、それゆえ、しばしばビザンツ帝国と同盟を結んだ。しかし、一般にわれわれのアクスム王国についての知識はごく限られたものである。いずれにせよ、ビザンツ帝国とサーサーン朝ペルシア帝国の文化的貢献は多大であったが、イスラームの伝統がアクスム王国の文化に負うところはわずかである。それゆえ、本書ではビザンツ帝国とサーサーン朝ペルシア帝国の記述に専念する。

ビザンツ帝国

ビザンツ帝国の皇帝たちはボスポラス海峡に面する首都コンスタンティノープル（現イスタンブル）に座し、広大な帝国を支配した。同市は三三〇年にローマ皇帝コンスタンティヌスによって「第二のローマ」として建設された。ビザンツ皇帝たちはコンスタンティノープルから、軍事行動と巧妙な宗教政策によって遠方にまで及ぶ領地をひとまとめにしようと試みた。彼らは、西洋においてアレクサンドロス大王（紀元前三二三年没）がまず始め、その後ローマが採用した統一的世界観の、キリスト教版を採用した。こうしたビザンツ的に変形された世界観を主張した人々は、全臣民が政治的には皇帝に、そして宗教的には皇帝と近しい関係のコンスタンティノープル総主教率いるビザンツ（「正統派」）教会に忠誠を誓うという普遍国家を夢想したのである。

写真１　コンスタンティノープルの城壁。今日においてもなお印象的な、堂々たる都市防衛施設によってコンスタンティノープルは、4～14世紀の間、数多の敵の猛攻に耐えることができたのである。

ビザンツ帝国の皇帝たちは、彼らの好敵手であるサーサーン朝の挑戦に加えて、この世界観を現実のものとするための試みにおいて、少なくとも二つの主要な問題に直面した。第一の問題は、当時利用できた初歩的な情報伝達と運営の技術を用いて、彼らが支配していると主張した広大な領域の強さと繁栄を維持することとその広大な領域を効果的に支配することであった。それは端的に言って統治行政の問題であった。紀元前一世紀と紀元後一世紀の間の絶頂期にあって、ローマ帝国はブリテン島からメソポタミアやエジプトに至るおよそ四〇〇〇キロメートルにわたる地域に広がった。その結果、帝国は多種多様な言語を話す人々を含むこととなった。地中海岸の多くの都市ではラテン語やギリシア語が、ヨーロッパではゲルマン系やケルト系諸語が、北アフリカではベルベル系諸語が、エジプトではコプト語が、シリアではアラム語やアラビア語が、コーカサスやアナトリアではアルメニア系やグルジア系諸語、その他数十の言語が、そしてバルカン半島ではアルバニア系やスラヴ系諸語が用いられたのであった。ディオクレティアヌス帝（在位二八四〜三〇五年）はその帝国の規模ゆえに、東西にそれぞれ一人ずつ、二人の共同皇帝を置く制度を創始し、その結果、各人は東西に分けた帝国の半分をよりよく制御し、その領域におけるあらゆる暴動や騒擾を効果的に抑え込み、また外敵の侵入を撃退することができた。しかしながら、四〜五世紀の間に、ゲルマン民族や、アヴァール族やフン族といった「異民族」の侵入と移住が単純に多くなり、イタリアにいた皇帝たちは彼らに圧倒されることになった。六世紀初頭までに、帝国の西側の大半はさまざまなゲルマン諸王の支配領域となり、スペインには西ゴート族、北アフリカにはヴァンダル族、ガリアにはフランク族、イタリアには東ゴート族の国が出現した。この政治的な分裂と並行して、地中海の西側地域の大半では経済規模の縮小も起こった。

対照的に、帝国東半部は政治的統一体として何とか生き残ることができ、その経済は西半部よりもずっと活気を保っていた。コンスタンティノープルのビザンツ皇帝たちは、アヴァール族やブルガール族、スラヴ族がもたらした危機的状況にもかかわらず、繰り返される異民族の攻撃を退けることができた。さらに、彼らは常に自らを前代の帝国の、完全な意味での正当な継承者とみなしていた。彼らのうちの幾人かは大胆にも、喪失した帝国西半部に対する権利を主張することによって、帝国の栄光の回復を夢想した。これは特にビザンツ皇帝ユスティニアヌス一世（在位五二七〜五六五年）――彼は見方によっては「大帝」であり、あるいは単なる誇大妄想癖の人物であるとされるだろう――において当てはまる。ユスティニアヌスは、財政能力をはじめとしたビザンツ帝国の総力を結集し、失われた西方諸領の回復を試みた。実際、才知溢れる将軍ベリサリウスはビザンツ帝国（ローマ）の支配をイタリアの一部やシチリアや北アフリカ、そしてスペインの一部に再び確立することに成功した。ユスティニアヌスはまた巨大建築物に財を湯水のごとく注ぎ込んだ。コンスタンティノープルにあるハギア・ソフィア大聖堂にその面影を偲ぶことができる。しかしながら、その代償は高くついた。失われたローマの栄光を征服活動と建築によって取り戻そうとする彼の試みは帝国の臣民を疲弊させ、彼らを憤慨させ、その蓄えを使い尽くし、その軍隊を弱体化させたのであった。

写真2　ハギア・ソフィア大聖堂。ユスティニアヌスによって建立されたコンスタンティノープルにある大聖堂は「聖なる叡智〔神の叡智〕」に捧げられたもので、ビザンツ皇帝と教会との間の親密な関係を象徴するものとなった。

東地中海地域の諸都市は、ほとんど消滅しかけていた西方の諸都市と比べるとかなりの活力があった。しかし繁栄していた東方諸都市も六世紀後半を通じて衰退していった。その要因の一つは、当該時期に頻発した巨大地震によって東地中海地域が深刻な被害を受けたことにあった。他の要因としては疫病があった。五四〇年代に起こり、その後も数年単位で繰り返し発生した疫病によって人々は定期的に被害を蒙り、帝国がその活力を回復する機会を奪ったのである。六世紀末、まさにビザンツ帝国はサーサーン朝による破壊的な攻撃を受けんとしていた。それは一世紀にまで遡るローマとペルシアの長い争いの最終局面であった。力強い大王ホスロー一世アヌーシールワーン（在位五三一〜五七九年）のもとで復興を遂げたサーサーン朝は五四〇年代から五五〇年代に

写真３　帝国の動脈であったシリア北部に残っているローマ街道の遺跡。 ローマ軍の移動を容易にするために敷設されたこれらの街道は、皇帝が軍隊を素早く遠方の属州に派遣することを可能にしただけでなく、きわめて重要な交易路としても用いられた。

かけて数回にわたりビザンツ帝国を攻撃した。彼らはビザンツ帝国の宗主権下にあったアルメニア、ラジカ〔グルジア西部の一地域〕、メソポタミア、そしてシリアに侵入し、東地中海地域におけるビザンツ帝国の最重要都市アンティオキアを略奪した。その後、六〇三年から、サーサーン朝の大王ホスロー二世パルヴィーズ（在位五八九〜六二八年）は、さらなる破壊的攻撃を開始し、シリア、エジプト、そしてアナトリアの大半をサーサーン朝ペルシア帝国が征服するに至った。六世紀中葉のもろもろの攻撃同様、この戦争はビザンツ帝国の弱体化が要因となって、可能となったのである。

三〜七世紀の間にビザンツ帝国の皇帝たちが直面したもう一つの主要な挑戦は宗教に関するものであった。三一三年、皇帝コンスタンティヌス一世（在位三〇六〜三三七年）はミラノ勅令によってキリスト教をローマ帝国の合法宗教とすることを宣言し、テオドシウス一世（「大帝」。在位三七九〜三九五年）によってそれは国教とされた。それ以来、皇帝たちは領土的に世界帝国であり、宗教教義によっても完全に統一された帝国という彼らの世界観の実現を目標とするようになった。そこでは、全帝国臣民を互いに結び付け、彼らを国家と皇帝への忠誠に結び付ける信仰に関して、ビザンツ皇帝自身が偉大な後援者であり保護者である。初期のローマ帝国においては、神格化された皇帝への公的な崇拝がこの目的に適っていたが、その一方で、人々にはそれぞれの地方の異教の神々への崇拝を続けることを認めていた。しかし、キリスト教という一神教が帝国の公式宗教になると、皇帝たちは臣民に、より深く、それだけを信仰するよう要求したのである。

しかしながら、この宗教と政治の一体化の夢は実現不可能であることが判明する。帝国内では、多様な異教集団やユダヤ教徒やサマリア教徒がキリスト教に対して頑強に抵抗しただけでなく、イエスを救世主として承認する人々の間でさえ、キリストの真なる性質（キリスト論）についての問題やその「個」に関わる問題についての明確な意見の相違が表面化した。イエスは、神的霊に満たされた存在ではあったとしても、第一義的に人であったのか。あるいは、彼は神であり、本質的に神的存在であって、単に人の体を占めているだけなのか。十字架上でイエスが死んだということは、神が死んでしまったということを意味するのか。もしそうであるならば、いかにしてそれは可能であるのか。そうでないのならば、いったいそもそもイエスは死んだのだと言うことができるのか。キリスト教徒たちの真の救済はそれらの神学的問題の信条形式を正しく理解することに依拠しているということを、彼らは熱烈に信じていたので、キリストの本来の性質に関する議論は激しく、長々と行われることになった。歴代の皇帝たちが、あらゆる主張の落としどころとなる神学的に中庸な立場を求めて論争の仲介を行おうと思案し、資金を費やし、臣民たちの良心に訴えたが、結局、これらの問題を満足に解決することはできなかった。教義に関するこれらの論争は、教義上のみならず個人的、政治的理由によって教会内部の強力な派閥をしば

五五四年の、コンスタンティノープル市民に対するユスティニアヌスの布告（『新勅法彙纂』第一三二）

我々は以下のことを信じる。すなわち、全人類にとって、第一の、最も偉大な祝福とは真実かつ非の打ちどころのないキリスト教の信仰への信仰告白であり、結局は、それは遍く確立されるであろうし、全世界のほぼ全ての聖なる祭司たちが統一へと結集するであろう……ということを。

しば互いに争わせることになったということも指摘しておかねばならない。この点では、ローマやアンティオキアや他の主要な地の主教たちの関与はあるにせよ、特に古の主教区であるアレクサンドリアとコンスタンティノープルおのおのの総主教の間に古くからあった敵対関係が重要である。

こうして、キリスト教の主教たちによる熱心な政治集会であり、ときには帝国宮廷の監督下に置かれた一連の教会会議を通じて、正統信仰は定義付けられていった。そしてそれらの教会会議は、他のさまざまな関連項目の議論の合間に、特殊な教義に対し次々と異端宣告を行った。結果、中東のキリスト教徒たちは六世紀までに、輪郭が明確に示された幾つかの共同体へとまとまり、おのおの信仰についての独自の見解を有したのである。現代のアメリカで「ギリシア正教会」と呼ばれるビザンツ帝国の公式教会は、ローマのラテン教会と同じく両性論、すなわちキリストは神性と人性の二つを有し、両者は分離し、別個のものであるが、一人の人間の中で結合しているという教義を保持していた。（この両性の分離によって、キリスト教徒は、キリストの十字架上の死を人性の死と理解し、一方、神性についてはそれが神的であるがゆえに、不死であると理解することが可能となった。）ビザンツ帝国の正統派キリスト教徒たちの多くはアナトリア、バルカン、ギリシア、そしてパレスティナで、また帝国の権威が強く及ぶ都市部で優勢であった。その一方で、エジプト、シリア、アルメニアの、特に農村部においては、ほとんどのキリスト教徒が単性論派、すなわち同時に神的であり人的である単一の性質のみをキリストが有していたと考える幾つかの教会に属していた。（キリストに関する彼らの重要な主張は、神はキリストの内部にあって人間の苦悶と死を体験したが、神であるがゆえに彼は死から復活しえた、というものである。）皇帝はカルケドン公会議（四五一年）の招集によってこの不和を解消しようと努めたが、結果として提出された信条を単性論派の者たちが拒否したことによって、その行為は裏目に出てしまう。単性論派の人々は、ビザンツ帝国の国家権力が彼らにその信条を放棄させようとして、ときには強圧的な態度を採ったにもかかわらず、頑強にその信条に固執したのである。第三の集団として、六世紀にビザンツ帝国領より大量追放に遭い、その多くがサーサーン朝帝国や中央アジアに逃れたネストリウス派がある。彼らはコンスタンティノープルの主教ネストリウスにちなんで名づけられているが、そのネストリウスの教説は四三一年に開催されたエフェソス公会議にて異端とされたのである。ネストリウス派は両性論派ではあったが、キリストの人性を過度に強調し、神性については低く見積もっていると、「正統」ビザンツ教会や単性論派の目には映ったのである。さらに北アフリカでも、やはり異端とみなされた別の宗派で、彼らの問題に関してビザンツ皇帝のあらゆる役割を否定した厳格なドナトゥス派が出現した。四世紀以降の、特にアウグスティヌスによる厳密な反駁の試みの後に下火にはなったものの、ドナトゥス派はローマ教会が優勢な地域を避けつつ、少数派として北アフリカで活動を続けた。

これら教義をめぐる意見の相違とその結果として個々の宗派共同体に分離していくことが、ビザンツ皇帝たちの、彼ら自身を支える統一化されたイデオロギー的根拠を確立しようという試みを慢性的に苛み、東方諸州において（ときには西方においても）ビザンツ帝国の権威に対する広範な怨嗟を生じさせたのである。その怨嗟は、あるキリスト教徒共同体が他のキリスト教徒共同体の信仰を論難している数多くの論文に垣間見ることができる。またキリスト教徒によって鼓舞された初期の反セム主義も、明らかにユダヤ教に向けられた諸論文の中に、あるいはネストリウス派が他のキリスト教徒によって侮辱されている諸論文の中に見出される。というのも、ネストリウス派はイエスの人性を強調しており、イエスの神性を全面的に否定するユダヤ教徒に擬せられたからである。同様に、キリスト教の諸宗派がサーサーン朝帝国の国教であるゾロアスター教（後述）に対しても論争的著作をものした。キリスト教徒たちの狂信的排外主義はときとして学術的とは言えないような方法までも採用した。例えば、キリスト教徒がエルサレムの神殿の丘の上に何かを建てることを拒否したのは、一つにはイエスが言ったとされる、「一つの石もここで崩されずに他の石の上に残ることはない」（マタイ二四章二節）という言葉を支持するためであった。しかしビザンツ帝国の国家権力がその場所をゴミ捨て場として使用していたのは、おそらく、ユダヤ教とその神殿はイエスの伝道によって既に克服されており、それらは「歴史の屑籠」に捨てられてしまっているというビザンツ帝国の見解の象徴的存在とするためであったのだろう。テオドシウス帝の時代以降、民衆による断続的な反ユダヤ教騒動の発生に加えて、ビザンツ帝国の権力によるユダヤ教徒たちへの公的な差別待遇、財産没収、迫害、シナゴーグの閉鎖、そして強制改宗などの逸話が記録されている。

ビザンツ帝国下の中東におけるキリスト教のその他の特徴は、キリスト教諸宗派によって共有されてきたようであるが、それはすなわち禁欲主義への傾倒であった。禁欲主義は古代世界に深く根ざしたものであったが、五〜六世紀においてますます盛んになったようである。最も極端な者たちは耳目を集め、ときにはわざとらしい自己否定の行為に耽った。例えば、一部の者たちは長期間自らを木に吊るし、洞穴に籠る、あるいは有名な登塔者聖シメオン（四五九年没）のごとく、ときには数年にわたって柱の上に立ち、風雨に身を晒し、祈りと説教を行い、数多の巡礼者を引き付けたのであった。ほとんどの場合、彼らはその食事摂取量や睡眠時間を最小にするか、ときには事実上無とした。その他の者たちは、山野をほぼ裸の状態で彷徨い、神の恵み、そして同情を寄せる村人たちの施しによって生活した。世間的に注目を浴びるということはなかったが、より広範囲に及んだものとして、修道院や女子修道院の設立がある。人々はその場所で、罪深きこの世の誘惑からその身を遠ざけ、禁欲的な祈りの日々を送った。修道院運動は四世紀初頭にエジプトの砂漠において始まったが、このような共同避難所の建設はシリア、アナトリア、そしてメソポタミアへと急速に広まった。エジプトにある聖パコミウス修道院、パレスティナのマール・サーバー修道院、シリアの聖シメオン修道院、メソポタミアのカルトミン修道院などの有名な修道院は、広範にわたった潮流の最も高名な事例にすぎない。

その個々の形態が何であれ、この禁欲的自己否定の傾向は、正しい信仰を通してだけでなく、厳密に正しい行為によって来世における救済に至るのだという信念によって引き起こされていた。このことは、特に絶え間なく祈りを捧げることを意味し、また睡眠、食事、住居、性的満足、あるいは人としての付き合いを求めることなど、少なくとも一部の人々にとっては悪魔の誘惑とみなされるような、肉体的欲望の誘惑に屈服することへの拒絶を

写真4　マール・サーバー修道院。エルサレム東方の半砂漠地帯に存在するこの大規模な修道院は、エジプトやシリアやメソポタミアにある修道院同様、4世紀から6世紀の間にビザンツ帝国を席巻したキリスト教の熱狂的な信仰心の高まりの産物である。

写真5　聖シメオン教会。これは登塔者聖シメオンが40年間にわたってその上に居つづけた柱状の塔の周囲に建設された大聖堂の廃墟である。彼の苦行は数多くの敬虔な者やその説教を聞こうという好奇心の強い人々を引き付け、大聖堂とそれに隣接する修道院の建設へと至った。

意味した。もちろん、大多数の人々はそのような英雄的自己否定に従事するのに必要な責任感や訓練を欠いていたが、多くの人々は、英雄的自己否定がある種の理想型を提示しており、それを達成するために十分に本能的欲望を抑制することができる聖性を帯びた個々の人物を支援することは受け入れていた。彼らは、おそらく聖性を帯びた者たちを支援することによって、苦行者が獲得しているとみなされた聖性のいくらかを自分たちも得ることを望んでいたのであろう。このように、苦行者たちの活動は、四世紀から六世紀にかけてのビザンツ帝国内のキリスト教会に見られたより広範な潮流に属し、その期間において、聖職者たちと一般信徒の間の溝に橋を架けてくれる、一連の大衆的な宗教実践が明確に表現されるようになった。そうした宗教実践の中には、あらゆる聖職者と一般信徒が共に参加しうる行事、あるいは叙階を受けた聖職者が不在であっても、俗人が神聖なものと確実に接触することが可能な行事、すなわち巡礼や行列や聖人の廟への崇敬やイコン崇拝、そして新しい形式の典礼が含まれていた。

六世紀のビザンツ帝国領に蔓延した宗教的雰囲気の側面の一つで、禁欲主義とは関連のないものとして、黙示思想の広範囲への普及があった。それは世界の終わり、ないし終末が近づいたことを告げるもろもろの予言である。この思想はたいていの場合、差し迫った世界的な大変動を予期するものであり、現行の圧迫や苦悩を終わらせ、正しき人々（「正しき人々」がどういう人々であるのかは、当然ながら予言を広める人物によって変わる）が正しいと証明されうる新たな時代の先触れであった。この新たな時代において、あるいは未来永劫にわたって、彼らは、それ以前に彼らを迫害した人々を打ち負かし、最後の審判の兆しが現れるまでのしばらくの間、幸福と繁栄を享受する。そして審判の結果、正しき人々は天国における永遠の救済を獲得し、最終的に救われることになる。このような黙示録的筋書きの多くはエジプトやシリアやアルメニアの単性論派キリスト教会などのビザンツ帝国の圧迫や嫌がらせに直面していた宗教共同体の成員によって生み出され、それは間違いなく報復的性質を帯びていた。しかしながら、黙示思想はほとんど無限に展開しうるものであり、正統派によっても進展させられうるものであった。彼ら正統派は来るべき大変動を、最終的に彼らの信仰が頑強な敵対者たちに勝利する場として描き、また全人類を正統信仰へと改宗させるための戦いは最後の審判への前兆であると考えていた。実際、ある黙示思想は、ビザンツ皇帝その人を最後の審判の出来事に直結させるものでさえあった。ユダヤ教のメシア思想のビザンツ版といえるだろうこの理論によれば、最後の皇帝は、戦いによってキリスト教会の敵を完全に打ち負かし、正義と繁栄の時代を確立した後、エルサレムにて起こると予言されているイエスの再臨に際し、王の権威を彼に引き渡し、そしてビザンツ帝国を消滅させ、最後の審判に先立つ千年紀を開始する、とのことである。これらの理論を誰が提唱したかにかかわらず、これらさまざまな黙示思想は、多くの人々に対して、そして貧困や圧迫に喘ぐ人々に対してさえ（あるいはおそらく彼らにこそ）、未来へのいくらかの希望を与え、審判が到った際に救済される者たることを確実にするために、正しい生き方をするよう多大な努力を費やすことを人々に呼びかけるものとしても役に立ったのである。

古代と同様、六世紀のビザンツ帝国下にあるほとんどの人々の日常生活は容赦なく苛酷なものであって、少なくとも今日の欧米諸国に生きるわれわれの大部分にとってはほぼ耐えられないものであった。大地主や高位聖職者または国家の高官（完全に男性社会である）などのエリートに属する人々はきわめて豊かであり、ときとして高い教養を身につけ、余裕のある生活を送っていたが、彼らは全人口のごく一部分にすぎなかった。この男性エリートは事実上すべての公職を占有し、奴隷、女性、子供、そして一般男性を支配した。富裕な農家や小役人、または中流以上の商人などの中間層を形成する集団が存在したが、この層は比較的小規模であった。そして人口の圧倒的多数は悲惨な貧困生活を送る小作人、貧しい都市労働者や職人、あるいは物乞いたちであった。奴隷制はなお制度としては合法であり、社会現象として広く行われていた。住民に対する社会福祉事業はほぼ存在せず、病気、飢餓、乳幼児遺棄、消耗、酷使、そして暴力による早逝は、しばしば起こった社会不安の際には、ごくありふれた現象であったにちがいない。社会的上昇のための数少ない方法の一つは帝国への奉仕、特に軍隊を通じてのものであり、小農出身の兵士たちの中には皇帝にまでなった者もいたが、その道は少数の男性のみに開かれたものだった。

六世紀までに出現した、ビザンツ帝国下の中東における大多数の都市の市民生活を主導する立場にある者としての主教の存在は、生活の苛酷さを幾分か和らげただろう。というのも、主教たちは少なくとも共同体の一員として貧乏人や孤児や未亡人が存在することを認識し、そのような不幸に見舞われた者たちの艱難を軽減する責務があることを自覚していたからである。異教信仰とは異なり、キリスト教は一人一人の人間を、正しく生きることで聖性を獲得する潜在能力の持ち主であるとみなしており、それゆえ、新種の平等主義への見通しを得ていたのである。しかしながら、この平等主義的な見方は社会の現実からははるかに隔たっていた。そのため、ビザンツ帝国領内において、キリスト教の禁欲的傾向や救済に対する黙示録的願望がどうして広まりえたのかは、容易に理解できるであろう。

サーサーン朝帝国

われわれは、六世紀の中東地域においてビザンツ帝国以上に強大な権力、すなわちサーサーン朝（二二六〜六五一年）の大王たちによって統治されたペルシア帝国についての知識を欠いている。同帝国もまた、西は最大の税収源であり、首都クテシフォン（現バグダード近郊）が置かれたチグリス川、ユーフラテス川の肥沃な低地帯から、東はアフガニスタンや中央アジア周縁部にいたる、広大な領域を支配下に収めた。この広大な地域の住民はさまざまな言語を話した。イラン高原と帝国北東部の中央アジアとの境界域においては、イラン諸語（中世ペルシア語あるいはパフラヴィー語、ソグド語、バクトリア語、ホラズム語）が支配的であった。メソポタミアの低地帯はアラム語とアラビア語が支配的であり、アルメニア語、グルジア語、そしておよそ二〇種の言語が、コーカサスの入り組んで近づきがたい地域一帯に点在した。

首都クテシフォンの威容は堂々たるものであったが、その初期の歴史のかなりの期間において、サーサーン朝ペルシア帝国の中央集権体制およびその国家統合は貧弱であった。それは、サーサーン家の指導権に挑むことしばしばであった（そして通常は、政権の重要な役職を通じてある程度の力を持っていた）イラン高原の貴族たちの間に権力が分散していたためであった。大王の他ならぬその称号「シャーハーンシャー」（逐語訳すると「王の中の王」となる）は、明らかに王権を主張した競合貴族たちに対して、サーサーン家が自らの傑出性を控えめに主張することしかできなかったことを示唆している。しかしながら、六世紀において大王ホスロー一世アヌーシールワーンは、常備軍と守備隊の働き、および大規模な官僚機構を通じて、より高度な中央集権化を進め、国家を再編し、貴族たちに対して王の大権を揮うことに成功した。彼の後継者ホスロー二世パルヴィーズは父の諸政策の主たる受益者であり、その遺産をもとに六〇三年に始まる対ビザンツ帝国の大規模遠征に着手することができたのである。

写真6　イラクのクテシフォンにあったサーサーン朝の玉座の間。サーサーン朝はクテシフォン（現バグダード南郊）に、玉座の間が屹立し、驚くべき煉瓦建築の技術が用いられた大きな王宮を建設した。現在、中央のアーチ部分に接する二つの翼壁の大半が崩壊してしまっているが、アーチ自体は健在である。

ビザンツ帝国と同様サーサーン朝は、多言語を話すだけでなく、宗教的にも多様な住民を支配していた。古代イランの伝統的宗教の一形態であるゾロアスター教（マズダ教）は、帝国の最重要宗教であり、特にイラン高原において支配的であった。ゾロアスター教は本質的に二元論的な信仰であって、それぞれオフルマズド神（アフラ・マズダー）とアフリマン神に体現される善悪二つの勢力の間で行われる宇宙的規模の戦いの場として世界が存在すると理解していた。これら主要な勢力は光（特に火や太陽）によって、また闇によって象徴され、その象徴的意味は西方に伝わり、例えば、ヨーロッパの宗教的図像において聖なる人物を示すために用いられる光輪の淵源となったのである。ゾロアスター教徒は太陽への崇敬を特徴づけるために日の出と日の入りの瞬間に特別な祈禱の文句を唱え、また多くの重要な儀式が拝火神殿において執り行われたが、そこは聖職者たちが永遠に燃えつづける聖火に仕える場所であった。主要な拝火神殿のほとんどはイラン高原に存在した。

ゾロアスター教は長らくイランの王権と結び付いてきた。そしてサーサーン朝期に、ゾロアスター教は同王朝の準公式宗教となった。ただし、サーサーン朝の大王たちとゾロアスター教の聖職者（ヘルベド）や高位の聖職者（モーベド）との関係は時折悪化した。ゾロアスター教は同時期のキリスト教が多くの競合する分派に分かれたのとは異なり、内部分裂を起こすことはあまりなかったが、事実上の一神教の形態であるズルヴァーン主義に関するゾロアスター教徒間の論争はあった。議論はズルヴァーンの在り様に集中し、ある人々は、それを永遠の時の化身であり、オフルマズドとアフリマンの父とみなした。幾人かの大王は、三世紀に預言者マーニーによって創設されたマニ教、五世紀末に登場したマズダク教、そしてキリスト教など、ゾロアスター教に競合する宗教に接近した。しかしながら、サーサーン朝のゾロアスター教との特殊な関係は王朝の滅亡まで続いた。もっともな理由としては、大王がオフルマズドの代理として世界を支配するものと考えられていたがゆえに、サーサーン朝の世界支配のイデオロギーをゾロアスター教が支持したことにある。このことと、サーサーン朝が過去のアーリア人の大帝国の後継者であるという意識によって、サーサーン朝の大王たちは自らを地上のあらゆる権力（例えばビザンツ帝国）に優越すると考えたのである。彼らに言わせれば、他の者たちなど単なる成り上がり者であり、彼らの貢納国の地位にしか値しない存在であった。

しかしながら、サーサーン朝ペルシア帝国もまたゾロアスター教以外の大きな宗教共同体を含んでいた。何人かの大王たちはこれらの共同体に痛烈な迫害を加えたが、その一方で他の大王たちは、ビザンツ皇帝たちの宗教的少数派に対する扱いよりは、幾分悪意も少なく、寛容であったようである。特記すべきはイラク（バビロニア）に大きなユダヤ教徒の共同体が存在したことである。そこには有名なユダヤ教徒の学院があり、おそらく当時の世界において、ユダヤ教徒の生活と学問の最大の中心であった。同様に重要なものは、単性論派とネストリウス派という二つのキリスト教徒の共同体である。ネストリウス派は、四三一年に開催されたエフェソス公会議において異端宣告され、逃亡を余儀なくされた後、サーサーン朝領内に迎え入れられた。そして同王朝の首都クテシフォンにはネストリウス派総主教座が置かれたのである。サーサーン朝領内の単論説派キリスト教徒の大半が、北メソポタミア、ペルシア領アルメニア東部、イラク、そしてイラン高原の最西端の地域に集中していたのに対し、ネストリウス派は広く拡散し、多くの地域に小規模の植民地を形成した。特に交易路に沿って中央アジアにまで、また中央アジアを経て、サーサーン朝の国境をはるかに越えた地域にま

写真７　シャープールの勝利の記念碑。イランのビーシャープールにある、サーサーン朝の人々によって刻まれた崖壁の浮彫からなるこの中央部は３人のローマ皇帝に対する大王シャープール１世の勝利を記念するものである。大王は自らの馬に跨り、ウァレリアヌス帝の手首を摑んでいる。このモチーフは伝統的に捕虜であることの象徴である。一方、フィリップス・アラブス帝は慈悲を乞うためシャープールの前に跪いて屈服しており、２人の従者がそれを見下ろしている。ゴルディアヌス３世は大王の軍馬に踏みつけられるかたちで、大地に伏している。頭上には大王に対する神の恩寵を象徴する、リボンで飾られた頭環を持った小さな天使がいる。

で拡散した。

サーサーン朝治下のゾロアスター教社会は、むしろビザンツ社会よりも厳密に定義された階層的秩序を有していた。イランの伝統的な社会秩序は人々を異なる階層へと分け、宗教指導者たちや土地所有者、戦士などの小規模政治エリートは社会の上層を形成し、彼らは小作人や工職人や商人などの一般の階層とは厳密に区別された(別の図式では、諸階層は聖職者、兵士、書記、農民となる)。もちろん、奴隷は諸階層の底辺に位置づけられた。この厳密な社会階層制はゾロアスター教の正統信仰によって強化された。彼らは異なる階層それぞれに対して別々の拝火神殿を建設したのである。この制度が最も明確に機能していたのは、おそらくイラン高原であった。一方、メソポタミア、イラクでは、ゾロアスター教徒たちは政治的な重要性を有しているが、ユダヤ教徒やキリスト教徒よりも数が少なく、社会秩序は幾分流動的であっただろう。しかし、そこでもエリートと一般人の間の階層分化が進んでいた。この社会秩序の厳格さゆえに、より平等な社会の形成を目的としたマニ教やマズダク教などの運動が人々の支持を大いに得る状況が生まれたのである。そしてそれは、六世紀前半の大王ホスロー・アヌーシールワーン主導の改革によってある程度抑制されたにすぎなかった。

ビザンツ帝国とサーサーン朝ペルシア帝国の間には差異も存在したが、両帝国はある種の特徴を共有し、同じような問題に直面した。支配者たちは広大な領域と多種多様な臣民を苦心して統一した。彼らは、必要な場合には武力を用い、また宗教的イデオロギーに頼りつつ、それを臣民に強制し、支配の正当性主張を受け入れさせた。その結果、支配者たちにとっては予想外であったであろうが、両帝国はともに、宗教的観念を用いて既存の社会規範の苛酷さを和らげようとした平等主義的な運動を助長することになった。また双方とも辺境地域において外敵を撃退するという難題にも直面した。それら外敵の多くはユーラシアのステップ地帯からやってくる遊牧民集団であり、ビザンツ帝国はゴート族、フン族、スラヴ族、そしてアヴァール族と対峙した。一方、サーサーン朝はクシャーン族、キオン族、フン族、エフタル（白いフン）族、そしてテュルク族に対処せねばならなかった。

しかしながら、この両帝国は何にもまして互いの攻撃に直面したのである。六世紀の中東において、覇権をめぐる競争相手としての彼らの政治的競合関係は、宗教的、文化イデオロギー的、そして経済的な競合の様相を呈した。最後に挙げた経済的様相には、金属その他の資源をめぐる争い、交易の収入をめぐる争い、大半が半乾燥地帯である中東においてそれほど多くは存在しない、課税可能な土地をめぐる争いが含まれる。また事態は、単にビザンツ帝国とサーサーン朝との間の政治支配と経済的影響をめぐる争いであるだけではなく、ゾロアスター教とキリスト教の間の、ギリシアの文化的伝統とイランの文化的伝統との間の争いともなった。両帝国は世界の領有権を主張し、心ならずも（そして暫定的に）相手を対等の存在と認めているにすぎなかったことを、われわれは忘れてはならない。そしてそのような両帝国の態度は非常に根深く、少なくとも紀元前四世紀のペルシア帝国とアレクサンドロス大王との衝突にまで遡るのである。

少なくともこの政治的・文化的・経済的局面におけるこの競合はローマ初期まで遡り、（以下で議論するように）アラビア半島を含む中東全域にわたって展開された。その競合は、政治的に従属する諸勢力や文化的・経済的な優位性を確保しようとする試みにおいて、両帝国間で行われた断続的な外交戦略の中に明確に示された。そしてその争いは、両帝国が既に直接支配をやめていたか、あるいは直接支配に伴う困難を嫌った、アラビア半島のような境界域で行われたのである。

交易をめぐる競合は、この争いの重要な要素であった。中国の絹、インドの綿、胡椒その他の香辛料、南アラビアの香料、皮革（帝国の軍隊によって大いに必要とされた）、その他の品物は、南インドに商業植民地を確立していたローマにとって重要な交易品であり、ビザンツ帝国にとっても重要なものでありつづけた。特に絹は尊ばれ、かの有名な「シルクロード」と総称される、中央アジアとイランを通過し地中海へ至る道を経てもたらされた。インド洋からの商品はペルシア湾とチグリス川、ユーフラテス川を通って、あるいは紅海を経由してビザンツ帝国領へ至った。サーサーン朝はインド洋地域と相当規模の商業的結び付きを独自に有しており、おそらくインドに恒久的な商業植民地を築いていた。彼らは東方の奢侈品に課税するために、ビザンツ帝国領へのそれらの流入を一元管理することに熱心であった。それは、ビザンツ帝国とサーサーン朝の和平条約において、商品の国境越えの際に通過すべき公的な税関の設置が繰り返し盛り込まれたことからもわかる。

二大帝国はしばしば外交に関して忍耐を欠くようになり、どちらにとっても多大な支出を要する長期の戦争に従事した。特に五〇〇年からサーサーン朝が崩壊する六三〇年代までの間に、両帝国は五度の戦争を行った。最後の九〇年間はほぼ恒常的に戦争状態にあり、時折北メソポタミアやアルメニア、コーカサスの一部などの主要な境界域に対して交易の統制が行われるにいたった。これらの戦争の最後のもの（六〇三～六二九年）は、両陣営の運命にかつてない劇的な変化をもたらすものであり、ムハンマドとその信仰者たちの運動が出現することになった直接的背景の一部をなすものとなったのである。

このビザンツ帝国とサーサーン朝との間の最後の戦争は、六〇二年、ビザンツ皇帝マウリキオス〔在位五八二～六〇二年〕が簒奪者フォーカス〔在位六〇二～六一〇年〕のクーデターによって殺害された直後に始まった。大王ホスロー二世はこれに即座に反応した。彼はこの出来事を、ビザンツ帝国の混乱に付け込む、あるいはマウリキオスの仇を討つ好機とみなした。というのも、マウリキオスは、五九一年にアルメニアとメソポタミアの国境域の割譲と引き換えに、クテシフォンの軍事的簒奪者からサーサーン朝王権の奪回を目指すホスロー二世に援助の手を差し伸べていたためである。いずれにせよ、六〇三年初頭、ホスロー二世はメソポタミアとアルメニアにおけるビザンツ帝国の要地に一連の攻撃を仕掛け、六一〇年末までにはユーフラテス川に至るすべての土地をサーサーン朝の確固たる支配下に置いたのであった。

一方ビザンツ帝国内では、北アフリカ総督とその息子ヘラクレイオス〔在位六一〇～六四一年〕の主導した、フォーカスに対する内乱が起こっていた。この内乱によって、広範にわたる政情不安と、最終的にはフォーカスの失脚が起こり、六一〇年にヘラクレイオスがコンスタンティノープルにて皇帝として承認されることとなった。

ホスロー二世はこの政情不安に付け込み、ビザンツ帝国にさらなる攻撃を仕掛けた。彼はおそらくビザンツ帝国に止めを刺そうと考えていたのであろう。サーサーン朝の軍隊はシリア北部を通過して地中海岸に至り、アンティオキアを征服、同市を拠点として北はアナトリア半島へ、南はシリアへと突き進んだ。六一〇年から六一六年の間にシリアとパレスティナの全土が占領され、ペルシアの駐屯軍が主要都市に配置された。エルサレムは六一四年に占領されたが、ペルシア人たちは当地のユダヤ教徒に支持されたようである。しかし多くの市民が虐殺され、二つとない象徴的意義を有する聖遺物である聖十字架がクテシフォンへと運び去られた。さらに南の、コンスタンティノープルへの主要な穀物供給地であったエジプトは、六一七年から六一九年の間にサーサーン朝によって占領された。一方北では、シリアから到来したサーサーン朝軍がカッパドキアとその主要な都市カエサレア（現カイセリ）を征服し、その間に別の軍隊がアルメニアからガラティア（現アンカラ一帯）にまで進軍した。こうして六二一年までに、コーカサス、アルメニア、シリア、そしてエジプトだけでなく、ビザンツ帝国の伝統的な中心地域であったアナトリアのほぼ半分が

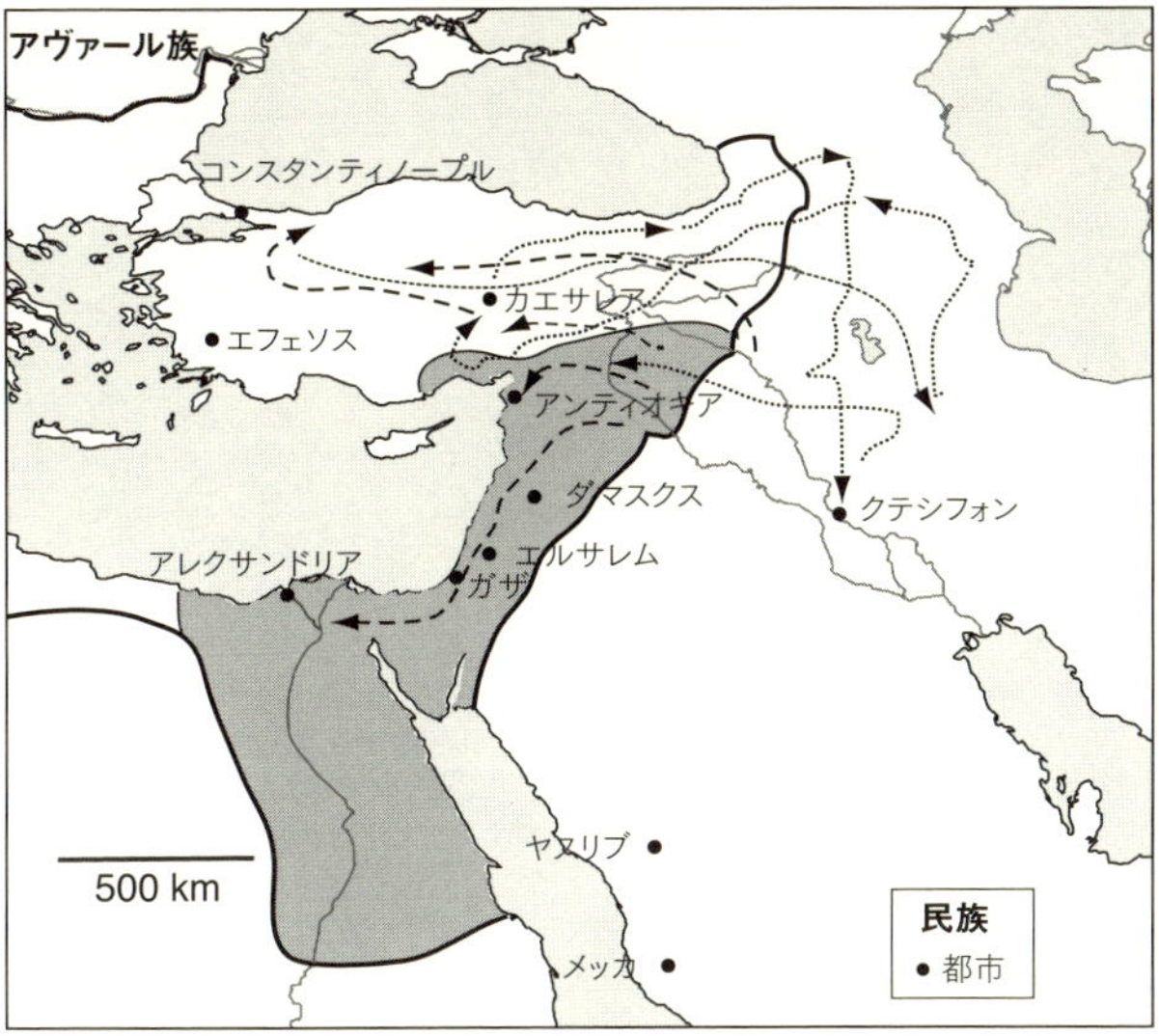

600年頃のビザンツ帝国の国境線
610年から628年にかけてサーサーン朝に奪われたビザンツ帝国領
サーサーン朝軍の進路、610〜620年
ヘラクレイオスの遠征路、624〜628年

地図2　610年から628年にかけてのビザンツ帝国・サーサーン朝間の最後の戦争（W. Kaegi, *Heraclius* より）

サーサーン朝の手中に収まった。さらにホスロー二世が、同時期に北西よりコンスタンティノープルを攻撃していた遊牧民アヴァール族の首長と同盟を結んだことで、ビザンツ帝国の状況はいっそう悪化したのである。

上記のような状況下でビザンツ帝国が存続しえたのはほぼ奇蹟と考えられるにちがいないが、それはヘラクレイオスの決断力と彼の軍事指導者および外交官としての能力や豪胆さによるものであるし、またおそらくは、六二六年の夏に、ヘラクレイオスとその軍隊が遠方に出征している間にアヴァール族の包囲攻撃に耐え忍んだ、威容を誇るコンスタンティノープルの堅固な城壁のおかげでもあった。アヴァール族の度重なる侵攻とサーサーン朝の激しい攻勢にもかかわらず、ヘラクレイオスはキリスト教の帝国を救い、聖十字架をエルサレムに取り戻すためにビザンツ帝国の諸軍団を結集した。おそらくはこれが、ビザンツ帝国の行った戦争の中で、宗教的に正当性を得た最初の事例であろう。六二四年、ヘラクレイオスはその軍隊を中央アナトリアからアルメニア、そしてコーカサスへと進軍させたが、これにはヘラクレイオスの一族自体がアルメニアに出自を有していたことが助けとなったかもしれない。その地でヘラクレイオスはサーサーン朝にとっての草原の敵であるテュルクと接触し、彼らの協力を得て、サーサーン朝のほぼ裏庭に相当するこの戦略的要地から同王朝を排除した。六二五年、ヘラクレイオスはアナトリアに対する支配をさらに強化した。六二七年の秋から六二八年にまたがる冬にかけて、彼は軍隊をメソポタミア北部へ進軍させ、その後サーサーン朝の首都クテシフォンへと向かわせた。帝国の中心地帯に対するヘラクレイオスの予期せぬ侵入に、大王ホスロー二世は宮廷での支持を失い、六二八年初頭にクーデターにより退位させられた。彼の後継者（息子のカヴァード二世　在位六二八～六二九年）は和平を請い、アナトリア、アルメニア、シリア、そしてエジプトからサーサーン朝の残留部隊の撤退を命じた。六二九年までにサーサーン朝は新たな境界線の後ろ側に退き、ビザンツ帝国にはアルメニアとメソポタミア北部に加えて、旧領すべてがその手中に収まった。サーサーン朝はその後一〇年間にわたり、サーサーン家の二人の王女を含む数多の僭称者たちが王座をめぐって争いを繰り広げる、長期の政情不安に突入した。六三〇年、ヘラクレイオスは意気揚々と聖遺物である聖十字架をエルサレムに戻したが、一〇年以上に及ぶサーサーン朝支配は、シリアやエジプトにおけるビザンツ帝国の政治的基盤を揺るがし、多くの都市や共同体が独自の判断で行動するようになっていたのである。

こうして、これらの劇的な出来事は、数十年にわたる戦争を経て二大帝国を弱体化させることとなり、その裏でアラビア半島ではムハンマドが活動を開始していたのである。

大国の狭間のアラビア半島

アラビア半島は二大帝国の南部辺境の沙漠に割り込むかたちで存在していた。そこは広大で極度に乾燥した土地であり、北は現在のヨルダン、シリア、イラクの縁まで広がる地域であった。アラビア半島の大半は砂沙漠と、より広い岩石沙漠である。例外としてアラビア半島最南端のイエメンや南東部のオマーンの一部地域は、インド洋からの湿気と山岳地帯の泉に発する水の恩恵を被っている。その他の場所では、降雨はわずかであり、不定期である。大半の地域において農業に必要な量の水は、自噴井が地表に地下水をもたらし、ナツメヤシの木立が繁るオアシスが形成される場所においてのみ得られた。オアシスでは、穀物や果実や野菜が栽培可能であった。アラビア半島のオアシスの大半は小規模なものであるが、幾つかの大規模なオアシス都市が半島の北部や東部に存在している。北部にはパルミラ（現シリア中部）、アズラク（現ヨルダン北部）、ドゥーマ・アルジャンダル、タイマー、ハイバル、そしてヤスリブ（メディナ）、また東部にはヤマーマ（現リヤド）、ハジャル（現ハサー）、そしてハーイルなどの都市があった。

水量の豊富なイエメンは、アラビア半島の他の地域に比べ、より高度に発達した政治機構の興隆を支えた。紀

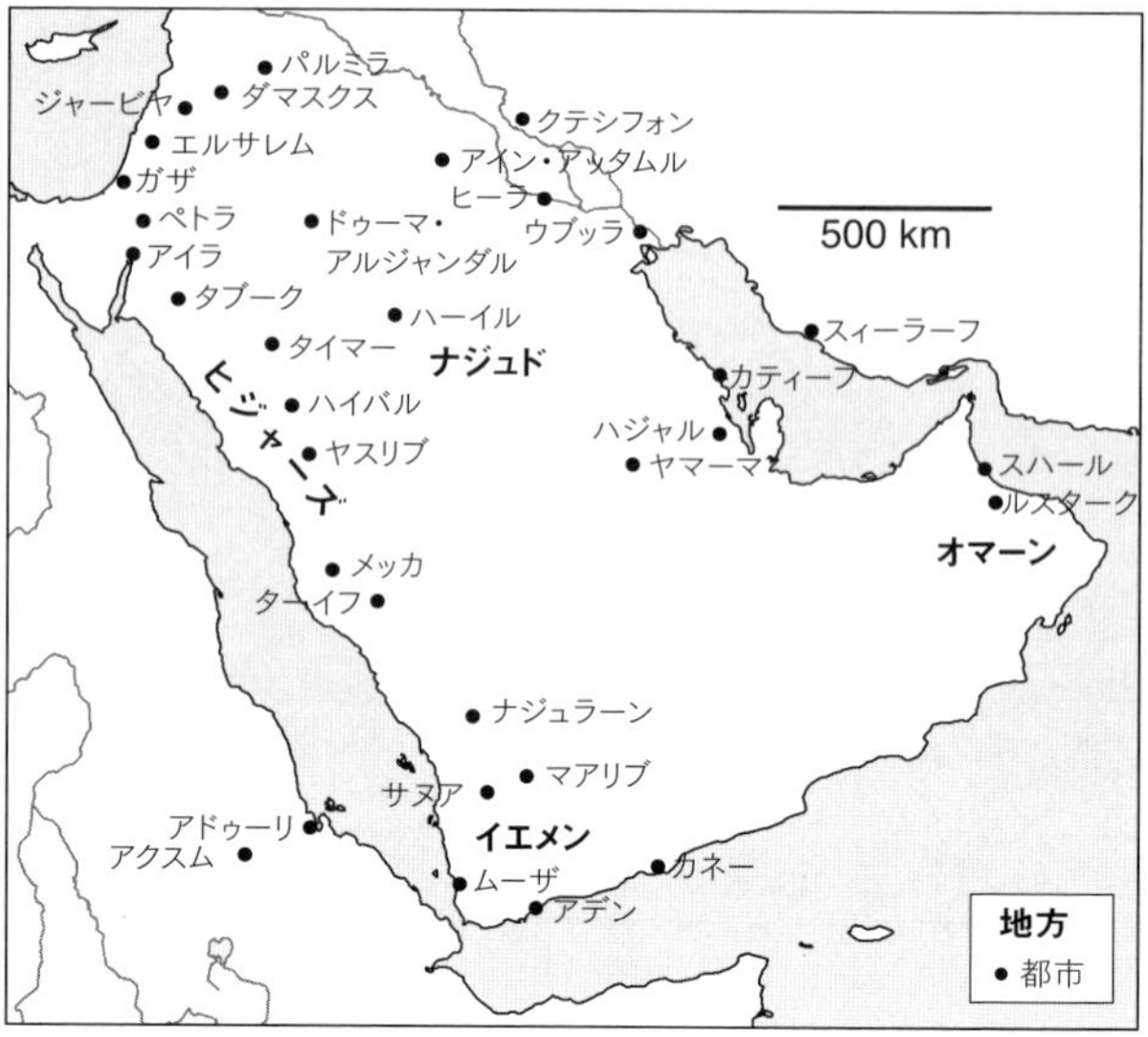

地図3　西暦600年頃のアラビア半島

元前一千年紀に栄えた初期の南アラビア諸王国、すなわちサバア（シェバ）、マイーン、カタバーン、ハドラマウトは、最終的に一世紀から六世紀にイエメンの大半を支配したより大きな国家であるヒムヤル王国の登場に道を開いた。

　しかしながら、アラビア半島のほとんどの地域においては、貧弱な農業資源ゆえに、社会的・政治的秩序は家族や血縁集団（「部族」）を中心に形成された。それらの集団は人々を連帯意識と相互保障の点で結び付けた。（実際、南アラビアにおいてさえ、王国は本質的に部族社会であるものを覆う薄っぺらな装飾でしかなかった。）そこにはわれわれの理解する意味での「法」は存在せず、むしろ個々人の属する部族あるいは拡大家族がその個人に日々の安全を提供した。というのも、部族の成員に対するあらゆる侮辱、特に殺人はしばしば、加害者の部族に対する速やかな報復をもたらすことになったからである。定住民も遊牧民もこのようなやり方で集団を構成していた。実際、多くの集団において同一部族内で定住民と遊牧民が共に存在していた。

　アラビア半島の政治的・社会的分裂状態は、イスラーム登場前夜の宗教的多様性と合致したものである。アラビア半島の伝統的な宗教は多神信仰で、（太陽や月や金星などの）星の神々を崇めるものを含めて、その土地の宗教としてさまざまなかたちで存在していたものであり、古代の中東の異教が後代まで生き残ったものなのである。

こうした地域ごとに特有の多神信仰はアラビア半島の社会状況に特に適していた。というのも、アラビア半島の諸部族は（事実上そうであるかないかにかかわらず）彼ら自身血の繋がりを有していると考えていただけでなく、彼らはしばしば、自分たちの守り神であるとみなしたその土地の偶像や神を信仰する儀式に加わったからである。その結果、彼らの社会的帰属意識もまた宗教的な要素を帯びることになった。これらアラビア半島の神々はハラムと呼ばれる各地の神殿において敬われ、そこはしばしば聖なる樹木、岩、泉、そのほか神が宿っていると考えられた物体を中心としていた。ハラムは神殿それ自体を取り巻く一定の境界域を有する聖域からなっており、その場所では祭儀に参加する成員に対し流血沙汰や暴力を働くことが禁じられていたが、それは同じ神を信じる他の集団や神殿を管理する一族ないし部族によって実施された禁令であった。この特徴により、ハラムは異なる部族の人々が、市場を訪れるため、未解決の闘争を収めるため、あるいは婚姻や同盟を結ぶために、安全に交わることができる場所となった。もし水が豊富にあったならば、ハラムは相当規模の居留地になったであろう。なぜなら財産の安全確保が不可欠な定住型の商人などがそういった場所に引き付けられる傾向にあったからである。アラビア半島北部の大規模都市の大半はその中心にハラムを有しており、また真水の提供地でもあった。

しかしながら、アラビア半島に残っていた偶像崇拝は、一神教の漸次的な広がりに直面して、六世紀までに次第に減少していったようである。ユダヤ教はかなり早い時期に、おそらくは西暦七〇年にローマ帝国によってエルサレムの第二神殿が破壊された直後にアラビア半島に到来していた。アラビア語を話すユダヤ教徒の共同体がアラビア半

写真８　マアリブにあるバッラーン神殿。古代南アラビアにあった諸王国は、様々な星の神々を祀るために、このような大きな神殿を建設した。

島のあらゆる場所で、特にイエメンとアラビア半島北西部のオアシス都市、タブーク、タイマー、ハイバル、ヤスリブ（メディナ）などで見出された。これらの人々はユダヤ教徒の移民、すなわちパレスティナないしバビロニアからの逃亡者の子孫であったかもしれず、地元の改宗者、あるいは両者の混淆であったかもしれない。キリスト教も同様にアラビア半島、特にイエメン（同地では、ビザンツ帝国の布教活動によって四世紀には広まっていた）、半島東部、また半島北辺部のシリアやイラクに接する地域に見出され、それらの地では主として牧畜を生業とする遊牧集団にも信者を獲得したようである。（アラビア半島西半部の山がちな地域である）ヒジャーズ地方においてキリスト教徒は未知の存在ではなかった、と一部の典拠が示しているが、同地方にキリスト教徒の存在が浸透していたかについては、学者たちの間で意見の一致は見られない。アラビア半島には「ナザレ派」と呼ばれるユダヤ的キリスト教徒の幾つかの共同体が存在したようだ。彼らはイエスをメシアとして承認するが、豚肉とワインの消費を禁ずる法令を奉じていた。残念ながら、われわれは六世紀におけるこれら各種のユダヤ教、キリスト教共同体についての一次史料をほとんど有していない。しかしながら、彼らはその当時の中東のより広い範囲に流布していた禁欲主義と終末思想の傾向に影響されていたと推測するのが妥当と思われる。

アラビア半島の宗教生活に関して触れておくべき最後の側面は、活動する預言者の伝統がその地に生き残っていたことである。この伝統は六世紀までに中東諸地域ではほとんど途絶えていた。そのときまでに、ユダヤ教徒の主流派と多くのキリスト教徒は活動する預言者を過去のものであるとみなし、主として小アジアに存在したキリスト教の小さな分派であるモンタヌス派など、ごく一部の集団が預言者の伝統を保持するのみであった。三世紀の南イラクに生きたマニ教の始祖であるマーニーもまた、自らは預言者であることを主張した。さらに、ムハンマドが布教を行った七世紀前半にも、アラビア半島の多くの人物が彼同様、自らを神の言葉を帯びている預言者であると主張した。こうしたことから、特にアラビア半島において、活動する預言者の伝統がいまだに生きていたことがわかる。そしてまた、自分は預言者であるというムハンマドの主張をアラビア半島の人々がどうして受け入れることができたのかを、われわれは理解しうるのである。

ビザンツ帝国とサーサーン朝は、相手が過度の影響力を獲得することを阻むためだけであったかもしれないが、政治的・経済的な理由により、アラビア半島での存在感を維持する必要性を感じていた。しかし、アラビア半島北部における各種資源の乏しさゆえに、両帝国はこの地域全体に対する直接支配の確立の試みを断念した。というのも、守備隊を配置して同地域を統治することにかかる費用が、彼らが期待しうる税収以上に嵩んだからである。その代わり、彼らはアラビア半島の諸部族の長たちとの同盟締結という戦略を採用した。長たちは、報酬金や武器や称号と引き換えに帝国の利益のために働いたのであり、そのような間接支配は、その地域を自前の軍隊によって直接的に支配しようとするよりも、金銭面や人的資源の面でより安価なものとなった。サーサーン朝はイラク低地帯のヒーラに根拠地を置くラフム族に属するナスル家の「王たち」〔一般的にはラフム朝〕と同盟を結んだ。ナスル家はサーサーン朝の軍隊に兵を送り、ビザンツ帝国領シリアへの定期的な襲撃を通して帝国の脇腹に刺さった棘となった。サーサーン朝はまたペルシア湾に面するアラビア半島沿岸部に割拠する他の首長たちとも同盟関係を結んだ。オマーン北部では、彼らサーサーン朝の王たちは地方君主ジュランダー家と同盟を結んだのみならず、同朝の総督を任命し、恒久的な駐屯軍と共にルスタークに留まらせることでより直接的な支配を確立し、戦略的および農業的に重要な地方に目を光らせたのである。こうしてサーサーン朝は古代末期において、アラビア半島の湾岸地域に対し多大な影響を及ぼしたのであった。

ビザンツ帝国もアラビア半島北西部に対して同様の政策を実行した。ティベリアス湖に臨むゴラン高原の都市ジャービヤに居を構えたガッサーン族に属するジャフナ家の長たち〔一般的にはガッサーン朝〕は六世紀においてビザンツ皇帝から「フュラルコス」ないし帝国との提携部族と認識されており、上記称号に加えて武器や金銭を与えられていた。より古い時代においては、他の部族が同じような役割を果たしていた。サーサーン朝側についたナスル家同様、ジャフナ家はその軍事支援を宗主たるビザンツ帝国に供与し、サーサーン朝に対してビザンツ帝国が行った数多くの主要な遠征に参加した。一度は（五七〇年に）、イラク中央にあるナスル家の首都ヒーラをも攻撃したのである。明らかな対立の時期でなくても、二大帝国の従属国であるナスル家とジャフナ家はアラビア半島北部に存在する遊牧民やオアシス集落に対する影響力をめぐって特別な競合関係にあり、概してサーサーン朝およびビザンツ帝国の利益の代弁者として活動したのである。特にジャフナ家は、ビザンツ帝国領シリアの辺境地帯にあって、課税可能な定住民の集落を他の遊牧集団の襲撃や略奪から守ることを期待された。

イスラーム勃興の一世紀前に、金やその他の鉱石の採掘がアラビア半島の経済的活力を高めることになったというつかの証拠が存在する。しかしながら、最近の研究は、二大帝国にとって利益となるアラビア半島の主要な資源は、軍隊用の鞍や馬具一式、長靴、盾、天幕、その他の道具に用いられる皮革であっただろうことを明らかにしている。

アラビア半島はまた、ビザンツ帝国のインド洋への、そしてその豊かな商業活動への途上に位置していたがゆえに経済的な重要性を有していた。インド産の綿や胡椒やその他の香辛料、南アラビアの香料、その他もろもろの商品が、アラビア半島沿いの海路を通り、南アラビアにあるムーザ（モカ）やカネーなどに寄港する船によって、あるいはメッカを含むアラビア半島西部の町々を通る隊商によって、地中海世界にもたらされた。ビザンツ帝国期、大半の紅海海上交易は、その主要港アドゥーリより船出するアクスム王国の船乗りたちによって担われた。ビザンツ帝国とサーサーン朝の両帝国はこの交易とそこからの徴収が可能であった諸税を牛耳ることを強く望み、その結果、アラビア半島は両帝国の重要な係争地となった。例えば、ビザンツ帝国は（アカバ湾の入り口にあった）ティラン海峡に浮かぶイオタベー島の税関を維持しており、わずかな報告によって、ビザンツ帝国とサーサーン朝が、イスラーム前夜のヤスリブやメッカを自らの影響下に引き込み、同地域から徴税を行うために地元の指導者たちと特別な結び付きを構築しようと試み、おそらくそれに成功したであろうことを窺い知ることができる。

イエメンは、宗教的な理由やアラビア半島の交易全体に関する競合において特に重要な位置を占めているという理由により、ビザンツ帝国とサーサーン朝間の争いの焦点となった。五七〇年代まで、ビザンツ帝国はイエメンに間接的な影響力を及ぼした。同地は、コンスタンティノープルから三五〇〇キロメートル離れていたが、ビザンツ帝国にとっては、紅海経由でインド洋に出る直接の出入り口となっていた。ビザンツ帝国にとってこの経路は、かの有名な「シルクロード」というイランを通る経路と、イラクを通過しペルシア湾を経由してインド洋と東アジアへ至る交易路に跨るかたちで存在していたサーサーン朝を迂回する際の強みとなった。

イエメンにおけるビザンツ帝国の政治的存在感は主としてその同盟者でキリスト教を奉じるアクスム王国を媒介にして確立された。ビザンツ皇帝ユスティヌス〔在位五一八～五二七年〕の催促に応じたアクスム王エッラ・アスベハは、五二三年頃イエメンに侵入し、キリスト教徒の支配者をその地に据えた。この侵入はおそらく、かねてからイエメンのキリスト教徒たちと血塗られた一連の衝突を繰り広げていた、ユダヤ教徒のヒムヤル王ズー・ヌワースの活動に対する反動という側面を持っていたのかもしれない。あるいはビザンツ帝国のインドとの交易を容易にするためのものであったのかもしれない。このイエメンにおけるエチオピア政権は、ただちにアクスム王国から独立してしまうが、約半世紀にわたって同地を支配した。そして最も重要な人物としてはアブラハ王が挙げられる。彼はその支配をアラビア半島の北部へ広げようとし、また伝承によれば、ムハンマド誕生の頃にメッカ攻囲に着手して不首尾に終わったと伝えられている。

しかしながら、サーサーン朝はビザンツ帝国が南アラビアに対して間接的に影響力を及ぼしつづけることを許さなかった。五七〇年代に、大王ホスロー二世は遠征軍を派遣してイエメンを占領し、大規模な駐屯軍を率いる総督を介して同地を帝国の一州として支配した。その後六世紀末までに、サーサーン朝はアラビア半島の東部と南部をほぼ完全に囲い込んだが、紅海沿岸とシリア南部にまで至る一帯はその支配を免れていた。一方、ビザンツ帝国は特にアラビア半島北西部に対して影響力を及ぼしていた。

メッカとヤスリブ（メディナ）

ムハンマドがその生涯を過ごした二つの町メッカとヤスリブ（後にメディナと呼ばれることになる）は、アラビア半島西部のヒジャーズと呼ばれる起伏の多い地方にあって、約三二五キロメートル離れて存在していた。二つの町の性格は非常に異なっていた。ヤスリブはナツメヤシの繁る典型的な大きなオアシスで、具体的には、日干煉瓦の家と大麦畑とその他の穀物の畑が散在し、絶えず湧き出す泉の水によって育つナツメヤシの木立がその上を覆う、隣接諸農村の緩やかな集合体であった。各村ないし街区には一つ以上のアタム（単数形はウトム）と呼ばれる日干煉瓦造りの塔があり、村人たちは盗賊や敵対的な遊牧民に脅かされた際にはそこに避難することができた。ムハンマドの時代には、ヤスリブの住民はいくつかの異なった部族で構成されていた。そのオアシスのもともとの住民はユダヤ十二支族にまで遡る人々であったと思われ、そのうちカイヌカー族、ナディール族、クライザ族の各氏族は特に目立つ存在であった。彼らの多くは農業に従事しており、豊かな土地を所有していたが、その他の者は、例えば金細工を生業としていたカイヌカー族の人々のように、交易や工芸に従事していた。しかしながら、六世紀末のムハンマドの時代までに、その町はおよそ一〇の多神信仰の氏族によって支配されていた。彼らは数世代前にヤスリブに住みつき、主に農業で生計を立ててきたのである。これらの氏族の中で、アウス族とハズラジュ族の二氏族は最も強力で、両者は町の主導権をめぐって、時折激しく敵対し、また争っていた。またユダヤ教徒の諸部族もこの争いに深く関わっていた。

一方、メッカはオアシスではなく、あまり耕作に適していなかった。ザムザムの泉は飲用と小区画の庭園のための真水を供給することはできたが、石の多い丘の間に位置する町という立地条件では大規模な耕作は不可能であった。ムハンマドの時代、町の主要な食料の多くはアラビア半島全土や、あるいはシリアから輸入されていた。メッカは耕作ではなく、宗教儀礼や商業の面での重要性を有していた。そこは暴力や流血沙汰の禁じられた、ア

写真９　アラビア半島のオアシス。この写真はオマーンのジャブリーンのオアシスのもので、ヤスリブのようなナツメヤシのオアシスの一般的外観を伝えている。日干煉瓦の家や庭園の区画が、ナツメヤシの大きな木立の間にまばらに存在しているのがわかる。

写真10　メッカのカアバ神殿。カアバを囲む建造物は十数世紀にわたって何度も再建されているが、19 世紀末のこの写真は、20 世紀後半に行われた大規模拡張を伴う改修前のものであるので、初期イスラーム時代の数世紀において神殿がどのように見えていたかを幾分かは伝えるものであるように思われる。

ラビア半島の典型的なハラムであった。町の中心にはカアバと呼ばれる神殿があり、それは大きな立方形の建物で、聖なる黒い石がその建物の一角に据えられており、異教の神フバルに属する聖域であった。この神殿の管理はクライシュ族が行っていた。クライシュ族の諸氏族がメッカの住民の大半を占め、彼らは、例えば、水や食料の巡礼者への供給、巡礼用の特別な衣服の準備と販売、そして特定の儀式の監督など、各種の宗教儀礼遂行の責任を共同で果たしていた。特にメッカ近郊に住む遊牧民など、クライシュ族以外の部族の人々もこの儀礼に加わり、ときには安全に保管するために彼ら自身の偶像神を神殿に持ち込んでいた。

メッカのクライシュ族は早くから商業にも携わり、隊商を組織してメッカとイエメン、アラビア半島東部、そしてシリア南部各地の交易拠点の間で商品を運んだ。彼らは間違いなくアクスム王国の船乗りとも接触を持っていた。また彼らは年に一度メッカ近郊のウカーズと呼ばれる場所で開催される交易市に参加した。その市にはアラビア半島の多くの場所から商人が集まった。かつては、メッカがアフリカやインド、そしてイエメンなどから到来する、象牙、奴隷、香料などの贅沢品交易の中心であったと考えられていたが、一九七〇年代以降の研究は、交易の大半は獣皮や基本的な食料品などの、より質素な必需品であったことを明らかにしている。ヒジャーズ地方における金鉱の存在から、小規模の金の交易が行われていた可能性を読み取ることができる。メッカの商業活動は、その扱う商品が何であれ、人々をメッカの外から町の儀式へと引き寄せていたようであり、その結果、ムハンマドがメッカにおいて成長した時期である六世紀後半までに、メッカのハラムはアラビア半島西部における数多くの神殿の中の最も重要な神殿の一つとなっていた。そしてムハンマドの部族であるクライシュ族のハラムの管理人たちは、共同で交易を行う投機事業の組織と運営に関する相当量の経験とアラビア半島全体にわたるネットワークを有していたのである。このような比較的小規模な商業活動と、アラビア半島の多神教、およびより広い中東の一神教的伝統に由来するさまざまな宗教的観念という環境において、イスラームの預言者ムハンマド・ブン・アブドゥッラーが生まれ育ったのである。

第二章　ムハンマドと信仰者運動

イスラームの伝承は、すべてのムスリムが彼らの預言者だと認めるムハンマドという人物の生涯について、豊富で詳細な叙述を提供している。この叙述は同時代のものではなく、ムハンマド死後の数世紀の間にムスリムの共同体内部で流布し、収集されたもろもろの報告に基づいたものである。本章において詳細に検討するように、これらの報告はさまざまな種類の資料を含んでいる。それらのうちのいくつかは、究極的には目撃証言に基づく、出来事をありのままに語るもののようである。その他のものは、奇蹟譚や容易には信じられない理想型を提供しており、伝説や護教の領域に属しているように思われるものである。以下の頁において、まず非常に簡略なかたちで、明らかに伝説とみなされる報告を取り除いた、旧来どおりのムハンマドの伝記の概要を示す。その後、この伝承に基づく描写が有するいくつかの問題を論じ、これらの問題を考慮に入れたうえで、ムハンマドの生涯について新たな読み方を提示する。

伝承に基づく預言者ムハンマドの伝記

ムスリムの伝承によると、ムハンマド・ブン・アブドゥッラーは六世紀後半、アラビア半島西部の町メッカに生まれた（いくつかの報告では、五七〇年頃となっているが、異説もある）。彼は、メッカを支配するクライシュ族の、ハーシム家に属する人物であった。彼は幼くして孤児となり、成人となるまで父方の叔父アブー・ターリブに育てられた。この叔父はその当時ハーシム家の家長であった。

先に論じたように、ムハンマドの頃のメッカは、住民が二つの活動に深く関わっている町であった。すなわち、商業と宗教である。組織された隊商と各種の市への参加を通じて、クライシュ族の人々はアラビア半島全土にいる他の部族や共同体と接触を持った。彼らはカアバおよびメッカ周辺のその他の神聖な場所を中心とするメッカの宗教儀礼の世話役としての役割も有していた。それゆえ、カアバに到り、そこで彼らの儀礼、特にカアバの周囲をめぐる儀礼を行う諸集団との接触の機会を持つことになった。メッカのハラムとしての位置づけに伴う安全性は、商業にとって明らかに好都合であり、クライシュ族の商人としての役割と神殿の管理人としての役割は緊密に結び付いていたのである。

青年になると、ムハンマドはメッカで行われている商業的・宗教的生活に加わった。彼はいくらか年上であった裕福な未亡人ハディージャと結婚した。そして彼は彼女の隊商交易事業を預かった。壮年期に入ると、ムハンマドはその知性と正直さと如才なさゆえに、クライシュ族の同輩たちから非常に重んじられるようになった。また彼は定期的に瞑想をする必要性を感じはじめ、その人生について沈思黙考するために、時折俗世を離れるようになったのである。伝承によると、六一〇年頃、一人で山籠もりをしている最中に、ムハンマドは、大天使ガブリエルが彼のもとに運んでくるというかたちで、神からの啓示を受けはじめた。啓示はムハンマドの聴覚と視覚に強烈に作用し、彼を圧倒した。彼は、それが去るまでただ大地に寝そべって、震え、汗をかくことしかできなかった。その後、啓示された言葉が彼の記憶に永久に焼き付けられたのである。これらの言葉は最終的には彼の教えの信奉者たちによって記録され、全体としてクルアーン（コーラン）というかたちで編纂された。こうした事情から、信仰心のあるムスリムの見地からすると、クルアーンは神の話した言葉をその言葉のまま書き起こしたものなのである。

ムハンマドは当初自らの体験に恐懼し、神によって押し付けられた預言者という外套を羽織ることを渋った。しかし、彼の宗教的体験は続き、彼はこの責任を逃れることはできないと悟った。彼はまた妻であるハディージャに励まされた。彼女はムハンマドの体験が真実であるとみなし、それゆえムハンマドに対する神の、預言者としての召命を信じた最初の人物となったのである。その後、ムハンマドは自らに啓示された教え、すなわち神の唯一性、最後の審判の真実性、そして敬虔さと神を畏れる行為の必要性を公然と伝えはじめた。ムハンマドは次第に、異教信仰を棄て、代わりに神の絶対的な唯一性とムハンマドの預言者としての役割を認めた人々の支持を獲得しはじめる。最初期の信奉者の中には、アブー・ターリブの息子で彼の従兄弟にあたるアリーやムハンマドの母の親類であったとされるサアド・ブン・アビー・ワッカースなどの近親者がいた。その他の初期の支持者は、クライシュ族や周縁の社会集団に属する弱小家系の成員であったようである。メッカの有力者たちの中にも、早い時期からムハンマドの言葉を支持する者が現れ、彼らの多くが、後に共同体の中心的な役割を果たすことになった。なかでも著名な人物が二人いる。ムハンマドの最も近しい親友となるタイム家の商人アブー・バクルとアブー・バクルの親族タルハ・ブン・ウバイドゥッラーである。その他には有力一族ウマイヤ家の富豪ウスマーン・ブン・アッファーンがいた。彼の資力はしばしば預言者の活動に貢献した。また彼は預言者の娘ルカイヤと、そして彼女の死後には預言者のもう一人の娘ウンム・クルスームと結婚した。さらに、ズフラ家のアブドゥッラフマーン・ブン・アウフやアサド家のズバイル・ブン・アルアウワームもいた。彼らは皆、ムハンマド死後のもろもろの出来事において中心的な役割を果たすことになった。

クライシュ族の多くの人々は、先祖伝来の多神信仰、つまり「父祖の宗教」に対するムハンマドの攻撃に憤慨し、あるいは当惑した。そしてムハンマドとその信奉者たちを、最初は嘲笑し、その後はより本格的に罵倒したのである。ムハンマドはしばらくの間、叔父として、またハーシム家の家長としてムハンマドの庇護について断固たる姿勢をとっていた、アブー・ターリブの決然たる支持によって守られていた。主として、マフズーム家という強力な一家の長「アブー・ジャフル」(「愚劣おやじ」というこの呼称はおそらく侮辱的なものである)によって組織されたクライシュ族によるハーシム家排斥運動でさえ、彼らの望みどおり、アブー・ターリブにムハンマドの身柄を引き渡させることはできなかった。しかしながら、メッカにおけるムハンマドの立場は次第に不安定さを増してゆき、伝えられるところによると、この時期に彼の信奉者たちの多くが迫害を逃れてアビシニア(エチオピア)のキリスト教徒の王のもとへ避難したという。

ムハンマドのメッカにおける立場は、彼の心の支えであり、社会的な庇護者であったハディージャとアブー・ターリブの相次ぐ死によって、急速に悪化した。アブー・ターリブの跡を継いでハーシム家の家長となったのはムハンマドの叔父の一人「アブー・ラハブ」(おそらく侮蔑的名前で「火炎おやじ」という意味)であったが、彼は甥を支援することなく、しばらくしてその保護を取り消したのである。この事態は恐らく西暦六一九年頃のことである。クライシュ族の大半の者がやすやすと説得には応じないことを悟って、ムハンマドは別の支持者獲得のため、メッカの外で開かれる定期市で布教を始めた。当初、ムハンマドはほとんど成功を収められず、またメッカの東一〇〇キロメートルのところにある町ターイフの指導者たちにすげなく拒絶された。しかしながらこの頃、ムハンマドはメッカの北三二五キロメートルの地にある、ナツメヤシの繁るオアシス群からなる町ヤスリブからやってきた少人数の者たちと接触した。先に述べたように、ヤスリブはその町において最有力であったカイラ族の中の相争う氏族アウス族とハズラジュ族の政治的抗争によって、長きにわたり分裂状態にあった。またヤスリブにいた三つの主要なユダヤ教徒の氏族である、ナディール族、クライザ族、そしてカイヌカー族もまたこの抗争に巻き込まれていたものと思われる。ムハンマドを見出したヤスリブの人々は、彼らの町を再統合し、不和を解決してくれる人物の登場を切望していたのであった。彼らはムハンマドの言葉に感銘を受け、それを奉じ、翌年にはより多くの人を連れて定期市に戻ってくることを約束した。次の年、より多くの人がムハンマドと会い、メッカの支持者ともども彼をヤスリブに招いたのである。その結果、彼らはヤスリブにおいて、誰にも邪魔されずに神の要求に応じた生活と信仰に身を捧げる新しい共同体を彼ら自身の手で建設することができた。この出来事の直後、西暦六二二年にムハンマドとその信奉者たちはメッカからヒジュラ（「移住」ないし「避難」）を敢行し、ヤスリブ（これ以降、この町の後の名称であるマディーナ・アンナビー「預言者の町」にちなむメディナと表記する）へ向かった。ムハンマドのメディナへのヒジュラは、政治的に独立した信仰者たちの共同体の始まりであると考えられるようになったため、ムハンマドの死後数年して、イスラーム暦の開始（ヒジュラ暦元年）を印すものとして採用された。ムハンマドとともにヒジュラしたメッカの人々はムハージルーン（移住者）と呼ばれ、一方、彼らを受け入れたメディナの人々はアンサール（援助者）として知られることとなった。

伝承史料はムハンマドのメディナでの生活を非常に詳細に伝えており、われわれはそれらから、彼が何人もの妻を娶ったことや、子供の誕生（そしてその死）など、私的な部類に属する出来事を知ることができる。それら私的な事柄のうち特に注目に値するものは、ムハンマドと、その不屈の支持者であるアブー・バクルの幼い娘アーイシャ（彼女はイスラームの伝承によると、彼が娶った一五人ほどの妻の中でも一番のお気に入りであったと言われている）との結婚である。同様に重要なことは、彼の言葉を最初に信奉した者の一人であり、自分の娘ファーティマと結婚した彼の従兄弟アリー・ブン・アビー・ターリブとの親密な関係である。また伝承史料はムハンマドがメディナに独立した共同体を樹立したことも強調しており、さらに彼が如何にして宗教儀礼を確立し、新しい共同体のための社会生活の指針や法的原則を策定したかについても数多く触れている。

しかし、伝承に基づく叙述史料は何よりもムハンマドのメディナでの政治活動の過程を述べているのである。その活動は、彼の死までに、われわれが初期段階の国家とみなしうる独立した政治的共同体の創設へと帰結したものである。叙述史料にはその過程に関する二つの大きな主題が示されている。一つは、メディナ自体に対する政治権力確立の物語である。この動きは、ムハンマドに対する数多くの挑戦を引き起こすことになった。これらの挑戦とはムハージルーンとアンサールの間に時折生じた緊張関係、一部のメディナの民（ムナーフィクーン〈偽善者〉と呼ばれた）の頑強な抵抗、陰では反ムハンマド的であったように思われる不熱心な支持者たち、そして宗教、社会、政治面のすべてにおいて厄介なメディナのユダヤ教徒との関係である。メディナにおけるムハンマドの政治的活動のもう一つの大きな主題は、彼の故郷メッカとの、長く続く、そして最終的には勝利を収めることになる闘争、すなわちこの頃にはウマイヤ家の新しい指導者アブー・スフヤーンによって率いられていた、彼の説教を拒んできた「メッカの」クライシュ族との闘争の物語である。そして明らかにこの二つの主題に関連するものであるが、ムハンマドの、当初はメディナ近郊に住む遊牧集団の支持を得るための、そして後には、さらに遠方の遊牧ないし定住の人々の支持を得るための戦いの物語が、第三の主題である。彼らは後に、ムハンマドがアラビア半島西部において勝利者となる連合体を形成する際の重要な構成要素となったのである。

メディナでの活動の初期において、ムハンマドは町のさまざまな氏族との間で取り決め（ないし一連の取り決めの最初のもの）を交わした。これはムハンマドおよびクライシュ族の移住者を当事者の一方とし、メディナの援助者をもう一方の当事者として、両者間の相互義務を定め、彼ら全員を単一の共同体（ウンマ）に所属する者として結び付けたものである。なおメディナの援助者と密接な関係を有するユダヤ教徒の諸氏族は、この取り決めでは彼らの中に含まれるとされた。ここ最近の研究者たちに従って、われわれはこの取り決めを「ウンマ文書」と呼ぶことにしよう。この文書は、後でそのいくつかを詳細に検討するように、注目に値する多くの特徴を有するが、全体的にはメディナに存在する各種集団の協力体制の指針を確立するものであり、戦時における相互責務、血の代償と捕虜の身請けに対する支払い、そして特に紛争時における諸集団の相互扶助義務を含むものであった。（ウンマ文書の全文については巻末の補遺Aを参照。）

伝承によると、メディナ到着直後、ムハンマドとその支持者たちは集団礼拝の場所の縄張りを行ったと言われている。それが最初のモスクとなったのである。（「モスク」という英語は、アラビア語のマスジド、「平伏する場所」――あるアラビア語の方言ではメスギドということもある――に由来し、ここからスペイン語のメスキータやフランス語のモスケを通して入ってきたものである。）当初、ムハンマドと信仰者たちは礼拝の際、ユダヤ教徒と同様、エルサレムの方角を向いていたが、しばらくしてムハンマドは信仰者たちにエルサレムではなくメッカに向いて礼拝を行うよう命じた。このキブラ（礼拝の方向）の変更は、啓示において言及されているが（クルアーン二章一四二～一四五節）、ムハンマドとメディナのユダヤ教徒との関係悪化の反映であろう。伝承史料によると、彼らはその大半がムハンマドの活動に応じなかったとのことである。

メディナの主要な市場の一つを管理していたユダヤ教徒たちとムハンマドが対立した一因としては、彼がメッカからの移住者たちを支援するためにメディナに新たな市場を建設しようと望んでいたことが考えられる。こうしたことにもかかわらず、生活の糧を得る手段を失い、メッカにおいて彼らを養ってきた近親者たちとの結び付きの大半が断たれていた何人かの移住者たちは、窮乏の淵に瀕し、ただメディナの援助者が彼らのためにしてくれることに甘んじるのみであった。絶望の淵にあって、ムハンマドは数名の移住者を襲撃部隊として派遣し、そのの部隊はメッカを目指す隊商をナフラの町にて待ち伏せして攻撃した。獲得された戦利品は歓迎されたが、ナフラの襲撃はムハンマドとクライシュ族の間の長期にわたる争いを引き起こし、ムハンマドの支持者の中にさえ多くの批判を呼び起こした。なぜならその襲撃が、地方的伝統により暴力沙汰が禁止行為とみなされていた神聖月の間に行われたからである。そして論争は（少なくともムハンマドの支持者たちの間では）それを正当化するクルアーンの啓示（クルアーン二章二一七節）の到来によってようやく解決されたのである。

バドルと呼ばれる地において、ムハンマドの信奉者がより大きな集団で、再びクライシュ族の大規模な隊商を攻撃した（二／六二四年）。彼らは数で劣るにもかかわらず、隊商の護衛のためにメッカから派遣された部隊を撃破し、多くの戦利品を獲得した。この勝利はムハンマドの支持者たちの士気と経済的な境遇の双方を改善したにちがいなく、またムハンマドとメディナの人々による事実上のメッカ封鎖の始まりを画すものとなっただろう。また明らかにその勝利によってムハンマドは、彼に敵対するユダヤ教徒に公然と攻撃を加えても問題ないと感じるようになったことだろう。ムハンマドを嘲ったユダヤ教徒の指導者は彼の信奉者たちによって殺害され、その後、メディナの主要な市場を運営していたユダヤ教徒の氏族カイヌカー族の街区が包囲され、幾度かの交渉の後、彼らは最終的に財産の大半を置いたまま町から追放され、彼らの財産はムハンマドの信奉者たちに接収された。カイヌカー族はメディナの北にあるワーディー・アルクラーへ、そしてその後シリアへと去った。

メッカの人々は、バドルでの敗戦後、これまで以上にムハンマドとその信奉者への恨みを晴らす決意を固めた。ムハンマド勢力との小規模な襲撃の応酬の後、メッカの人々はメディナそのものを攻撃するための連合軍を組織した。ウフドの戦い（三／六二五年）と呼ばれるこの衝突において、ムハンマド軍は敗れ、死者が出た。ムハンマド自身浅手を負ったが、メッカの連合軍は勝利を目前にしてばらばらとなり、ムハンマドとその信奉者たちを揺さぶりはしたものの、敗走させるには至らずに退却しなければならなくなった。ウフドの戦いの後、両勢力は、特にそれぞれの近隣の遊牧部族からの支援を取りつけようとする互いの試みを阻もうとして、襲撃の応酬を続けた。これらの襲撃のうちには、メディナ側の勝利に終わるものもあったが、マウーナの泉と呼ばれる場所への襲撃のように、犠牲者を出す結果に終わるものもあった。遊牧部族の中に味方を得ようという試みにおいて、ムハンマドはときに異教徒の部族に対し、彼らが父祖の宗教に固執することを認めざるをえなかったが、彼の味方になった者の多くはムハンマドの語る一神教の教えを受け入れた。ムハンマドはメッカ軍の退却を利用して、メディナに存在する第二の主要なユダヤ教徒の集団であるナディール族に対して矛先を向けた。伝えられるところによると、彼らのうちの一団がムハンマドの殺害を計画していたためだと言う。ムハンマドの信奉者たちはナディール族を攻囲すると、最終的に彼らは降伏して町を退去し、大半の者はメディナの北二三〇キロメートルのところにある、ユダヤ教徒が主として住むオアシス都市ハイバルに向かった。

伝承史料は、この時期にメディナの信仰者たちが、アラビア半島北部のオアシスであり交易の中心地でもあったドゥーマ・アルジャンダル（メディナから七〇〇キロメートル以上北に位置する）に長距離の遠征を行ったことを伝えている。しかし、その目的が何であったせよ、中途で終わったようである。より重要なことは、クライシュ族が以前よりもさらに大規模な連合軍を組織し、騎馬隊を引き連れて、再度ムハンマドとメディナに対して攻勢

クルアーン二章（雌牛の章）二一七節

神聖月のあいだに戦うことについて、みなが汝に尋ねるだろう。答えてやれ、「その月に戦うことは大それたこと［罪］である。しかし、神の道を妨害し、神と聖なるモスクにたいして背信の態度をとり、そこから人々を追いだしたりすることのほうが、神から見ればさらに大それたことである。迫害は殺害よりひどいのだ」。彼らは、もしできれば、おまえたちを宗教からそむかせるまでは、戦いを挑みつづけるだろう。おまえたちのうち、宗教にそむき背信者のままで死ぬような者があったら、その者たちは、自分の行為が現世においても来世においても徒労に帰し、やがて業火の住人となって、そこに永遠にとどまる。

をかけてきたことである。伝えられるところによると、ムハンマドとその信奉者たちは、今度はメッカの騎兵を無力化するために堀や塹壕をめぐらせ、攻囲によるメディナ征服を試みるよう仕向けた。塹壕の戦い（五／六二七年）と呼ばれるこの戦いでは、多少の小競り合いはあったものの、数週間後にはメッカの連合軍が再び解体しはじめ、クライシュ族は退却を余儀なくされた。今回もまた、ムハンマドはクライシュ族との大きな戦いの後に、ユダヤ教徒の敵対者に攻撃を仕掛けた。今回標的となったのは、メディナに残っていたユダヤ教徒の最後の氏族クライザ族で、彼らは今回のメディナ包囲の間に、背信的な接触をメッカ軍と持っていたといわれている。メディナの中にあったクライザ族の砦はムハンマドの信奉者たちによって囲まれた。彼らは降伏する際に、クライザ族のかつての同盟者で今ではムハンマドを信奉する者が彼らについての判断を下すということで合意した。しかしながら、その者の判断は過酷なものであり、男たちは処刑、女と子供については奴隷にするよう命じたのであった。

その後、ムハンマドはメディナ周辺および遠方の地域にいるさまざまな部族に対して使者を派遣するとともに、メディナ北方への――ドゥーマ・アルジャンダルへの再度の、またシリア南部辺境への――とりわけ実体の不透明な軍事遠征を、数度にわたって企図している。シリア南部辺境は、ムハンマドの解放奴隷のザイド・ブン・ハーリサが以前から交易活動を行っていた地域であった。その後、伝承史料によると、六／六二八年にムハンマドと多くの信奉者たちは武装せずにメッカに向かった。それは、カアバ神殿での各種儀礼行為を含むウムラないし「小巡礼」を行うことを明確に意思表示してのことであった。彼らが武器を携帯せずに出発したという事実は、彼らの平和的意図を裏付けるものである。しかしながら、クライシュ族はムハンマドとその信奉者たちがすんなりと彼らの町に入ってくることを認める気はなかった。それは、両者の間にあった長年の敵対関係のため、またムハンマドが依然としてメッカの隊商の通行を妨げていたためであった。それゆえ、メッカを取り巻くハラムの縁に位置するフダイビヤと呼ばれる地に部隊を送り、ムハンマドを阻止した。そこで長い交渉が行われ、彼らはムハンマドと和約を締結した。その内容は、ムハンマドはウムラを敢行することなくメディナに戻り、メッカの通商を阻害することをやめる、その代わりとして翌年にはいかなる妨害も受けることなくウムラを実施することができる、というものであった。両勢力はまた一〇年間の休戦協定を結び、その間両者は互いに攻撃を加えてはならないが、どのようなかたちにせよ望むままに接触してもよい、ということになった。

フダイビヤの和約はムハンマドにとって転機となったようである。和約締結の直後、彼は大規模な遠征軍を組織し、自らそれを率いてユダヤ教徒の住むオアシス都市ハイバルへ進軍した。この町は長らく、対ムハンマド戦争におけるメッカの重要な同盟者であったが、和約の適用を受ける明示的な対象ではなかった。ハイバルは降伏したが、ユダヤ教徒の住民は町に存在する広大なナツメヤシの果樹園の世話をするために留まることを認められた。ムハンマドはその果樹園の毎年の収穫から新たな収入を得たのである。またムハンマドは同時期に、いまだ服属していなかった遊牧部族に対して幾度となく襲撃を繰り返し、襲撃部隊を何度か北方へ派遣した。それらの遠征軍の一つは、ザイド・ブン・ハーリサによって率いられ、シリア南部に侵入したが、現在のヨルダン南部に位置するムウタにてビザンツ帝国の地方軍によって撃退された。ザイドはその戦いで戦死したが、大半の兵士は無傷で帰還した。フダイビヤの和約の一年後、ムハンマドとその信奉者たちは計画のとおり、ウムラを実行した。この頃、数年前の、メッカにおけるムハンマドの最も苦しかった時期にエチオピアへと移住していた信仰者たちがメディナの彼のもとに合流すべく帰還した。思うにこの帰還決定は、ムハンマドと彼の共同体の、メディナにおける立場がますます安全になったことを反映したものであろう。

クライシュ族と結んだフダイビヤの和約は一〇年間の期限付きであったが、わずか二年後の八／六三〇年に、ムハンマドはクライシュ族がさまざまな行為により和約の条項を破っていると判断した。それゆえ、彼は大規模な軍隊（ある報告によると、おそらく二千の同盟遊牧民を含む一万人の軍隊であったという）を組織し、メッカに向けて進軍した。クライシュ族は戦わずして降伏し、ムハンマドの説く一神教信仰を受け入れた。メッカで最も激しくムハンマドに敵対していた少数の人々が処刑されたが、実のところ、メッカの有力者の多くはムハンマドの側近として重要な地位を与えられた。これによって、早くからムハンマドの支持者であった移住者と援助者の一部の人々が落胆することとなった。ムハンマドはメッカに入城するや、以後の一神教的信仰の中心としての役割のために神殿を浄めようと、カアバ神殿から異教の偶像の排除に取り掛かった。ムスリムの伝承の観点からすると、カアバは元来アブラハムによって唯一神のために建てられた神殿であり、それゆえムハンマドは、これらの行為によって元来の一神教的目的のためにカアバをあらためて神に捧げたにすぎないのであった。

メッカの征服（実際には占領）はおそらくムハンマドが政治面で達成したものの最たるものであっただろう。これにより、彼の立場はいまやかつてないほど強くなったが、なおいくつかの敵対勢力が存在した。アラビア半島西部の第三の主要都市ターイフを牛耳るサキーフ族は長らくメッカおよびクライシュ族との近しい関係を維持してきた部族であり、ムハンマドの進出を拒みつづけていた。さらにサキーフ族は、特に脅威となる存在であるハワーズィン族のような強力な近隣の遊牧諸部族の同盟者を有していた。それゆえムハンマドは、メッカ獲得直後にサキーフ族およびその同盟勢力であるハワーズィン族に対して軍隊を派遣し、フナインの戦いにおいて彼らを撃破し、その後ターイフそのものを攻囲して、ついには降伏させたのである。

こうしてムハンマドは明らかに、アラビア半島西部において最も有力な政治的指導者となった。そしてメッカとターイフの陥落の次の年あたりに、定住か遊牧かの別なく、アラビア半島に存在する数多くの部族集団が、ムハンマドへ従う姿勢をいち早く示そうとして、彼のもとへ使者を派遣した。また彼はこの頃、あらためて北方への大規模な軍事遠征を組織し、今回はタブークの町を標的とした。その目的は不明であるが、ムハンマドが北方に対する関心を持ちつづけていたことは確かである。ムハンマドはこの晩年の遠征を、かつて彼に敵対していたクライシュ族の有力な指導者たち、例えばアブー・スフヤーンとその息子であるムアーウィヤとヤズィードなどの忠誠を確保する方策として抜かりなく利用し、彼らに重要な指揮権ないし戦利品からの特別な配当を与えたのである。さらにこれらの遠征の間に、ムハンマドは次第に「健康な信奉者たちは軍事行動に積極的に参加すべき」と主張するようになった。しかもこの頃には、ムハンマドの政治的・軍事的な強さが増大していたため、異教徒の部族と同盟を結ぶという政策を放棄することができた。この政策は、メッカとの戦いにおいてできるかぎり多くの同盟者を確保するために必要なものであった。こうして、ムハンマドは多神教徒と協力関係を結ばないという新しい政策を宣言した。以後、彼ら多神教徒は攻撃され、神の唯一性を承認するか、あるいは戦うしかなくなったのである。（クルアーン九章一〜一六節を参照。）

ヒジュラ暦一〇年末／西暦六三二年三月、ムハンマドはメッカとその周辺にてハッジ（大巡礼）を行ったといわれている。そしてメディナへの帰還の少し後に発病し、数日後、自宅にて愛妻アーイシャに頭を抱きかかえられて、死去した（一一／六三二年）。土地の習慣に従い、彼の遺体は自宅の床下に埋葬された。

史料の問題

いましがた述べたムハンマドの生涯の概要は、多くの点でもっともらしい（またおそらくは、正確な記述も含まれている）のだが、そうでありながらも歴史研究者を悩ませている。問題となるのは、この詳細なムハンマドの生涯の描写が文書史料*に基づくものでもなければ、ムハンマドの時代に作られた物語に基づくものですらないという点である。この描写は、（ときには数世紀という）長い年月を経て編纂された後代の文献史料に基づいたものなのである。これらの史料はかなり後代のものであり、特定の目的をもって作成されたものであるので、たいて

＊本書で言うところの文書史料とは、行政文書や書簡といったいわゆる文書をもちろん含むが、それだけではなく貨幣や碑文など同時代史料として利用しうる記録物をも含む分析概念である。伝承などに基づいて後代に作成ないし編纂された文献史料と対となる概念として使用されている。

いの場合、われわれがより知りたいと思うようなことについては、あまり多くを語っていない。例えば、女性の社会的地位は、偶然にしか語られることがない。これらの史料で語られているいくつかの（もしかすると多くの）出来事が、実際の出来事を記録した信頼に値する記述ではなく、むしろ後代のムスリムがさまざまな意図によって創作した伝説なのではないかと疑うだけの根拠も存在する。その意図とは、ムハンマドが預言者であることを強く主張することかもしれないし、後代のムスリム共同体における諸慣習、すなわち宗教儀礼に関する慣習や社会的・法的な慣習であるが、それらのもととなるもろもろの先例の確立を助けることかもしれない。あるいは、そのような諸慣習の創始者たる人物の生涯のあまりよく知られていない部分を埋めるためという単純な理由かもしれない。もっともなことであるが、時代が下るにつれムスリムはいよいよムハンマドのすべてを知りたいと思うようになったのである。

先述のムハンマドの生涯の概要は、膨大な量の伝承から抽出して描かれたものであるが、これらの伝承の中には非常に多くの矛盾と、真実であるかが疑わしい作り話が含まれている。このために、これらの伝承のどの部分であっても、内容を文字どおりに受け取るということは、多くの歴史研究者にとって気が進まない状況となっている。例えば、数多くの奇蹟譚や、その他の明らかに伝説の範疇に属する報告が存在する。キリスト教の伝説であるイエスの「給食の奇蹟」（わずかな食糧で数千人を満腹にさせたという奇蹟、マタイ一四章一三〜二一節他）に類する逸話も存在する。さらに、こうした伝承史料で確認できるムハンマドの事跡の年代配列もあいまいで混乱しているばかりでなく、数に象徴的な意味を込めようとする関心が明らかであり、その痕跡が隠しきれていない。例えば、ムハンマドの生涯における主要な出来事は、すべて異なる年の同じ日付、同じ曜日（第一ラビーウ月一二日、月曜日）に生じたと伝えられている。さらに、ムハンマドの伝記の中でもきわめて重要ないくつかの逸話は、クルアーンの特定の章句に歴史的な注釈を付けようとした成果のようにも見える。例えば、ナフラ襲撃の報告は、クルアーン二章二一七節（四五頁の囲み記事を参照）の注釈として生み出されたのだと言う人もいる。ムハンマドの伝記のその他の部分については、同時代の人々が期待する真の預言者のあるべき姿に合わせるかたちで生み出されたのかもしれない（例えば、ムハンマドの孤児の境遇はモーセのそれに対応している。あるいは、ムハンマドが自らの部族であるクライシュ族に否定され、争ったことも同様である）。

伝承が描くムハンマドの生涯の大筋については、仮に受け入れるとしても、歴史研究者は史料が語っていない多くの厄介な問題に直面する。（例えば、ムハンマドの宣教に対してメッカのクライシュ族があれほど激しく抵抗した一方で、メディナの多神教徒はなぜあれほどすんなりと従ったのだろうか。メディナにおけるムハンマドの最初の地位は、正確にはどのようなものだったのだろうか。ムハンマドとメディナのユダヤ教徒との関係は正確にはどのようなものだったのだろうか。）残念ながら、伝記のどの一部分であっても、事実だと確証するような原資料は残っていない。すなわち、ムハンマドがやりとりした書簡の写し、あるいは同時代の人物がムハンマドについて書いた書簡の写しや、同時代に彼の共同体の誰かが作成した碑文といった類のものであるが、そうしたものは何も残っていない。

このように、ムハンマドの生涯を扱ったムスリムの伝承の限界を問題視するのには十分な根拠が存在するのだが、こうした懸念に基づいて、一部の学者はこれらの記事をすべて退けるべきだと結論づけた。しかしながら、これは間違いなく極論である。こうした手法は、伝承のすべてを盲目的に受け入れるのと同じくらいに無批判なものである。真実は両者の間のどこかにあるはずである。また、近年の研究によって明らかになりつつあることなのだが、このように悩ましい問題を抱える伝承には、どうやらムハンマドの生涯に関する非常に早期の史料が含まれているようだ。いつか、学者たちが大量の伝承史料をより効果的に選別する手法を身に着けた日に、ムハンマドの生涯の主要な出来事の、それなりに正確で信頼できる記述が可能となるだろう。しかし、そのような批判的な研究は始動したばかりであり、しばらく伝承の利用は控えめで注意深いものにとどまるであろう。

しかしながら、歴史研究者としてムハンマドの生涯と彼の伝えた言葉の性質に関心を抱くわれわれの状況は、決して絶望的ではない。わずかながらに存在する七世紀の非ムスリム史料に、（厳密な意味での文書史料ではないものの）基本的に信頼してよさそうな証拠が提示されている。これらの史料はムハンマドの時代よりも少し遅れるが、どのムスリムの著作よりもはるかに古いものである。こうした非ムスリム史料は量的に乏しく、提供する情報もとても限定されたものであるが、非常に貴重である。例えば、（ムハンマドの死のほんの数年後である）六四〇年頃にキリスト教徒の「司祭トマス」によって書かれたシリア語史料からは、ムハンマドに関する最も早い言及が確認でき、また彼の信奉者がガザ周辺を襲撃した事実を知ることができる。この情報は、少なくとも、ムハンマドという人物が一部の人々が言っているような後代の宗教的な想像による完全なフィクションなどではないと、歴史研究者により確かな自信を持たせてくれる。ムハンマドという名をもつ人物が存在し、彼が何らかの運動を率いたことはわかっているのだ。一方で、この事実は、膨大なムスリムの伝承史料の中に歴史的事実に基づく情報がさらに存在するであろうことに、より大きな自信を持たせてくれる。難しいのは、何が事実であり、何がそうでないかを区別することである。（第三章の「司祭トマスのテキスト」の囲み記事を参照。）

これに加えて、初期の信仰者の共同体に関する最も重要な情報源、すなわちイスラームの啓典クルアーンそれ自体のテキストが、まだまだ議論されねばならない。もちろん信心深いムスリムにとっては、クルアーンは神の言葉をムハンマドに下されたとおりに書き写したものである。クルアーンには一一四のそれぞれに名前を持つスーラ（章）があり、その中には全部で何千という数になるアーヤ（節、字義どおりには神の存在の「徴《しるし》」）があるのだが、信仰者にとっては、それぞれのスーラは通常の、世俗的・歴史的時間の枠の外に存在する永遠の価値を持つ言葉なのである。伝統的なムスリムの啓典解釈では、精緻なクルアーンの年代学が整備され、各節の啓示とムハンマドの生涯の特定の逸話とが結び付けられた。いわゆる、「啓示の理由」（アスバーブ・アンヌズール）文学である。この文学は、西洋の伝統的なクルアーン研究においてもしっかりと従われているのだが、通常クルアーンの本文を、形式と内容の双方を基準にして、以下のいずれかの時期に属する節に分類している。すなわち、ムハンマドの経歴におけるメッカ初期、メッカ中期、メッカ後期、そしてメディナ期である。同様に、ムスリムの

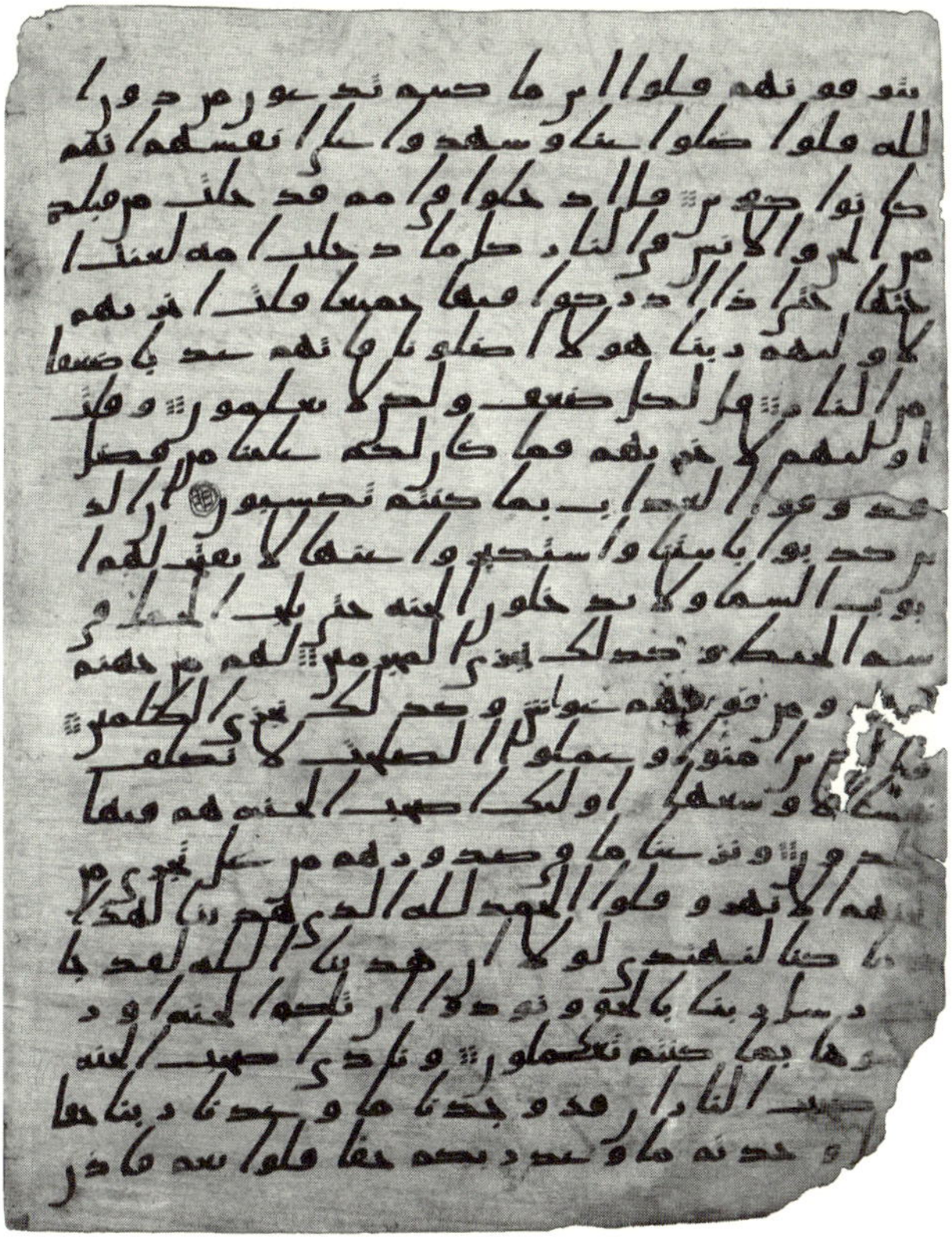

写真11　ヒジュラ暦1世紀に遡る初期のクルアーン写本。イエメン、サヌアより。クルアーン7章37–44節が記されている。初期の写本の特徴は、縦の線が右側に傾いていることと、弁別点〔アラビア文字における、子音を区別するために付けられる点〕が一列に表記されていることである。多くの文字の形は、後代の筆記体のアラビア文字よりも碑文の文字とより似通っている。

伝承はいかにして啓示が書物のかたちをとるに至ったかについても記述を残している。この見解に従えば、まず彼らの預言者の記憶に焼き付けられたさまざまな啓示は、彼の信奉者によって記憶された。その後、初期の共同体において、いくつかの章句が別々に書き残された。最終的には、ムハンマドの死からおよそ二〇年後に、ばらばらに書き残された啓示と書かれないままの啓示とが編集を委ねられた人々によって収集され、決定版として編纂された。

しかし、ムハンマドの生涯についての伝承の叙述に疑問を持つような歴史研究者にとっては、こうしたクルアーンのテキストが完成していく過程の記述を、額面どおりに受け入れることもまた困難なようである。しかし、この記述を退けるとすると、クルアーンのテキストがいったいどのような類のもので、どのようにしてできたのかといったことが不確かになってしまう。この点を起点として、修正主義的な学者は近年クルアーンのテキストに文献批判の手法を用いて、クルアーンの起源や性質について通説と異なる学説を提示している。ある者は、クルアーンは前イスラーム時代にアラビア半島に存在したキリスト教徒共同体のストロペー形式〔詩の形式の一種〕の聖歌を起源とするもので、これをムハンマドがクルアーンというかたちにしたのだと主張している。一九七〇年代後半に流布しはじめた「後代の起源」説も、同じくらいに過激な学説である。この説によれば、クルアーンは西暦七世紀前半にアラビア半島西部に生まれたものではまったくなく、実際にはムスリム共同体の中で二〇〇年かそれ以上の年月をかけて徐々に形づくられていったものであり、その大部分はアラビア半島の外側、おそらくは主にイラクにおいて形成されたのだという。この学説を支持する人の意見では、クルアーンの起源をムハンマドへの啓示だとする伝承は、後代のムスリムが信仰心から過去に投影したものにすぎないのであり、また彼らは、自身の信仰と共同体の存在がより昔の預言者的人物の宗教的経験に根ざすものであってほしいと望んで、そのようにしたのである。

もしクルアーンの「後代の起源」説が真実であるとすれば、とりわけムハンマドの生涯や初期の共同体の信仰の再構築に興味を抱いている歴史研究者に大きな衝撃を与えることだろう。しかしながら、「後代の起源」説はクルアーンのテキストがもつ多くの特徴について説明することができていない。これらの特徴を分析すると、実際にクルアーンがムハンマドの共同体の歴史の中で非常に早期に（ムハンマドの死から三〇年たたないうちに）完成したことがわかる。例えば、数世代にわたる丹念なクルアーンのテキスト研究でも、後代の共同体生活における重要な出来事に言及するような、時代錯誤の言及の、それらしいわずかな兆候も発見されていない。七世紀前半ではなく、より後代にテキストが形成されていったのであれば、そのような兆候はほぼ確実に存在するはずである。さらにいくつかのクルアーンの語彙からは、そのテキストが、すべてでないにしてもその大部分が、アラビア半島西部で生まれたことがわかる。結局、クルアーンはこの共同体の最初期にアラビア半島西部で生まれたものとして扱えるようである。

これは、完全に逆戻りしてクルアーンの起源に関する伝統的見解を受け入れるということではない。クルアーンは自ら「明瞭なアラビア語」で語られていると主張している〔例えば、クルアーン二六章一九五節〕が、多くの章句は明瞭というには程遠い。ある語句が原文の文脈で（それがどのような文脈であれ）意味するところを理解するという最も基本的な点ですら、簡単ではない。もしかすると、クルアーンの章句には、より古い何かの文章を修正し、再利用したものが含まれているのかもしれない。クルアーンは部分によって文体や内容に著しい相違が見られるが、これはもともとアラビア半島の別々の信仰者の共同体にばらばらに存在したテキストが合わさって、現在のクルアーンのテキストができたのだという証拠かもしれない。近年のある研究によれば、クルアーンのテキストは、シリア語を使用する中東のキリスト教徒の共同体の神学論争を知っているばかりでなく、ある部分ではこれに反応さえしているという。伝統的なムスリムと西洋の学問が苦心して作り上げたように、さらなるクルアーンのテキスト研究が、クルアーンの特定の章句とムハンマドの生涯の特定の逸話との深い結び付きを証明することになるのかどうかはまだ判然としない。確かなことは、クルアーンのテキストが明らかに早い時期のものだ、ということである。

初期の信仰者運動の特徴

クルアーンのテキストが、ムハンマドによって始められたこの運動の最初期にまで遡れるというのだから、歴史研究者はこの初期の共同体の信仰や価値観を理解するためにクルアーンを利用してよいのである。最初期の信仰がいかなるものだったのかを詳述する目的で、後代の文献史料がクルアーンに次いで、注意深いやり方で利用されるかもしれない。しかし、これらの後代の史料に見られる改竄《かいざん》や理想化の問題のために、多くの場合、その「補助的な」役割すらきわめて不確かである。それゆえに、クルアーン自体が述べている情報のみを忠実に取り扱うことが最良なのである。

基本となる信仰

ではクルアーンは、ムハンマドと彼の初期の信奉者について何を教えてくれるのだろうか。まず気がつくことは、否定しがたいほどにクルアーンが「信仰者」（ムウミヌーン、単数形はムウミン）と呼ぶ人々に語りかけていることである。この呼称は、伝統的なムスリムの叙述や現代の学問的慣例とは異なる。いずれの場合も、紋切り型にムハンマドとその信奉者を「ムスリム」（ムスリムーン、単数形はムスリム、字義どおりには「服従する人々」）と呼び、また彼の運動を「イスラーム」と呼んでいる。しかしながらこの後代の語法は、クルアーンに示されている最初期の共同体に使用するのであれば、誤解を招くおそれがある。もちろん、イスラームやムスリムという言葉はクルアーンの中に確かに見つかるし、ときにこれらの言葉がクルアーンのテキストでムハンマドとその信奉者に対して使用されることも事実である。しかし、そのような事例はムハンマドとその信奉者が「信仰者《ムウミヌーン》」と呼ばれる事例と比べると数が少ない。ムスリムやそれに類する表現が七五回未満であるのに対し、「信仰者」はおよそ一〇〇〇回確認される。ムハンマドの時代からおよそ一〇〇年後に成立する後代のムスリムの伝承では、ムハンマドの信奉者のムスリムとしての自己認識が強調されるようになっており、またこの二つの言葉が同義語であり、置き換え可能であるように描かれ、彼らを信仰者と呼ぶ多くの章句の重要性が消されようとしている。しかし、信仰者《ムウミン》と服従者《ムスリム》の語は、明らかに相互に関係があり、ときには一人の、同じ人物に使用されることがあるものの、これらが同義語でありえないことは、多くのクルアーンの章句からはっきりしている。例えば、クルアーン四九章一四節には、「遊牧部族どもは、『われわれは信仰します』などと言っている。言え、『おまえたちは信仰などしていない。ただ《われわれは服従しました》と言っているにすぎない。おまえたちの心の中には、まだ信仰心ははいっていない。』」と述べられている。この章句では、信仰というのは明らかに「服従《イスラーム》」とは別の何か（よりよいもの）である。このことゆえに、たとえ一部の服従者《ムスリム》が信仰者《ムウミン》に値しうるのだとしても、信仰者と服従者とを単純に同一視することはできない。通常は「信仰する者よ」という言い回しであるクルアーンの信仰者に対する頻繁な呼びかけから、われわれは次のように結論づけざるをえない。何よりもムハンマドとその初期の信奉者が自らを、服従者の共同体ではなく、信仰者の共同体であると考え、また信仰者と自称していたのだと。さらに、彼らが自らを信仰者と考えていたことは、ムハンマドの死後数十年にまで遡る非常に古い文書史料の証拠によって裏づけられる。このことから、私は通常の学問的慣例を破って、本書においてムハンマドとその初期の信奉者について、「信仰者の共同体」あるいは「信仰者運動」と表すこととした。（初期におけるムスリムの語の正確な意味をめぐる議論は、この章後半の「普遍的一神教」を参照。）ムハンマドは、しばらく自らの運動を「ハニーフ運動」（ハニーフィーヤ）と、これはおそらく前イスラーム時代のよくわかっていない一神教信仰を表す言葉なのだが、そのように呼称していたのかもしれない。しかし、この用語は普及しなかったようである。

もし、ムハンマドとその信奉者が自らを第一に信仰者であると考えていたのであれば、彼らは何を信仰していたのであろうか。信仰者は、何よりもまず神《アッラー》の唯一性を知っておくように命じられた。（アッラーとは単純にアラビア語で「神」を意味する。）クルアーンは精力的に厳格な一神教の教えを伝えている。そして聴衆に、常に神を忘れず、神の意志に従順たることを熱心に勧めている。そして、多神教（シルク、字義どおりには神に何ものかを「併置する」こと）の罪悪を痛罵している。ムスリムの伝承によれば、多神教はムハンマドが育った頃のメッカの宗教の主流であった。クルアーンの見地、あるいは信仰者の見地では、万物を創造し、人間に生命を与えた神の唯一性を知らないままでいることは、この上ない忘恩に当たり、不信仰（クフル）の要素となる。厳格な一神教を奉ずるクルアーンは、神の完全なる単一性と相容れない思想として、キリスト教の三位一体論をも非難している。『まことに神は三者の第三』などと言う人々はすでに背信者である。唯一なる神のほかにいかなる神もない……」（クルアーン五章七三節）。

一神教という概念がムハンマドの時代にアラビア半島も含めて中東全域に深く定着していたことは、既に見たとおりである。クルアーンは繰り返し「多神教徒」を罵倒しているが、実はこの罵倒が三位一体論を信奉するキリスト教徒や、その他のムハンマドがいい加減でしかないと考えるすべての一神教徒に向けられていたのだとするもっともな指摘が存在する。いずれにせよ、クルアーンから明らかな、信仰者に対する最も基本的な要求は、神の唯一性を徹底的に認めることである。そして、後述するように、この神の本質的単一性という最も基本的な考え方から、真の信仰の、その他の大半の要素が生じるのである。

信仰者にとって、終末の日、あるいは最後の審判の日（ヤウム・アッディーン）を信じることも同様に重要である。神は世界と万物の創造者であり、生命を与える者であるのと同時に、すべてが終わる時にそれを命じる者である。すべてとは、われわれの知る物質世界であり、時間であり、万物である。クルアーンは、終末の日についてきわめて詳しく描写している。その時がどれだけ突然、警告なく訪れるのかを。その時を迎える直前に、自然界がどのように天変地異に見舞われるのかを——山々は水のように流れ出し、天空は裂け、星々は降ってくる。過去のあらゆる時代の人々がどのように甦り、墓から現れるのかを。全人類がどのように神の面前に連れ出され、最後の審判に臨むのかを。審判の後に、われらが皆、どのように歓喜と平安に満ちた永遠の楽園に入り、あるいは苦痛に満ちた永遠の火獄に入るのかを。しかし、クルアーンは単に最後の審判の到来をわれわれに伝えているだけではない。何よりも、その時が迫っていることを警告し、真に神を信仰し、正しく生きることで審判に備えるよう命じているのである。

クルアーンからは、信仰者が啓示や預言という概念を受け入れたことも推測できる。クルアーンには、数々の使徒（ラスール）や預言者（ナビー）を介して、神がその永遠なる言葉を人類にたびたび下していたことがはっきりと示されている。（使徒《ラスール》と預言者《ナビー》の専門的な区分は、この章の後半でより詳細に議論する予定である。）クルアーンには、これらの使徒と預言者の生涯にまつわる多くの物語や、そこから導き出される教訓が記されている。その中には、『旧約聖書』や『新約聖書』でよく知られている人物が多く含まれている。すなわちアダム、ノア、ヨブ、モーセ、アブラハム、ロト、ザカリヤ、イエスらである。同様に、わずかながらに存在するなじみの薄いアラブの預言者（フードやサーリフ）と、クルアーンが下されたムハンマドその人ももちろん含まれている。最新の神の言葉の啓示であるクルアーンは、明らかにそれ以前の啓示に取って代わるものなのである。以前の啓示は長い時を経て歪められたのだと言う。そして信仰者は、問題があれば「神とその使徒ムハンマドに」委ねるよう繰り返し命じられている。「書」という概念も、こうした複雑な考えの一部を構成している。「書」とは、ある場合には天にある神の言葉の原型を意味し、クルアーンはそれをただ正確に写したものであるが、ある場合にはどうやらクルアーンそのものやその他のより以前の啓典を意味するようだ。

また信仰者には、神の天使を信じることも命じられている。天使は神をいろいろと助ける被造物であり、最も重要なこととしては、啓示の際に預言者たちに神の言葉をもたらす。また最後の審判では「伝令」として仕え、

クルアーン七章（高壁の章）一一〜一八節

われらはおまえたちを造り、おまえたちに形を与えた。そのうえで、われらが天使たちに「アダムに跪拝せよ」と言うと、彼らはすべて跪拝したが、ただイブリースだけは拝しなかった。神は言いたもうた「わしが命じているのに、おまえが拝するのをさまたげたものは何か」。彼は言った「私は彼よりもすぐれています。あなたは私を火からお造りになりましたが、彼をお造りになったのは土からです」。神は言いたもうた「それなら、ここ［楽園］から落ちてゆけ、おまえがここで高慢に振舞うのは許されない。出てゆけ。おまえは卑しいやつだ」。イブリースは言った「彼ら人間どもが復活させられる日まで、私に猶予を与えてください」。「それでは、おまえにも猶予を与えよう」。するとイブリースは言った「私を迷わしたもうたのですから、私はあなたの正しい道で人間どもを待ち伏せてやります。そして前から、うしろから、右から、左から、彼らに襲いかかりましょう。そうすれば、あなたは、彼らの大多数が［あなたに］感謝する人間でないことがおわかりになるでしょう。」すると、神は言いたもうた「軽んぜられ追いたてられて、ここから出てゆけ。おまえに従う者は、わしは地獄をおまえたちでいっぱいにしてやろう」。

また神の意志に沿っていろいろと現世の事柄との仲介を果たす。悪魔（イブリースとも呼ばれる）はクルアーンの教えでは、常に人につきまとい、罪へと誘惑しようとするただの堕天使である（クルアーン七章一一〜二二節）。

敬虔さと宗教儀礼

信仰者運動を形づくったのは、以上で述べた、唯一の神、最後の審判、神の使徒、書、天使といった基本的な概念であった。しかし、真の信仰者たるにはこれらの概念を頭で理解するだけでは不十分だと、クルアーンにははっきりと示されている。信仰者は、敬虔に生きることも求められているのである。クルアーンによれば、神の被造物であるわれわれには、神の言葉に信心深く服従することが要求されている。われわれは礼拝を通じて日常的に神のことを思い浮かべ、神を前に謙虚であるべきなのである。一方で、われわれは等しく神の被造物である他の人々に対しても謙虚に振る舞わねばならない。クルアーンは驕り高ぶること（タカッブル）を警告し、恵まれない人々への救済を勧告しているが、これらはクルアーンが描く敬虔さの理想像の重要な部分を占めるものである。その理想像は、平等主義的なメッセージを強く発しており、そのことはさまざまな宗教儀礼に反映されている。加えて、どうやら信仰者は罪深き時代に生きているという実感を持っており、正しい生活を送らなかったがために彼ら自身の救済が問題となるようなことを、恐れていたようである。

それでは、信仰者運動における敬虔さとはどのようなものだったのであろうか。クルアーンには、第一に信仰者が定期的に礼拝を実行すべきことがはっきりと示されている。これには、神の助けを求め、あるいは神の好意を祈願する定式化されていない礼拝（ドゥアーと呼ばれる）と、より定式化された礼拝（サラート）のどちらもが含まれる。後者は、一日の決まった時間に、決まったやり方で実行される。社会的な地位に関係なく、ほかの信仰者と肩を並べて同等の者として神の前に服従するのが望ましい。クルアーンのいたるところで、礼拝について

クルアーン一一章（フードの章）一一四節

昼間の始めと終わりに、そして宵の口に、かならず礼拝を守れ。善行はもろもろの悪を追い払う。これは反省する者へのお諭しである。

言及され、その忠実な実行が勧告され、いつどのように実行すべきかが指示されている。それゆえ、ある評者が言うように、「礼拝は……クルアーンの世界観において、宗教行為の基本となる構成要素なのである。」

クルアーンははっきりと夜明け前、日没前、夜中、昼間の礼拝《サラート》を命じている（例えば、クルアーン一一章一一四節、一七章七八～七九節、二〇章一三〇節、七六章二五～二六節を参照）。一つの章句（二章二三八節）が「真中の礼拝」に言及しているが、このことが示すように、ムハンマドの存命中のある時点で日に三度の礼拝をすることが、信仰者の間で標準となっていたのかもしれない。しかし、クルアーンがいつ礼拝をすべきか言及する際には、さまざまな語彙を使用しており、それらがどの時間を指しているのかが明瞭ではなく、また同じ言葉でも状況の変化に応じて違う時間を表している可能性もある。礼拝の、五回の明確に定まった時間への体系化は（体系化は概してムハンマドの死後の一〇〇年で生じた）、まだ生じていなかったようである（少なくとも、クルアーンにはそのような体系化の説得的な証拠は見当たらない）。しかし、概して初期の信仰者には一日じゅう神のことを心に留めておくことが期待されていた。初期の信仰者が一日に何回礼拝を行っていたのかはともかく、クルアーンが礼拝に関して使用している語彙から、礼拝がどのようなものであったのかは窺い知れる。礼拝には、直立してから体を屈め、平伏し、座り、神の名を唱えるという行為が明らかに含まれる。ただ、クルアーンのみから礼拝の正確な手順や儀礼の流れを再現することはできないのであるが。これに加えて、礼拝前に信仰者に礼拝の呼びかけがされることと、水での浄めが必要であることがクルアーンには言及されている。このように、たとえ現時点で最初期の儀礼の慣習の詳細については不明瞭なままなのだとしても、ムハンマドの時代の信仰者が、後代の「古典イスラーム的」礼拝と酷似した規則的な礼拝に参加していたことは、まぎれもなく明らかである。

クルアーンに、信仰者にとって礼拝と同じくらいに不可欠な慣習と記されているものが、恵まれない生活を送っている人々への慈善行為である。また礼拝同様、慈善行為は、全人類が根源的に平等であり、われわれの境遇の違いというのがいかなるものであっても偶発的なものにすぎないという考えを理解させるための手段である。このことは、多くのクルアーンの章句に明確に表現されている。「……正しい者とは、神と終末の日と天使と書〔啓典〕と預言者たちを信じ、親族、孤児、貧者、旅人、乞食に、そして奴隷たち〔の解放？〕に自分の大切な財を分け与え、礼拝の務めを守り、ザカートを行なう者のことであり……」（クルアーン二章一七七節）。

後代のムスリムの伝承では、こうした慈善行為はザカートもしくはサダカという通常「喜捨」と翻訳される用語で言及される。この二つの用語は、多くのクルアーンの章句で礼拝と密接に結び付けられており、後代のムスリムの伝承では、礼拝と同様に信仰者を特徴づける「信仰の柱〔五行〕」の一つと考えられている。しかしながら、近年の研究のいうところでは、ザカートやサダカのクルアーンにおける元来の意味は、喜捨ではなく、何らかの罪を犯した人物に科された罰金ないし支出であった。それと引き換えに、ムハンマドが、彼らの罪の浄化とその他の事柄についてうまくいくようにと祈願するのである。実際、先ほど引用した章句でも、ザカートの支払いが礼拝の後に言及されていることに気づくだろう。この章句で礼拝より先に言及されている、貧者への財産の贈与（これが通常、喜捨が意味することである）とザカートは別のもののようである。ザカートあるいはサダカが、罪を償い、浄化するための支払いだとするこうした理解は、以下の章句に最も明確に表れている。「そのほかに、自分からおのが罪を認めた者がいた。……彼らの財産のうちからサダカを受けとったならば、それによって彼らを清め、かつ浄化し〔トゥザッキー〕、彼らのために祈ってやれ。汝の祈りは彼らのための安らぎとなろう。神はよく聞き、よく知りたもうお方」（クルアーン九章一〇二～一〇三節）。アラビア語の「浄化する」という動詞はザカートと同語根〔アラビア語では三つの子音（語根）で動詞が形成され、そこから多くの派生語が作られる〕である。信仰者には時折こうした浄化の支払いが求められたが、このことは、この共同体が原則として内部の清浄さを維持し、できうるかぎり厳格に正しく生きる共同体たることにいかに重きをおいていたかを、強く示している。このようにすることで、彼らは自らを周囲の罪深い世界から引き離し、またそのことで来世での救済に到達しようとしたのである。時間が経過するにつれて、信仰者となる基準がゆるやかになったらしく、基本となる信仰の表明さえすればだれでもこの共同体に含まれるようになった。しかし、彼らはその信仰の表明によって、少なくとも理論上では自らを高度な行動規範に従わせたのだ。

信仰者は、肉体的に可能であるならば、ヒジュラ暦の第九月、ラマダーン月の日中に断食することも要求され、別の機会に贖罪として行う断食も要求された（クルアーン二章一八三～一八五節）。もちろん中東において断食は、特にアーシューラー（第一月の一〇日）に、長くユダヤ教徒やキリスト教徒によって実践されていた。断食は、アラビア半島において異教を奉じる者たちの間でも普及していたのかもしれないが、慣習としてイスラームの時代までしっかりと継続していた。しかしながら、この過去の断食の伝統がどの程度信仰者の慣習に寄与しているのかは、はっきりとしない。ともあれ、このラマダーン月に行われる断食は、少なくとも理論上は、全信仰者の心に神を留めさせた。また断食は集団での儀式を通じ、一つの共同体として信仰者を団結させる手段でもあった。やがて、ラマダーン月の断食が強調されるようになり、アーシューラーの断食は自発的に行うものに格下げされた。

クルアーンは信仰者が実践すべき巡礼についても言及している。その中には、メッカのカアバ周囲で完結する「小巡礼《ウムラ》」と、ズー・アルヒッジャ月の特定の日にメッカから数キロメートルに位置するアラファとその近隣でも行われる「大巡礼《ハッジ》」のいずれもが含まれる（クルアーン二章一九六～二〇〇節、五章九四～九七節）。周回やその他の儀礼を含むカアバへの巡礼は、イスラーム以前の時代から実践されていたものであるが、巡礼という様式もまた古代末期のユダヤ教やキリスト教に定着していた慣習の一つである。これらもまた、初期の信仰者の巡礼の慣習を考察する際に考慮すべき背景の一部をなしているのかもしれない。巡礼はムハンマドの生涯のメディナ期の終盤に、ようやく信仰者に義務として課されたようである。それは単純に、メディナとメッカの両都市が互いに敵意を剝き出しにしており、メディナにいたムハンマドとその信奉者がメッカに入る機会がなかったためである。注目すべきことに、一般的にムハンマドの生涯のメッカ期に属するとされるクルアーンのスーラにおいては、巡礼への言及が確認できない。しかし、先に見たように、六／六二八年のフダイビヤの遠征では、ムハンマドとその信奉者の一団が武装せずに、巡礼を実行するためにメッカへと歩を進めて、巡礼の問題を強引に解決しようとした。信仰者はクライシュ族によって追い返されたが、それは翌年にメッカ巡礼をする許可を与える合意がなされた後のことであった。もちろん、異教の儀礼としてイスラーム以前にカアバで行われていた巡礼の儀式は、信仰者の一神教観を踏まえて再解釈されなければならなかった。ムスリムの伝承によれば、元来カアバでの儀式は最初の一神教徒であるアブラハムによって確立されたもので、後に異教の慣習によって汚されたのである。それゆえに、信仰者の巡礼は元来の一神教の慣習を復興させたものとして描かれた。前述したように、八／六三〇

クルアーン二章（雌牛の章）一八三～一八五節

信仰する者よ、おまえたちより以前の人々に定められていたように、おまえたちにも断食が定められている。きっとおまえたちは神を畏れてくれることであろう。それは、限られた日数のあいだ守らねばならない。おまえたちのうち病気の者、または旅行中の者は、別の日に同じ日数だけ行なうべきである。また、断食できたのにしなかった者には、貧者に食を与えることが償いとなる。しかし、すすんで善を行なう者があれば、それは自分のためにさらによいことである。もしおまえたちにわかっているなら、断食することがおまえたちのためにさらによい。人々のための導きとして、導きの明らかなみしるしとして、かつまたフルカーンとしてクルアーンが下されたのは、ラマダーンの月である。この月に在宅する者は、断食しなければならない。病気の者または旅行中の者は、別の数日間に行なうべきである。神はおまえたちに、安易なことを求めたもう。難儀なことを求めたもうのではない。おまえたちが、定められた日数を務めあげ、自分たちを導きたもうた神を讃美しさえすればよい。いずれ、おまえたちは感謝することになろう。

年のムハンマドのメッカ征服の物語では、カアバ内部に持ち込まれた異教の偶像をムハンマドがいかに浄化したかが描かれている。

おそらく信仰者は、自分たちが罪に満ちた世界に生きていると考え、自らをその世界と区別することを望んでいたのであろう。そのことは、クルアーンから模範として、あるいは禁忌として選び出された、前述のものとは別のより日常的な慣習に見出せる。信仰者には、控えめな服装が強く勧められ（クルアーン二四章三〇～三一節）（これが周囲の人々と対照をなすことを意味するのは明白である）、また豚肉や死肉、血を口にすることが禁じられている（クルアーン二章一七三節）。信仰者は酔った状態で礼拝へと近づかないよう指示されている（クルアーン四章四三節）。道徳上の雑多な指針にもまた頻繁に遭遇する。例えば、クルアーンの第六〇章一二節はわずか数行で、当時ひどくありふれていたらしい、一通りの非常に罪深い慣習を禁止している。すなわち、神に何ものかを併置すること（シルク）、窃盗、姦淫、嬰児殺し、偽証、預言者に従わないことである。このような章句からは、信仰者が周囲の世界にはびこる罪深きものごとを問題とし、自らの振る舞いについてはより高度な規範に基づいて生きようと望んでいたことがあらためて窺える。

クルアーンは信仰者に敬虔であるように命じているが、敬虔であるために、信仰者には神を心に留めていることを絶えず表明することが求められた。そのことは、日々の礼拝や慈善行為、適切な立ち居振る舞いなどを通じて表明するのである。クルアーンは正しい振る舞いの重要性を非常に強調している。このため、信仰者運動を厳格な一神教運動であるばかりでなく、厳格な敬虔主義運動であると特徴づけることは、十分に正当である。この点で信仰者運動は、古代末期の中東の宗教に見られる敬虔主義的な傾向の延長だとみなしうる。だが、信仰者運動をこうした一般的文脈で考察することに意味はあるものの、クルアーンから再構築される信仰者運動の敬虔主義が、アラビア半島の文化的環境に合わせるかたちで敬虔さへ向かうこの大きな流れを独自に表明しているのだということも、もちろん事実なのだ。信仰者は周囲の世界に不正が満ちていることを知っていたのだが、彼らの運動の敬虔主義には、古代末期のキリスト教の伝統において、特にシリアとエジプトにおいて顕著であった禁欲主義的傾向が、少なくともその中心的要素としては欠けている。確かに、クルアーンの平等主義的特質の一部として、控えめであるように、また謙虚であるように命じられる一方で、財産は不用心な人々を陥れる罠だと考えられている。次のクルアーンの章句は、子供や家族さえ神への専心の義務を妨げる要因となる可能性をほのめかしている。「財産と子どもたちは現世の生活の装飾である。しかし、いつまでも残る正しい行いは、主のみもと

クルアーン六〇章（試される女の章）一二節

おお預言者よ、もし女の信仰者が汝のところに来て、神にどんなものも併置せず、盗まず、姦淫せず、おのが子らを殺さず、虚空に［字義どおりには「手と足のあいだで」］捏造した嘘をつかず、正しいことで汝にそむかないと誓えば、汝もこの誓約を容れ、彼女たちのために神にお赦しを乞うがよい。まことに神はよくお赦したもう方、慈愛あつき方である。

クルアーン一六章（蜜蜂の章）一一四〜一一五節

神がおまえたちに正当なものとして授けたもうたよき糧を食べよ。もしおまえたちが神を崇めているならば、その恩恵に感謝せよ。神はただおまえたちに死骸と血と豚肉、それに神以外のものの名によって屠られたものを禁じたもう。しかし、食欲のためでもなく、掟にそむこうとしてでもなく、むり強いされ［食し］た者には、神は寛容にして慈悲ぶかいお方である。

で最良の……」(クルアーン一八章四六節)。しかし、こうした意見は、現世で得られる善きものは神の恩寵の結果であり、神が信仰者に授けた恩恵として受け入れるべきだと多くの章句に記されていることで十二分に釣り合いがとられている。「信仰する者よ、神がせっかくおまえたちに許したもうたよきものを禁じてはならない。また、度を越してはならない。神は度を越す者を愛したまわない」(クルアーン五章八七節)。さらに、信仰者が身のまわりにあると認識していた不正というのは、純粋に人間的・社会的現象であったようである。このことは決して、現世の恵みというものが神の祝福以外の何ものかであるということを示唆してはいない。信仰者は、適度であればそれらを享受してかまわないし、同様に社会における喜びを享受することも認められる。少なくとも、禁じられてはいない。結婚と子どもの養育は当たり前のことだと考えられ、一般的に正しい生活と共存できないものとはされていない。要するに、信仰者の敬虔さというのは、世界と日常生活との中で機能し、それらの一部をなす敬虔さなのである。それは、古代末期のキリスト教の伝統のように、禁欲主義的な節制からそれらと絶縁するのではない。この点で、信仰者の敬虔さというのは、古代末期のユダヤ教に見られる常識的な範疇での正しさの概念により似ている。

普遍的一神教

クルアーンの記述からは、初期の信仰者運動が、一神教の理念、終末への準備、預言および啓典への信仰、そして日々の礼拝、犯した罪に対する償い、定期的な断食、他人に対する寛容で謙虚な態度といった正しい行いを遵奉することに重きをおいていたことが読み取れる。もちろん、クルアーンの中に、これらすべての理念と実践は独特の形式(とアラビア語という新しい文章語)で表現されていたが、これらは七世紀までに中東地域において非常によく知られていたものである。最初期の信仰者たちは自らを、正しく、神を畏れる一神教徒であるとみなしていた。そして、彼らは自分たちが独立した集団ないし共同体を構成し、正しさを厳格に守ることにおいて周団に存在する多神教徒や、厳しい戒律に従わないあまり熱心でない一神教徒、あるいは罪深い一神教徒からは一線を画している存在であるともみなしていた。

その一方で、信仰者たちが、自らは新たな、ないし独立した宗教集団（クルアーンの用語ではミッラが該当するようである。クルアーン二章一二〇節）を構成していると考えていたとする理由は見当たらない。実際、いくつかの章句が、ムハンマドの教えは彼以前の使徒たちによってもたらされていたものと同じものであることを明らかにしている。すなわち、「言え、『私は使徒たちの中で、逸脱する者ではない。私やおまえたちに何がなされるのかも知らない者だ。ただ私は自分に啓示されたものに服従するだけである。私は明白な警告者にすぎない』」（クルアーン四六章九節）と。そのうえ、信仰者運動の歴史における最初期段階では、十分な敬虔さを有するユダヤ教徒ないしキリスト教徒が望めば、この運動に参加することができたようである。なぜなら彼らは既に神の唯一性を認めていたからである。あるいは裏を返せば、確かに皆が皆そうだったわけではないが、初期の信仰者の一部はキリスト教徒ないしユダヤ教徒であった。この「宗教的開放」性ないし普遍的一神教性の原因は単純に、信仰者たちの基本理念と彼らの厳格な敬虔遵奉の主張が一部のキリスト教徒とユダヤ教徒の信仰や実践と相容れないのものではなかったことにある。実に、クルアーンそのものが時折、信仰者たちと既存の一神教の信徒たち（しばしばクルアーンにおいては「啓典の民（アフル・アルキターブ）」という語でひとまとめに述べられている。）の間の一定の類似性を指摘している（クルアーン四八章二九節）。

クルアーンをより詳細に検討すると、多くの章句において一部のキリスト教徒とユダヤ教徒が信仰者運動に属した可能性が示唆されていることに気づく。それは彼らが単にキリスト教徒ないしユダヤ教徒であるからではなく、彼らが正しさに傾倒しているためであった。例えばクルアーン三章一九九節では、「啓典の民の中にも、神を信じ、おまえたちに下されたものと彼ら自身に下されたものとを信じ、神のみ前にへりくだり、神のみしるしをわずかな価に換えたりしない者もいる。」と述べられ、クルアーン三章一一三〜一一六節などの他の章句では、

クルアーン三章（イムラーン家の章）一一三〜一一六節

……啓典の民の中にはまじめな一団があり、夜もすがらひれ伏しては神の章句を読み、神と終末の日とを信じ、正しいことを勧め、醜悪なことを禁じ、競って善行にはげんでいる。これらの者は正しい人である。どんなことでも彼らが善を行なえば、それを拒まれることはない。神は敬虔なる者をよく知りたもう。信仰なき者は、いくら財産があっても子供があっても、神にたいしてはいささかも役にたたない。彼らは業火の住人となって、そこに永遠にとどまる。

このことについてより詳細に述べられている。これらやそれに類する文章は、一部の啓典の民（キリスト教徒とユダヤ教徒）が信仰者とみなされていたことを示唆している。それゆえ、信仰者と不信仰者を分かつ線は、単純に啓典の民との境界線と一致するものではない。むしろ、神への献身とその法を遵守することへの彼らの力の入れ具合に応じて、境界線はこれらの共同体にまたがって存在しており、それゆえ彼らのうちのある者は信仰者とみなされ、またある者はそうとはみなされなかったのである。

そして、信仰者たちはどの宗教に属していようとも、たとえそれが（三位一体論を採らない）キリスト教徒であれ、ユダヤ教徒であれ、あるいはわれわれが「クルアーン的一神教徒」と呼びうる、ごく最近になって多神教から改宗した者であれ、彼らは神がそれぞれの共同体に下した法に厳密に基づいて生活することが求められた。ユダヤ教徒は『律法』の法に従うべきであり、キリスト教徒は『福音書』に従うべきであって、先行する一神教共同体のいずれにもいまだ属していなかった人々はクルアーンの命令に従うべきなのである。これら新しいクルアーン的一神教徒を指す一般的な用語は「ムスリム」という言葉であったが、ここでわれわれはクルアーンにおけるムスリムとイスラームという言葉の正確な意味についてより詳細な議論をするために、しばらく立ち止まらねばならない。

ムハンマド時代の初期の信仰者共同体が敬虔なキリスト教徒とユダヤ教徒を含んでいたという考えは、当然のことながら、後世のムスリムの伝承史料がわれわれに語る内容とは大きく異なっている。現在にまで伝わる後世のイスラームの伝承によると、「イスラーム」はキリスト教やユダヤ教やその他の宗教とは区別された特定の宗教とされ、また「ムスリム」はその宗教の信奉者であるとされる。これらの用語は確かにクルアーンに由来するが、後の伝承に用いられている意味は微妙に変わっている。例えば、ある人物がクルアーンの章句「アブラハムは、ユダヤ教徒でもなくキリスト教徒でもなく、むしろ彼はムスリムであるハニーフであった。彼はムシュリクーン〔単数形はムシュリク、多神教徒〕ではなかった」（クルアーン三章六七節）を読むと、クルアーンにおけるムスリムという言葉は、後に（そして現在において）用いられているものとは異なる意味を有していたにちがいないことがわかるだろう。というのも、一つにはその文章における「ムスリム」という言葉がハニーフという名詞を修飾する形容詞として用いられているためである（ハニーフという語そのものの意味については論争があり、おそらくは「一神教徒」を指すイスラーム以前の用語であったと思われる）。ムスリムの基本的な意味は、神に「身を委ねる人」あるいは人類に対する神の命令および神の意志に「服従する人」であり、もちろん神の唯一性を承認する人である。つまり、クルアーンにおけるムスリムは、個々人が神の意志に従うという意味において、献身的な一神教徒を、そしてイスラームはその意味において献身的な一神教信仰を本質的に意味しているのである。これこそ、アブラハムが先ほどのクルアーンの章句においてムスリムであるハニーフ、「献身的な一神教的ハニーフ」であるとみなされるゆえんである。クルアーンの用例を見るかぎり、イスラームとムスリムという言葉は、現在われわれが「イスラーム」や「ムスリム」に結び付けているところの宗教的な区別をまだ有しておらず、それらはより広範でより包括的な意味を有し、ときには一部のキリスト教徒やユダヤ教徒といった、つまるところは一神教の信徒にも適用されたのである（クルアーン三章五二節、三章八四節、二九章四六節）。しかしわれわれは、いかにしてこれらのクルアーン中のイスラームやムスリムという用語が、後により限定され、キリスト教やユダヤ教とは異なる新しい信仰としての宗教的意味を獲得したのかを容易に理解することができる。キリスト教徒やユダヤ教徒であった信仰者たちは以前同様それらの宗教の信仰者としてみなされうるが、それ以前に多神教徒であった信仰者はもはやムシュリクとは呼ぶことはできなかった。それゆえ、その人物がひとたび一神教を奉じ、クルアーンの法に従うことになったならば、その者に適用される用語は、ムスリムという言葉しかなかったのである。そして、時とともに、ムスリムという用語はもっぱら、クルアーンの法に従うそれらの「新しい一神教徒」である信仰者に用いられるようになったのである。

クルアーンの他にも、少なくとも一部のユダヤ教徒がムハンマドの共同体の成員であったという考えを裏づける付加的な証拠が存在する。われわれはこれまで、クルアーンの時代よりも後の伝承に基づいたムスリム史料を信頼することを避けてきた。しかし、より早い時期に書かれたムハンマドとヤスリブの人々の間の合意であるウンマ文書は、事実上文書史料としての特質を有していると思われる。後世の編纂物の中にしか残されてはいないが、その本文はそれらの編纂物中のその他の部分とは内容や文体が大きく異なっており、明らかに古風な性格を有している。そのため初期史研究者はたとえもっとも懐疑的な人物であっても、これを信頼すべきものであり、事実上文書史料としての価値のあるものとしている。

ウンマ文書の一文にはこのようにある。「アウフ族のユダヤ教徒は、信仰者たちとともに一つの共同体をなす。ユダヤ教徒は彼らの宗教／法(ディーン)、ムスリムは自身の宗教／法を保持する。彼らの被保護民(マワーリー)と彼ら自身に適用されるが、悪をなす者、罪を犯す者は除く。そのような者は、自らと家族を破滅させる。」と。つまり、ウンマ文書中のこの一文やその他多くの文章は、メディナの一部のユダヤ教徒とムハンマドとの間で、彼らがウンマすなわち信仰者共同体の一部を構成する者とみなされるという合意に達していたことを、明確に認めているようである。先の引用文中にあったムスリムという語も、（文書の中で彼ら自身の法を有しているとされるユダヤ教徒ではなく）おそらくはクルアーンの法に従う信仰者たちを表しているのだろう〔補遺Aを参照〕。

ウンマ文書は、伝承史料が叙述するムハンマドとメディナのユダヤ教徒との関係を考慮すると、当惑せざるをえない疑問点を数多く提起している。例えば、伝承史料がムハンマドとカイヌカー族、ナディール族、クライザ族というメディナにいた三つの主要なユダヤ教徒の氏族との間の衝突を事細かに記述しているのに対して、ウンマ文書にはいずれの氏族についても言及がなされていない。彼らが省かれていることについてわれわれはいかに解釈すべきなのだろうか。彼らについてのウンマ文書の沈黙は、ムハンマドの晩年、これら三つのユダヤ教徒の氏族が既に排除されてしまった後にこの文書が作成された証拠なのだろうか。さもなければ、かつてはいくつかの条文（ないし他の文書）が存在したのだが、単純に失われたか、これらの氏族がもはやメディナに存在しないので無意味であるとして削除された、ということだろうか。あるいは、われわれはこの沈黙を、ムハンマドとメディナのユダヤ教徒との対立の物語は、後世のムスリムの伝承史料によって――おそらく、周囲に存在した頑強な抵抗勢力に打ち勝ってきたということを含む、ムハンマドを真の預言者として描く企ての一部として――大い

クルアーン二九章（蜘蛛の章）四六節

最善の（すなわち、礼儀正しい？）方法によらずして、啓典の民と議論するな。ただし、彼らの中でも不義をなす輩は除く。そして言え、「われわれは、われわれに下されたもの、あなたがたに下されたもの、いずれをも信仰する。われわれの神はあなたがたの神と同一である。われわれは神の服従者である」

に誇張された（か、もしかするとは完全に捏造された）ということの証拠とみなすべきであろうか。このような多くの問題が未解決のまま、将来に残されている。しかしながら今ここで指摘できる点もある。後世のムスリム伝承史料は、ムハンマドの時代においてもともとユダヤ教徒であった信仰者が数多くいたことを伝えている。彼らはユダヤ教からイスラームへの「改宗者」として描かれている。これらの人物が事実として改宗したのかを問うてみたくなるだろう。あるいは、彼らはユダヤ教徒としての信仰を放棄することなく信仰者運動に参加した、ただのユダヤ教徒であったのだが、結果として、信仰者とユダヤ教徒の区分を相互に排他的なものとするようになった後世の伝承学者たちによって、そのころまでに「改宗者」と称されるようになったのだろうか。

初期の信仰者運動が有していた普遍的一神教的性格を、宗教の如何にかかわらず敬虔で神を畏れる一神教徒に対して開かれているものとして認めることは、さまざまな逸話で語られているムハンマドの生涯において起こったとされる出来事としてわれわれが認識しているものについて修正を迫ることになる（その切実さたるや、ムハンマドの生涯の再構成を伝承史料が語るとおりのものとして受け入れられれば、と思うほどである）。例えば、一部の研究者たちは、特定のユダヤ教徒の集団との衝突を含むムハンマドの生涯を描いた伝統的な語りに基づき、彼の説教と運動を、反ユダヤ的な一面を持ったものと理解している。このことは特に、塹壕の戦いの後に処刑ないし奴隷とされたクライザ族の悲惨な末路の物語には当てはまる。しかし、信仰者運動に一部ユダヤ教徒が存在したことからすると、われわれは、そうした者たち以外のユダヤ教徒の個人ないし集団との衝突は、ムハンマドの指導権や彼が預言者であることを認めないといった、彼らユダヤ教徒側の特定の態度あるいは政治的行動の結果であると結論づけねばならない。ムハンマドを迫害した特定のクライシュ族の人物に対する処刑や処罰が彼の反クライシュ族傾向を指摘できないのと同様に、特定のユダヤ教徒集団との衝突が信仰者運動におけるユダヤ教への一般的な敵対心の証拠とはなりえない。

共同体におけるムハンマドの地位

伝承に基づく叙述史料は、ヤスリブ／メディナにおいて反目する諸部族、特にアウス族とハズラジュ族、そしてそれぞれのユダヤ教徒の同盟者間の争いを調停するために、いかにしてムハンマドが同地へ招かれたかを描いている。反目する諸集団のいずれにも属さない部外者であり、高潔な人格の持ち主と認められていた人物を調停役として選ぶことは、アラビア半島の慣習としては普通のことであった。耳を傾ける者たちに「神とその使徒に従え」とか、単に使徒に従えと命じる数多くのクルアーンの章句は、おそらくは彼の調停者としての役割を反映したものであろう。ヤスリブの主要なユダヤ教徒の諸部族が当初、ムハンマドを調停者として受け入れることにあまり積極的でなかったと考える根拠はないし、また前述のように、ユダヤ教徒たちはウンマ文書において、統合された新しい共同体の一部とされていた。それゆえ、ムハンマドの政治的指導者としての役割は、おそらく彼の時代のユダヤ教徒やキリスト教徒にとってほとんど問題にはならなかったと思われる。

しかしながら、より困難なのは、信仰者運動の宗教的枠組みの中にムハンマド自身の地位をどう位置づけるかである。これまで見てきたように、信仰者たちは熱烈に一神教的で、敬虔主義的で、普遍的一神教的つまり開かれた宗教運動に属していた。この宗教運動は、いまだ一神教徒ではなかった人々に対して神の唯一性を認めるよう、またすべての一神教徒に対しては『律法』、『福音書』、あるいはクルアーンと、その違いにかかわらず神が人類に対して繰り返し下してきた法を厳格に守るよう迫った。では、信仰者たちは、ムハンマドの役割がどのようなものであると考えていたのだろうか。またとりわけこうした彼らの理解が、ムハンマドの教えを聞いたユダヤ教徒やキリスト教徒が信仰者運動に自発的に参加することに、どのような影響を与えたのだろうか。

この疑問を解くために、われわれが有する唯一確かな情報源は、やはりクルアーンである。クルアーンはムハンマドと彼の宗教的な立場についての具体的な文章を数多く含んでいる。ムハンマドはクルアーンにおいて数多くの異なる用語で呼ばれている。彼はとりわけ「使者、ないし使徒（ラスール）」、すなわち神の使者とされ、また「預言者（ナビー）」と呼ばれる。この二つの単語が同義語としてみなされるか否かは明らかではないが、少なくとも一つの章句（クルアーン三三章四〇節）において、ムハンマドは「神の使徒であり、預言者の封印」と呼ばれており、両方の語が同時に彼に当てられている。また七章一五七節「使徒にして文字識らずの預言者に従う人々に」では、それらの言葉は本質的に交換可能なものとされているようである。またムハンマドは『律法』や『福音書』においてその出現が前もって示された預言者と呼ばれている（クルアーン七章一五七節）。さらに彼は「良き知らせの運び手（ムバッシル）」、特に最後の審判の到来を伝える「警告者（ナズィール）」、そしてときには「目撃者（シャーヒド）」や人々を信仰へと招く「招き手、ないし呼びかける者（ダーイー）」とも呼ばれた。彼はしばしば霊感ないし啓示（ワフユ）の受け取り手として、下されたものを周囲の人々に伝えることを課せられた者として描かれている。霊感ないし啓示の到来そのものは「下すこと」（たいていはタンズィールという言葉で表現される）と言われ、明確に神に由来するものとみなされる（例えばクルアーン一一章一四節を参照）。下されたものは「クルアーン」（クルアーン六章一九節、一二章三節、四二章七節）、「書」（クルアーン二九章四五節、三章七九節、六章八九節、一八章二七節、三五章三一節、五七章二六節）、「叡智」（クルアーン三章七九節、六章八九節、一七章三九節）、「預言」（クルアーン三章七九節、六章八九節、五七章二六節）、「隠されたものについての知」（クルアーン三章四四節、一一章四九節、一二章一〇二節）、そして「神の唯一性についての知識」（クルアーン一一章一四節、一八章一一〇節）とさまざまに述べられている。

このようにしてムハンマドは、それ以前の預言者たちが行ったように、何らかの方法によって単に霊感を与えられただけでなく、真に啓典をもたらす預言者であることを主張した。彼は「預言者の封印」とさえ呼ばれている。つまり彼は神の啓示を受け取ってきた一連の預言者たちの最後の者なのである。ムハンマドに従った者たちはただ神と終末だけではなく、自らを預言者とする彼の主張と彼に下されたものの妥当性ないし真正性をも信じることを期待された（クルアーン五章八一節）。ただ同時代のユダヤ教徒やキリスト教徒が、ムハンマドが神からの啓示をもたらす預言者であるという主張をいかに受容したかを評価するのは非常に難しい問題である。

既に述べたように、いまだ預言というものがこの世界に存在しているのだという考えは、イスラーム登場以前の数百年にわたって中東各地に残存していたようである。もっとも、いまだわれわれはそれに関してほんのわずかの知識しか持ち合わせていないのだが。そのような考えはアラビア半島にも広がっていたようであり、後世のムスリムの伝承は、ムハンマド時代の半島の広範な地域において出現した数多くのアラブの「偽預言者たち」のことを伝えている。預言者たちの系譜や「預言者の封印」といったことを含む預言の概念をわれわれはクルアーンの中に見出すが、それらと同様の概念が紀元後の数百年間において活動したユダヤ的キリスト教諸派の中にも見出され、それらはマニ教徒のような他の宗教集団にも広がっていた。それゆえ、ムハンマドの預言者としての活動は、このように預言者の活動が定期的に発生することを常に予期している人々にとってはごく普通の出来事であったように思われる。しかし、ムハンマドの説教のある面は疑いなくキリスト教徒やユダヤ教徒にとって、このことよりも受け入れがたいものであっただろう。（厳密な一神教に違反するものであるとして、）三位一体論に対し明示的に攻撃を加えるクルアーンのいくつかの章句は、三位一体論を熱心に奉じるキリスト教徒に対して克服しがたい障害を提示したことであろうし、一部のユダヤ教徒は、彼らが実際に知っており、その姿を見ることができ、その言葉を聞くことができたムハンマドという人物が、彼らが崇拝してきた古の族長たち、すなわちアブラハム、モーセ、ダヴィデなどと同列に置かれるという考えに尻込みしたことであろう。

しかし、この問題を考えるにあたって押さえておくべきことは、一四世紀も後のわれわれがこれらの出来事について考える際に、そのような矛盾と緊張状態の因に気づくことはよりたやすいということである。ムハンマドの時代、その信仰者運動に加わった大部分の人々はおそらく字が読めず、また読めたとしても、彼らの手許には吟味に用いるクルアーンの写しがなかったことをわれわれは思い起こすべきである。というのもクルアーンの章や節は十中八九、主に記憶された文言の朗誦というかたちで知られていたからである。彼らには、現在のわれわれのように、特に問題のある文章を探しつつ、クルアーンのテキストを丸ごと、根気強く吟味することはできなかったのである。実際、初期の信仰者たちの大半はおそらく、今日のわれわれがクルアーンにおいていくらか詳細に言明されているものであるとわかる、最も基本的で一般的な宗教的観念を知っていたにすぎない、と考えるのが妥当であろう。つまり、神は唯一である、終末の日は迫り来る（おそらくは間もなく来る）恐るべき現実である、人は礼拝を行いつつ正しく生きるべきである、ムハンマドは神の使徒ないし預言者として人々をこれらの信仰において導く者である、といった観念である。以上がムハンマドの時代において、大半の人々に知られていたことのすべてであろうし、信仰者運動そのものに熱心に加わった多くの者でさえ、その程度のことしか知らなかっただろう。そしてこれらの考えはキリスト教徒やユダヤ教徒に対してあまり問題にならなかったものと思われる。

黙示録的世界観と終末論的志向

初期の信仰者運動の特徴の一つであり、参加者を動員する明白な活力の核となったのは、同運動が有した終末論的志向であった。既に述べたように、信仰者たちの中心的な考えの一つとして、最後の審判は現実であるというものがあった。クルアーンのいくつかの章句に示されているのは、審判（また「終末の日」とか単に「その時」と表現される）が漠然とした遠い未来において起こるだろうという単純な考えにとどまらない、現実なのだということである。むしろある章句からは、信仰者たちの共同体が、終末の日が間もなく訪れることを期待していたことが読み取れる。あるいは「終末の始まり」は既に彼らのまわりで生じていると信じていた可能性もある。この種の黙示録的展望は概して、世界の大いなる罪深さに気づき、善と悪との間を峻別する活動と結び付けられる。実際、既に見てきたように、信仰者たちはそれを行ってきたのである。さらに、しばしばある黙示録思想の研究者が「たやすく可視化された情景と強烈に描かれた人物」と表現したやり方で、クルアーンの章句がこれらの考えを表明しており、われわれはその中にその豊富な事例を見出すことができる。

終末の日は間近であるという考えは複数の章句に明示されている。「人々は汝に、『その時はいつか』と尋ねるだろう。言え、『その時の知識は神のみもとにだけある。おまえにそれがどうしてわかろう。その時は、すぐそこまで来ているのだ』」（クルアーン三三章六三節）、「われらは、近づく懲罰をおまえたちに警告した。その日、人は、あらかじめその手が行ったものを見つめ、不信仰者は、『ああ、できることなら塵土になってしまいたいなあ』と言う。」（クルアーン七八章四〇節）。さらにクルアーンの短い章の多くに顕著であるのだが、最後の審判の厳しさに備えるにあたって、悔い改め、敬虔であるようにと絶え間なく発せられる警告が、「その時」の到来は間近であるとの認識を非常に強く暗示している。しかし他の章句では、間もなくではあるものの、審判の正確な時は神のみが知ることであると明確に述べられている（クルアーン七章一八七節）。

「その時」それ自体の性質について言うと、先に述べたように、クルアーンはしばしばその恐ろしさを詳細に語っている。その時の到来は数多くの前兆によって示される。それらの前兆は疑う余地もなく超越的な神の力を示し、われわれが永続すると思い込んでいる神の創造したこの世界にあるすべてのものは、束の間の存在であることを示すものである。そして、その日、ラッパが吹き鳴らされると、星々が墜ち、暗黒が広がり、天が真二つに裂け、山々が忽然と消え、砂や水のごとく流れ去るのである。そして海は煮え返り、突如として溢れ、現世が崩れ去るにつれて大音響が起こり、人々は完全に混乱し、誰も最愛の者について尋ねることなく、赤子は母親に見捨てられ、子供の髪は老人のごとく白髪となり、亡者の墓は開かれ、彼らは立ち上がって、主のお裁きの前に進み出る。すると天使たちが主の玉座を担いで高みから降りてくる。そうしてお裁きが始まり、正しき者は何ら恐れを抱くことなく、その顔は喜びで輝くが、邪な者と不信仰者は全き恐怖と絶望を抱いて、涙を流しながら卒倒するか痙攣してしまう。各人の行いが評価され、秤でもってその重さを量られ、そしておのおのその重さに応じて、報償ないし罰を受けるのである。不信仰者は駆り集められ、火獄における永遠の責め苦への道すがら、火中を引きずりまわされるのである。一方、正しき人は、木蔭や水を湛えた小川があり、甘き食べ物と飲み物が用意され、麗しき伴侶のいる緑豊かな楽園へと向かうのである。

クルアーンがこうも明白に最後の審判——それは神の唯一性と、その全被造物の創り手としての役割が密接に織り合わされた概念である——を強調するのは、信仰者たちの「その時」が差し迫ったという確信を反映しているためである。それは、信仰者たちが敬虔さと正しく生きることに熱中することの背後にある、その原動力であった。信仰者たちは、周囲の世界は罪と腐敗に塗《まみ》れているという確信のもと、審判がいつ始まってもよいように、啓示された法に厳密に従って生活することで彼ら自身の救済を確保することが急務であると感じていた。しかしながら、ここで、繰り返し強調されている信仰と敬虔さに対して究極的には個人が責任を持っているという考え方と、個人は他の信仰者たちとの共同体の中でこそ最も正しい生活をすることができるという考え方——ある人間の救済は、それが共同の営みであることによって強化されるという示唆を含む——の間にあるわずかなずれをクルアーンの中に見て取る人がいるだろう。クルアーンに示されたいくつかの文章によると、最後の審判の際、宗教共同体は集合体として裁きを受けるようである（クルアーン一六章八四～八九節）。それゆえ、個人の運命は部分的には、信仰心のある共同体に帰属しているか、あるいは罪深い共同体に帰属しているかによって決定されることになり、例えば、哀れな魂の持ち主は、裁きの日に、クルアーン中に罪深い圧制者の典型として登場するファラオ［に従ったが］ゆえに地獄へと導かれるのである（クルアーン一一章九八～九九節）。

信仰者たちが本当に終末の到来に重きをおいて生活していたかどうかを、クルアーンに含まれる遺産相続や不法行為への罰則などを規定する大量の文章を指摘し、疑問視する者もいる。彼らの見解によると、これらの章句は来世ではなく、現世の関心を反映しているようである。しかしこの一対の関心は相互に相容れないものではない。むしろ、終末が間近に迫っており、来世における救済がその共同体の正しい営みに依存していると考える者は、まさにそのために、共同体における社会的行為の細部にまで注意を払うだろう。言い換えるならば、まさにクルアーン中に数多存在する「現世」の規則は、単に初期の信仰者たちの間にあった終末観を別のかたちで反映しているだけなのだろう。

そして、初期の信仰者たちは、審判が間もなく到来するという恐るべき予想によって、預言者たちに下された神の法を厳密に守ることに捧げられた、救われるべき人々の共同体の建設に励んだのである。これが、最後の預言者であるムハンマドの指導に一心に付き従う共同体である。彼らは、突如として終末が到来した際に、他の何ものでもなく、ムハンマドの導きこそが彼ら個々人の救済と集団的救済を保証するのだと信じたのであった。

しかし以上がすべてではない。ムスリムによる伝統的なクルアーン注釈と、同じく現代の多くのクルアーン研究が、クルアーンのテキストをメッカ啓示とメディナ啓示という具合に大きく二分している、ということを先に述べたが、その区分は、個々の章句がムハンマドの生涯のどの時点で啓示されたと考えられるかによっている。もしわれわれがこの区分を受け入れるならば、黙示録的性格の強い章句の圧倒的多数がメッカ啓示中に配置されているという興味深い事実が浮かび上がってくる。それに比してメディナ啓示は、最後の審判への警告に対する熱意を明らかに欠いており、メッカ啓示のごとく、そのように説得力のある黙示録的イメージを縦横に提示してはいない。その一方でメディナ啓示は、おそらく信仰者たちの新たな「救済されるべき人々の共同体」の導きとして意図された社会や個人的問題に関するクルアーン中の「法的」素材、規定、規則の大部分を含んでいる。これは、メッカでは宗教的な発言が必須であったのに対し、メディナにおいては、共同体がより大きくなり、ゆえに社会的な規則が必要となった事実を反映したものである、という指摘に時折接することがある。しかしながら、初期の信仰者たちは、メディナに彼らの共同体を築き上げることで、彼らは新たな正しい時代の始まりを先導し、それゆえ、彼らは実際に終末そのものの最初の出来事を目撃しているのだと確信していた、ということも十分に考えられるだろう。そして、彼らは最後の審判を導く出来事はまさに彼らの目の前で生じはじめていると考えていたことが推測できるのである。既に記したように、クルアーンにおけるいくつかの文章には、黙示録的終末論が述べられ、その到来を先触れする多くの前兆が語られている。しかし、他の章句、例えば「それなら、彼らはただ、突如として襲うその時だけを待っているのだろうか。すでに、その前兆は現われているのに……」(クルアーン四七章一八節)や「そのときは近づいた。月は裂けた」(クルアーン五四章一節)はそれらの(終末をあらわにする)前兆を既に起こったこととして述べている。さらに別の文章も、信仰者たちを既に審判の出来事を理解しはじめているものとして描いており、それは正しき者によって罪深い共同体が打ち負かされ、統治権が信仰者たちへと渡されるといったことを含んでいるようである。それは、クルアーン一〇章一三~一四節で、「われらは、おまえたち以前にも、悪を行った各世代の民を滅ぼした。それぞれの使徒たちが明らかなしるしをもたらしたが、彼らは信じようとしなかった。われらは罪を犯す民にこのように報いるのだ。彼らが失せたのちに、われらはおまえたちを地上においてその後継者とし、おまえたちがどのように行うかを見ようとした。」と述べられているとおりである。

この過程を経て、以前の預言者たちの信奉者たちがそうしたように、信仰者たちは罪深き人々から地上を、文字どおり受け継ぐのだろう。例えば、クルアーン一四章一三~一四節でモーセは、神がいかにしてファラオと不正なる者たちを彼らの土地から追い落とすかが語られ、そして「そのあとにおまえたちをこの土地に住まわせよう」と言われている。注釈家たちが塹壕の戦い――その戦いの後にムハンマドの信奉者たちがユダヤ教徒であるクライザ族の財産を奪うことになった――に伝統的に結び付けてきたクルアーンの章句は預言者と同時代についての例となっている。「神は、不信仰者どもを彼らの激怒とともに追い返し、彼らはなんの得もしなかった。また神は、戦いで信仰者たちに十分お応えになった。まことに神は力強く、至大なるお方である。神は、啓典の民のうちで彼ら[すなわち不信仰者]に味方した者を砦からひきおろして、心の中に恐怖を投じたもうた。おまえたちは、その一部を殺し、他の一部を捕えた。そのうえ、彼らの土地、家、財産、およびおまえたちが踏みこんだことのない土地を、おまえたちに継承させたもうた。神は万事に力を及ぼしたもうお方である。」(クルアーン三三章二五~二七節)。神の報酬と懲罰が来世の運命だけでなく、現世での運命にも影響を及ぼすのだという考えは、信仰者たちの運命の変化が、始まりつつある最後の審判の筋書きの一部かもしれないことを示唆しうるものである。

ムハンマドの使命を完全に受け入れた信仰者たちにとって、不信仰な反抗者たちからその財産を奪うことを神の終末への計画と結び付けるというこの複雑な考えは、不信仰をこの世界から取り除き、地上において神に導かれた正しき秩序としてみなされるものを確立するために、（必要であれば軍事力を含む）積極的な活動に従事する際の強力な動機となったにちがいない。これを受けて、考察すべき初期信仰者運動の持つ特徴の最後のもの、すなわち攻撃性の話題に移ることにしよう。

攻撃性

前記の所見が示唆しているように、クルアーンが証拠を提示しているところの初期信仰者運動のもう一つの特徴として、攻撃性ないし行動主義的志向が挙げられ、クルアーンの用語としてはジハードがそれに相当する。クルアーンにおいて、ジハードは「神のための」（文字どおり訳すと「神の道における（フィー・サビール・アッラー）」）自発的で個人的な活動を意味しているようであって、この当時はまだ、後のイスラーム法の中に（八世紀頃までに）具現化することになる古典的聖戦論ではなかった。信仰者たちは、単にその生活において敬虔であり、現世に満足するだけでよしとされたのではなく、周囲に存在した現世の不信仰に立ち向かい、可能であればこれを根絶するための努力をしなければならなかった。例えばクルアーン四章九五節には、「なんの支障もないのに家に残っている者と、財産も生命も投げ捨て神の道のために戦う者とは、同等ではない。」とある。この「努力」（ジハード）は時として、信仰者が自身の人生において正しさを実現しようとする不断の活動を意味するが、同様に、信仰者たちは神が下したものについての知識を広めようとすべきであり（クルアーン三章一八七節）、また「善きことを命じ、悪しきを禁じ、神を信じる」（クルアーン三章一一〇節）ことに積極的であるべきことも意味した。

しかしながら、クルアーンの他の章句では、より攻撃的な姿勢が示されている。クルアーン九章七三節では、神は信仰者たちに、「不信仰者や偽善者と戦え。彼らにたいしてきびしく臨め」と命じている。その他では、実際にムハンマドは信仰者たちを、不信仰と戦うよう（クルアーン八章六五節）、不信仰者との戦いにおいて「地上で殺戮をほしいままにする」よう（クルアーン八章六七節）促せと、神から指示されている。預言者や信仰者たちは決してムシュリクーンへの赦しを神に乞うてはならない。彼らのなす神の唯一性否定の罪は、神の目にひどく忌まわしいものとして映るため、彼らに慈悲を示すことは不可能であった。曰く「預言者と信仰者たちは、ムシュリクーンのために赦しを乞うことなど、けっしてあるべきではない。たとえ彼らが親戚のものであっても……」（クルアーン九章一一三節）と。

しかしながら、クルアーンの言説に顕著な特徴は、不信仰や不敬な行為に対する、ほとんど妥協の余地のない非難の文言の多くが、それらの明白な粗暴さを和らげ、より柔軟な働きかけの糸口を与えて緩和するような章句と結び付いているということである。例えば、クルアーン九章「悔い改めの章」五〜六節は、一般的にクルアーン全体の中で最も非妥協的で好戦的な章句の一つであり、あらゆる手段を用いて不信仰者を捕らえるか殺害するよう信仰者に命じる文章で始まっているが、その後かなり唐突に撤回し、不信仰者が悔い改めるか、信仰者に保護を求めるかした場合には、彼らを害することなく許すよう命じている。この「但し書き」の使用はクルアーンに特徴的なものであり、実際の社会状況において必要とされた柔軟性を提供する手段となったように思われる。信仰者たちは不信仰者たちを威圧し、可能であれば信仰へと導くよう試みるべきである一方で、狂信的であってはならず、所与の状況における現実性と個々の不信仰者の行為を大目に見るべきであるとされた。場合によっては、寛大さが野蛮な力よりも効果的であり、全世界で神が受け入れられることを一つの目標とする際に、政策に幅を持たせることが最も効果的であるということを、聞いている者たちに助言しているように思われる。

このようにクルアーンは、積極的行動主義ないし攻撃性の問題に関する各種の見解を豊富に提示しており、その見解の幅は、言葉のうえでの衝突のみが許されているほぼ平和主義的な静観主義から、自己防衛のために戦うことへの許可を経て、単に不信仰者を妨害するだけでなく、実際に見つけ出し、服従を強要することに関して信仰者たちが攻撃的な態度をとることに最大限の許可を与えることまでにわたっている。ムスリムの伝承史料はこの見解の幅を、ムハンマドの全生涯にわたって生じ、信仰者共同体の強さと安全性が次第に増大していった、順調な発展の証拠とみなす。しかしながら近年の研究は、これらの異なる命令はおそらく初期の信仰者共同体の内部に併存していた、種々の下位集団のさまざまな態度を反映しているとする。上記のように、古典的ジハード論

クルアーン九章（悔い改めの章）一〜六節

おまえたちが契約を結んだムシュリクーン〔多神教徒〕に与える、神と使徒からの無縁通告（バラーア）。「四ヶ月間は随意に国中を往来せよ。知れ、おまえたちには神の裏をかくことができないことを、また神は感謝しない者ども（カーフィルーン）に屈辱を与えたもうたことを。」神と使徒から人々に出される、大巡礼の日におけるお達し。「神はムシュリクーンと無縁であり、使徒もまたそうである。……ただし、おまえたちが契約を結んだムシュリクーンの中で、その一ヵ条も欠くことなく、おまえたちに敵するいかなる者をも支援しなかった人々は別である。おまえたちもこれらの者にたいしては、その期限に至るまで協定を守りとおせ。神は、神を畏れる人々を愛したもう。しかし、神聖月が過ぎたならば、ムシュリクーンを見つけしだい、殺せ。これを捕えよ。これを抑留せよ。いたるところの通りで待ち伏せよ。しかし、もし彼らが悔い改めて、礼拝を守り、ザカートを支払うならば、放免してやれ。神は寛容にして慈悲深いお方である。もしムシュリクーンの中でだれかがおまえに保護を求めるならば、これを保護して、神のみことばを聞かせ、そのうえで安全な場所に送り届けてやれ。これは、彼らが何も知らない民だからである。

はまだ定式化されてはいなかったが、ムハンマドの晩年までに、イデオロギーに基づく戦いを正当化し、その追求を奨励することが共同体の支配的傾向になっていたのは明らかであろう。不信仰者たちはいまや、信仰者運動の新しい宗教的イデオロギーに服させるために探し出され、戦いを挑まれる存在となった。もっとも、あまり積極的でない立場が一部の人々によって主張されてはいた。しかしながらここでわれわれは、クルアーンは不信仰者と戦えと言っているのであり、一神教徒と認識されているキリスト教徒やユダヤ教徒（すなわち、啓典の民）と戦えと言っているのではないこと、そして、これまで見てきたように、少なくとも彼らの一部は信仰者たちの数に加えられていたことに注意する必要がある。

こうして、ムハンマドの死までに、信仰者たちは倫理と神への献身を強調する敬虔主義的な運動に従事するだけでなく、神にとって忌むべきものと彼らがみなしたもろもろの慣習（特に多神信仰）を熱心に探し出し、これを撲滅することと神の命令の遵守を広めようという意図を持った、攻撃的敬虔主義の活動に従事することになったのである。クルアーンには決してそのような言葉は使われていないが、これは「地上における神の王国」建設を目指した事業であるように思われる。それはクルアーンにおいて命じられた神聖な戒律によって告知された政治体制（あるいは少なくとも社会）であり、ビザンツ帝国やサーサーン朝の罪深い政治体制に取って代わるべきものであった。この行動主義の志向性の別の表現形態がヒジュラ概念であり、そのことを示す根拠がいくつか存在する。伝承史料によると、既に見たように、ヒジュラは特にムハンマドのメッカからメディナへの移動について言及する際に用いられ、控えめに「移住」と解釈されてきた言葉である。しかし、クルアーンにおけるヒジュラの用法をより厳密に検討すると（これから検討するように、後代の史料のいくつかも同様であるが）、ヒジュラという言葉がより幅広い意味を有していることが明らかとなる。一例として、ある証言では、ヒジュラは遊牧生活の放棄を要求している。この意味で、信仰者運動は町や定住地を基盤とするものということになる。というのも、そこにおいてのみ、信仰について要求されている儀式が十分なかたちで、適切に行われうるからである。おそらくこのことが、信仰者たちが預言者の死後にアラビア半島を越えて広がった際、彼らが、接触した人々に「ムハージルーン」（シリア語ではムハッグラーイェー、ギリシア語ではハガレーノイ）として知られることになった理由であろう。別の面では、ヒジュラは圧迫から逃れるために誰かのもとへ避難することを意味し、それゆえに伝承史料は、一部の初期信仰者たちのエチオピアへのヒジュラに言及しているのである。また関連する意味として、罪深い環境から逃れるため、「神とその使徒のもとへのヒジュラをなす」人々の存在をクルアーンは語っている（クルアーン四章一〇〇節）。しかし、「神の道にヒジュラすること」と発言するこれらの章句は、同じく「神の道において」なされるジハード（努力）とヒジュラがだいたい同じような意味で用いられていることを示唆している。またいくつかの章句は、ヒジュラと家を出て戦いに赴くこととを関連づけている（クルアーン三章一九五節、二二章五八節）。実際、このより広義のヒジュラは、キリスト教徒の洗礼と同じように、信仰者たちの共同体に参加するための完全な成員資格を示す決定的指標として用いられたようである。クルアーンには「信仰にはいり、神の道においてヒジュラを行い、財産と自分の生命とをなげうって努力した人々、それから避難所を与えて援助した人々、この両者はたがいに味方同士である。信仰はしたが、ヒジュラしなかった人々、このような人々にたいしては、おまえたちは「彼らと」相互扶助するに及ばない。彼らがヒジュラをするまでは……」（クルアーン八章七二節）とある。

ムハンマドは七世紀初頭のアラビア半島西部を生き、神からの啓示を受け取った預言者であると主張した、霊感を与えられ、何かを見た人物であった。彼は敬虔主義的な宗教運動を始めたが、その運動を、われわれはその信奉者たち自身の用語に従って、「信仰者運動」と呼ぶのが適当であろう。クルアーンの証言から、神の唯一性を強調し、多神信仰を、あるいは一神教信仰への生温い参加でさえも、完全に排除するというこの運動の基本的な信条が明らかとなる。大多数ではなかったにせよ、中東地域の多くの人々が既に表向きには一神教徒であったため、初期の信仰者運動は、新たに起こった別個の宗教ではなく、一神教の改革運動とみなすのが最もふさわしい。それにもかかわらず、信仰者たちは神の啓示の遵守に基づいて創設され、おそらくヒジュラの観念によって統合された独自の共同体を形成しているという明確な意識を有していたように思われる。

また信仰者たちは最後の審判が差し迫っていることを確信していた。そして彼らは堕落と罪に囲まれていると感じていたため、審判の日における救済を得るために、自ら正しい共同体を形成しようと努力した。それゆえに、この運動はすべての信仰者に対し、神の下した法に厳密に従うことを要求する強烈な敬虔主義の性格を有していた。当初この運動はいまだ別個の「宗教」ではなかったため、既存の一神教徒たちは必ずしもそのユダヤ教徒ないしキリスト教徒としての帰属意識を捨てることなく運動に加わることができた。そして、多神信仰を棄てたばかりの「新しい一神教徒たち」はクルアーンの法を守ることを期待されたが、信仰者であるユダヤ教徒は『律法』の教えを、キリスト教徒は『福音書』の命令を守ることができた。(特にキリスト教徒の一部がイスラーム登場前夜において厳格で、禁欲的でさえある宗教実践に励んでいたことについては、既に述べたとおりである。)ムハンマドの晩年にかけて、信仰者運動の敬虔主義は次第に攻撃性を帯びるようになった。その結果、信仰者たちは、正しい秩序と、彼らが真の宗教とみなしているものの普及のための努力、ジハードに従事しつつ、ますます彼らの周囲に存在した罪深い世界において人々の執り成しを行ったのである。結局のところ、この行動主義、ないし攻撃的性質は、不信仰者との軍事的衝突、すなわち不信仰を消滅させるための「神の道における」(クルアーンが述べるところのフィー・サビール・アッラー)戦いないし尽力をも意味するようになった。信仰者たちは実際に、ムハンマドの晩年に達成したと伝承において報告されてきた数々の軍事的成功の裡に、終末の下準備となる偉大なる出来事の始まりを目撃しているのだとさえ感じていたことであろう。というのも、それらの出来事のうちには、周囲の罪深き政治体制の排除に繋がる、勝利と覇権の確立があるだろうからである。このようにして、彼らは地上を受け継ぎ、審判の筋書きがその山場を迎えた際に人類を救済へと導くことができる神に導かれた正しい共同体を確立しようとしたのである。これはまったく馴染みのない計画ではなかった。なぜなら、全人類を救済へと導こうとする信仰者たちの意図からは、世界中の人々を、彼らが真の信仰とみなすものへと導こうとしたビザンツ帝国の計画が思い起こされるからである。そして、どちらの場合もこの目的は布教活動か、あるいは必要であれば武力によって達成されるものであった。

ここまで初期の信仰者運動が何であったのかを検証してきたが、ここでそれが何でなかったかを考えることも重要である。しばしばムハンマドと信仰者たちは「アラブ」としての「民族主義的」あるいは「排外主義的」刺激によって動機づけられたと断言され、あるいはそれが当然のこととされるのであるが、しかしこのアラブという帰属意識はムハンマドの時代において、少なくとも政治的な意味ではまだ存在していなかった。それゆえ、信仰者たちが「アラブの運動」の構成要素であるとするのは、誤解を招くことになる。神の言葉は自らを信仰者とみなす人々に向けられたとクルアーンは明記するが、信仰者であることと民族的なものとは結び付けられてはいない。通常「遊牧民」を意味するアアラーブ（アラブの複数形）という言葉はクルアーンにおいてほんの数回使用されているが、そのほとんどが侮蔑的な含みを持っているように思われる。またクルアーンはそれ自体を「アラブのクルアーン」と表現することも何度かあるが、これは言語上の明示であって、おそらく、今日われわれがアラビア語と呼ぶ話し言葉の一形態を指しているにすぎない。

また信仰者運動は第一に社会状況の改善を試みるものでもなかった。クルアーンがしばしば、とりわけ貧者、未亡人、孤児に対して憐れみを示すよう語っていることは事実であるが、これらの社会的活動は、他人に情けをかけることが神と神の唯一性に対する真の信仰に付随する義務の一つであるがゆえに命じられているのである。クルアーンの教えの社会的な側面は否定しがたく、重要なものではある。しかし、それらは付随的なものでしかなく、宗教的なこと、すなわち唯一神信仰と、神の意志への服従を証明する正しい行いこそが、クルアーンの中心的な観念なのである。

第三章　信仰者共同体の拡大

　一一／六三二年にムハンマドが死亡した後、（以下で見るようにいくぶん異論のあるものだったとしても）信仰者たちはすみやかに共同体の指導権の問題を解決し、通常「イスラームの征服」、あるいは（それよりも不正確だが）「アラブの征服」と呼ばれる、急速な政治的拡大のプロセスに取りかかった。この拡大は、さまざまな要因で中断されたもののおよそ一〇〇年ほど続けられ、実に驚くべき偉業であるが、スペインやインドにまで信仰者共同体の支配をもたらした。本章ではこの拡大がいかに始まったかを解説し、その特徴を明らかにする。そして、そのきわめて重要な最初の三〇年間、おおよそ三五／六五六年までに起こった主要な発展の跡を辿ることを試みる。しかし、初めにもう一度、共同体の歴史の中のこの時代を再構築するために歴史研究者が使うことのできる史料について、しばし考えなければならない。

史料

クルアーンは、ムハンマドの死の直後の共同体の歴史にとって、少なくとも間接的には、引き続き重要な史料である。たとえわれわれが、クルアーンはすべてムハンマドが生きている時代の産物であると考えたとしても、ムハンマドの死に続く時代において、クルアーンの提示する理想が信仰者たちの見解や行動に形を与えたとみなしてよいだろう。あるいは、もしクルアーンのテキストがムハンマドの死後最初の数十年間に具体化してきたものだというもう一つの見解を採るならば、そのとき信仰者たちが直面していた重大な問題に対する、共同体内部のさまざまな集団の異なる姿勢が、より直接的にテキストに反映されていると考えてよいだろう。

しかしクルアーンは、ムハンマドの死後に繰り広げられた拡大運動についての直接的な情報を表立って与えてくれるわけではない。このような理由から、拡大の初期の数十年の歴史を研究しようとする者は、後世のムスリム共同体がこのテーマについて収集した膨大な伝承に基づく叙述を考慮に入れなければならない。これらの叙述は、ムハンマドの生涯についての叙述と同様に、歴史研究者にとっては非常に問題のあるものであり、細心の注意を払って用いなければならないものである。征服についての叙述は、ムハンマドについての叙述と同じく、後世の共同体の人々にとってのみ関心のある問題についての、多くの加筆が含まれている。とりわけ、信仰者たちに対する神の好意の証拠となるように、理想化されたかたちでもろもろの出来事が描写されたり、またおそらく、メディナの指導によってなされたという中央集権的な支配の度合が過度に強調されたりする傾向がある。しかし、これらの伝承に基づく叙述史料に関する最新の研究は、メディナにおけるムハンマドの活動の最後の数年間について、また征服運動についても、たとえそれらの出来事に対して史料が示す解釈と評価が、ときに同時代のものというより後世の関心に強く潤色されているとしても、それらの史料から実際に歴史的出来事の流れの基礎的な骨格を引き出しうるということを示している。

さらに、拡大の最初の数十年に、われわれは、信仰者共同体の歴史において、その歴史に関する真の文書史料に基づく証拠に初めて出会う。これは、信仰者たちによって発行された確認しうる最初の貨幣、あるいは彼らによって書かれたか、彼らについて書かれた同時代の碑文やパピルス文書というかたちで現れる。拡大の初期の間の文書史料が非常に少ないことは確かであるが、単純にそのことによって、それらの証言がわれわれにとってよりいっそう貴重なものとなっている。というのも、われわれが信仰者運動の歴史像を再構築するという方法によって言おうとすることはすべて、これらの文書史料が供給する証拠に適合していなければならないからである。この時代を扱う歴史研究者にとっての文書史料は、曇り空のもとで航行しようとする水先案内人にとっての、雲間からわずかに見えた星々のようなものであり、それらなしでは当てずっぽうで仕事をしなければならないのである。

最初の真の文書史料と同じくらい重要なのは、信仰者たちについて記述してはいるが、信仰者運動の成員ではない人々によって書かれたいくつかの非常に古い文献史料である。なかでも重要なのは、シリア語、ギリシア語、アルメニア語、コプト語などで書かれた中東のさまざまなキリスト教徒共同体の史料と、ユダヤ教徒による若干の史料である。後世のムスリムの文献史料と同様に、これらの非ムスリム文献史料も非常に慎重に吟味し、評価しなければならない。それらがいつ初めて書かれ、どの程度正確に伝えられ、そして特に、どのような偏りや先入観（同時代のもの、あるいは後世のもの）が信仰者たちや彼らの行動についての記述を形づくってきたのかということについて、正確に理解しているとの確信を得るためである。にもかかわらず、それらは歓迎すべきもう一つの視点を与えてくれる。それは、文献史料と文書史料とを合わせて見ることで、より歴史学的な根拠に基づいてこの時代を理解できるようになる視点である。以下、特に拡大の性格を議論するときに、これらの史料が引用されることとなる。

ムハンマド晩年における共同体

ムハンマド死後に信仰者共同体が急速に拡大した原因は、彼の晩年の出来事にある。前章で見たように、ムハンマドと彼の信奉者たちは、クライシュ族とのフダイビヤの和約の締結（六／六二八年）に続いて、重要な政治的成功を経験するようになってゆく。この和約の条件は初め、ムハンマドの熱烈な信奉者の幾人かを悩ませたと伝えられている。おそらく彼らは、いまだ敵意冷めやらぬメッカのムシュリクーン〔多神教徒〕と何らかの「取引」を行うという考え自体に反対していたのだろう。とりわけ彼らが腹を立てたのは、クライシュ族がその文書の中でムハンマドを「神の使徒」と呼ぶことを拒否し、またその年メッカの聖域に入ることを信仰者に許さなかったということであった。しかし、彼らの懸念にもかかわらず、ムハンマドと彼の信奉者たちは、その少し後には、北方の中心的オアシスであるハイバルを征服し、北方に向けての数々の襲撃を始め、これまで連合していなかった多くの遊牧集団をメディナとの同盟に引き入れることができた。これらの活動のすべてが、ムハンマドの軍事的政治的状況を確固たるものとした。なかでもハイバルは、長らくメッカの同盟者としてムハンマドに対抗していたのだが、ムハンマドがこの町を征服したことによって、メディナが敵対勢力によって背後から攻撃されるかもしれないと恐れることなく、メッカへの最終攻撃を行うことができるようになったのである。メディナの信仰者共同体の地位がますます安全になったことが、エチオピアへの移住者がこの時期にヒジャーズへと帰還する理由となったであろうことについては既に述べた。ムハンマドの地位が改善されたことの影響は、フダイビヤの和約とメッカの征服の間の二年間に、クライシュ族の主要な者たちの多くが彼の運動へと加わったという事実にも見てとることができる。そうした者として、ハーリド・ブン・アルワリードとアムル・ブン・アルアースの二人がいる。ハーリドは、クライシュ族の中でも有力な家であったマフズーム家の人間であり、彼自身卓越した軍事司令官であった。彼の能力は、一度はウフドにおける対ムハンマド戦で発揮されたが、彼はこの後ムハンマドのために幾多の戦役で指揮をとることになり、ムハンマドの死後には信仰者共同体の拡大に大きな役割を果たすことになる。アムル・ブン・アルアースは、ムハンマドへの忠誠を宣言した後、ムハンマドの代理として、あるいは総督として、遠くアラビア半島東部のオマーンに派遣され、彼もまたムハンマド死後に政治と軍事において重要な人物として登場することになる。

八／六三〇年におけるメッカの征服、およびその少し後に行われたターイフの町の征服によって、ムハンマドの勢力が増していることが明らかになったため、アラビア半島の多くの集団が、服従を申し出るために彼のもとに使節を派遣した。この動きは特に、「遣使の年」と呼ばれる年（九／六三〇年四月〜六三一年四月）の間に起こった。ムハンマドの地位がメッカ征服以後に確固たるものになると、メディナにおける初期の不安定な数年間とは違って、政治的に有利であるという理由で異教徒の集団と同盟を結ぶ必要はなくなった。クルアーン九章一〜六節は、「［神に何ものかを］併置する者たち」（ムシュリクーン）とのこれ以前の時期における協定の存在と、また将来にわたってそのような同盟を禁じるという方針の変更の双方について言及している。クルアーンの章句では以下のように述べられている。「神聖月が過ぎたならば、ムシュリクーンを見つけたしだい、殺せ」（八五頁の囲み記事「クルアーン九章（悔い改めの章）一〜六節」を参照）。これ以降、ムシュリクーンは共同体への参加を禁じられた。共同体はいまや、その信仰と正しさによって周囲の罪深い世界とは別個の集団としてそれ自身を確立することに、より完全に集中するようになったのである。共同体はいまや、神の唯一性を認めることを求められ、また強制されるべきムシュリクーンとの永続的な戦争状態にある、ということになったのである。多くの部族の使節が、ムハンマドの晩年に彼のもとにやってきたと言われるが、彼らは単に信仰者たちの新しい共同体の同盟者となっただけではなく、同盟者となるために、共同体の完全なる成員となり、礼拝と税（あるいは以前の罪をあがなうための浄財）の支払いが義務として課されるようになった。同盟者たちはいまや思想的経済的条件について、命令に従うことを要求され、共同体のすべての構成員による税の支払いが、それ以後共同体への参加を示す重要なしるしとなっていくのである。

初期には、メディナの信仰者共同体はまだ小さかった。人々は伝統的な部族的系譜集団に属したままであったが、いまや新たなやり方でお互いに協力するよう契約を結んでいた。このことは、他の組織がないため、ムハンマドが自ら個人として静めなければならないような、多くの緊張と対立を作り出したにちがいない。そのようなとき、ムハンマドは、彼の命令のとおりに動くような、近しい個人的な支援者の助けに頼ることとなった。なかでもアブー・バクルとウマル・ブン・アルハッターブは、ムハンマドにとって主要な助言者であったようであり、ムハンマドは彼らの娘アーイシャとハフサと結婚することによって結び付きを強めた。しかしながら、ムハンマドの生涯の最後の数年間までに、信仰者共同体の規模は大きくなり、複雑なものとなっていった。それはいまや、メディナとメッカ、ターイフやハイバル、ワーディー・アルクラーの村々など、以前は独立していた多数の集落や町を含んでいた。そしてまた、メディナやメッカの近郊に生活するスライム族、ハワーズィン族、ムザイナ族、フザーア族といった数々の遊牧集団も取り込んでいた。これらの集落や集団には、ハイバルやワーディー・アルクラーに居住するユダヤ教徒のように、ムハンマドに服従し、貢納の義務を課されていた以前からの一神教徒もいたし、メディナから遠く離れた場所に住む人々もいた。

共同体が規模においても複雑さにおいても成長すると、ムハンマドはますます、信頼できる部下に統治の重要な仕事、例えば、抵抗を続ける部族に対する襲撃部隊を率いたり、異教の偶像を祀る神殿を破壊したり、さまざまな集落や集団を効果的に統治するといったことを委任する必要があると考えるようになった。こうした務めを果たす部下の多くは、信頼できる初期からの改宗者、すなわち、何度もその忠誠心を示してきた移住者（ムハージルーン）か援助者（アンサール）であった。しかしながら、ムハンマドは、かつてムシュリクーンだった者たち、たとえそれがきわめて遅くになってから彼の運動に加わった者であったとしても、特に彼らが成長しつつある共同体を運営していくために必要な能力を持っていた場合には、彼らが働くことを拒まなかった。先程簡単に触れた、メッカ側の人間であったハーリド・ブン・アルワリードとアムル・ブン・アルアースの経歴は、このことに関する格好の例である。さらに印象深いのは、メッカの征服という土壇場になって初めて彼に服従した多くのクライシュ族の人々に、行政機構において重要な地位を占めることをムハンマドが許したということである。実際ムハンマドは、おそらく彼らを共同体に固く結び付けるために、彼らの幾人かに特別なボーナスを支払うことまでした。かつての敵対者の幾人かは、クルアーンにおいて「心を一つにした者たち（クルアーン九章六〇節）」として言及されているが、そのような人々に対する特別扱いは、ムハンマドに早くから従っていた者たちの幾人かを悩ませた。彼らは、自分たちは運動において一般信徒として働きつづけた一方で、クライシュ族のウマイヤ家の長であり、長きにわたってムハンマドに対抗したメッカの指導者であったアブー・スフヤーンや、彼の息子であるヤズィードとムアーウィヤのような人物が、恩恵と高い地位に浴する様子を見るのを嫌った。しかしこの「心の一致」政策は、その重要な縁故や管理能力によって危険な敵対者になっていたかもしれない人々に対して、信仰者運動に利害関係を持たせ、彼らの共同体への忠誠心を確実なものとしたのである。このような譲歩を行うことによって、ムハンマドは、彼が唱えた根本的な理想には依然としてこだわりながらも、彼の運動をこの世界の中で現実的なものとすることを可能にするような、実践的な見通しを示したように思われる。長い目で見ると、このようなムハンマドの政策は信仰者運動の成功に大きく寄与したのである。

ムハンマドの死までに、信仰者共同体は、その支配と影響力をアラビア半島西部にあった当初の拠点から急速に拡大していた。いくつかの点で、この時点での支配の正確な範囲は明らかではないが、それがほんの数年前と比べても、非常に大きかったということは間違いない。信仰者たちの前線基地は、イエメン（アラビア半島南部）、オマーン（アラビア半島東部）、そしてアラビア半島北部の多くの場所でいたるところに存在したと伝えられている。ムハンマドは、特に北方への拡大に関心を抱いていたようである。前述のように、彼はすでにメッカ征服の前の数年間において、メディナの北方六〇〇キロメートルほどのところにある遠く離れたオアシス都市ドゥーマ・アルジャンダル（現在のジャウフ州）に一度（あるいは数回）遠征隊を送っていた。メッカ征服の後、この北方への注目はよりいっそう強まったように思われ、シリアにおけるビザンツ帝国の領域の南端（現在のヨルダン南部）にまで、少なくとも二度の遠征が行われた。この北方への明らかな関心の背後には何があったのだろうか。歴史的シリアは、交易活動によってクライシュ族にもよく知られていた大きな都市群と、肥沃な耕作地を擁しており、商業的な理由、またその他の経済的な理由から、ムハンマドの周囲にいた一部の者たちの興味を惹いたのかもしれない。明らかに、クライシュ族の中には、ムハンマドの預言者活動が始まる前からシリアにおいて不動産を所有していた者がいた。知られているわずかな実例として、クライシュ族の長アブー・スフヤーンがダマスクス近郊に不動産を所有していたことや、アムル・ブン・アルアースがパレスティナ南部に不動産を所有していたことが挙げられる。さらに、もし信仰者たちが、本当に地上を相続する運命にあると考えていたなら、肥沃なシリア以上に着手するのに適した場所はなかっただろう。

北方へ惹かれたことに対するもう一つのありうる理由は、信仰者運動の終末論的傾向に本来的に備わっていたのかもしれない。最後の審判がほどなく来ると信仰者たちが確信していたならば、「最も黙示録的な都市」と呼ばれてきたエルサレムの支配権を確保しようとする切迫した必要性を感じた者もいたかもしれない。古代末期にユダヤ教徒やキリスト教徒の間で流布していた多くの黙示録の筋書きでは、審判はエルサレムで起こるものとして語られていた。この考えはクルアーンには述べられていないが、すぐにイスラームの終末観の一部となった。自分たちは正しき「救われるべき人々の共同体」を建設する過程にあるのだから、できるだけ早くエルサレムに彼らの存在を確立しなければならないと、信仰者たちは感じていたのかもしれない。

ムハンマドの後継問題とリッダ戦争

一一／六三二年におけるムハンマドの死は、残された信仰者たちに深刻な問題を突きつけた。ムハンマドの信奉者の幾人か、伝承によればそこにはウマルが含まれていたというが、彼らはムハンマドが本当に死んだということを信じたがらなかったという。（これは、最後の審判はムハンマドの生きている間に起こるという彼らの信念に根ざしていたのかもしれない。）ムハンマドの信仰者たちに対する指導者としてのあり方は、極度に個人的なものであった。彼は主立った支援者たちの助言に頼ってさまざまな仕事を実行するようになってはいたが、彼の死亡した後に誰が責任者となるのかをはっきりさせるような明確な「命令系統」は存在しなかった。さらに、ムスリムの伝承はこの問題に関して矛盾を抱えているものの、ムハンマドは明確な後継指名は行わず、後継者の選び方についても提示しなかったようであり、この問題についてはクルアーンにも明確な指針が示されていない。ムハンマドが生きている間には、ときに困難を伴わざるをえなかったにしても、彼が信仰者たちの内部の数々の対立や敵対心を制御していた。彼の死に際して、これらの対抗関係はすぐに表面に現れた。メディナの部族であるアウス族とハズラジュ族の間の古くからの敵愾心《てきがいしん》や、いつもそれほど友好的なわけではなかった移住者と援助者の間の対立、またムハンマドの早くからの支援者の一部が感じていたような、土壇場で改宗したクライシュ族が高い恩恵を受けていることに対する敵愾心、これらのすべてが、信仰者運動の中核であるメディナの共同体を分裂させようとしていた。それと同時に、ムハンマド死去の報は、ムハンマドと彼の派遣した徴税人のもとにある自らの状況に完全には満足していなかった部族集団に、メディナの支配から離脱しようと考えさせたのである。

これらの緊張の結果、ムハンマドの死はメディナにおいてさえ、共同体の統一性に対する疑問を呼び起こした。メディナの信仰者たちの中には、クライシュ族（おそらく移住者たちも含む）が彼ら自身の指導者を持つ一方で、自分たちも自身のための長を持つべきであるという考えがあったようだ。要するにそれは、基本的には部族の系譜に則って、信仰者共同体を政治的に分割しようという提案であった。この目前に迫った指導権に関する危機は、素早く解決されたようである。伝承史料には、ハズラジュ族の一氏族であるサーイダ族の集会場において開かれた援助者たちの騒然とした集会についての記述があり、それによれば、結果として彼らは信仰者共同体は統一されたままであるべきであり、ムハンマドの最も近しい助言者であったアブー・バクルが、いかなる預言者的権威も持つことなく、ムハンマドの政治的後継者となるべきであると決定した。しかしながら、このきわめて重要な逸話の期間に、実際に何が起こったのかを確定することは難しい。なぜなら、伝承史料はこのことについて、うまく調和させることのできない多くの矛盾する記事を伝えているからである。例えばある記事では、預言者の従兄弟であり女婿であるアリーは、六ヶ月もの間、アブー・バクルの選出を認めず、彼に忠誠を誓うことを拒否したと伝えられている。一方で、別の記事ではこれは否定されている。ともあれ、その場面の背後で何が起こっていたにせよ、アブー・バクルが共同体の新しい指導者として登場したのである。

ムハンマドの政治的後継者たちは、（アブー・バクルが除外される可能性はあるが）初めにアミール・アルムウミニーン（信仰者の長）という称号を名乗った。この称号は少なくとも二つの理由から興味深いものである。第一に、それはムハンマドの宗教運動に参加する者たちが、クルアーンで明示されているように、何よりも「信仰者」として彼ら自身をみなしつづけていることをはっきりと示している。第二に、この称号は、運動の指導者の地位が軍事的な性格を持っていたことを示唆している。「司令官」「命令を与える者」を意味するアミールという語は、アラビア語では、主に軍事的な文脈で用いられるものであり、その他の社会的あるいは集団的な指導権を表すものではない。これはおそらく、ますます攻撃的となる、あるいは拡大主義的とさえ言っていいかもしれないような、この運動の特質を反映したものだろう。アミール・アルムウミニーンという称号は、アブー・バクルの後継者たちによって用いられ、それは、碑文、貨幣、パピルス文書などの、いくつかの非常に早い時代の文書史料によって確証される。その中には、彼の後継者たちの一人、ムアーウィヤの時代（在位四一〜六〇／六六一〜六八〇年）のものがある。後世のイスラームの伝承（そして近代以降のほとんどの学者たち）は一般にアブー・バクルと彼の後継者たちを、「後継者」を意味するカリフ（アラビア語の単数形はハリーファ）として言及する。しかし、一世紀末／七世紀末より前には、文書史料においてこの術語が用いられる例は存在しない。そのため、この後も信仰者共同体の指導者たちのことを、彼ら自身の用語である信仰者の長〔著者はアミール・アルムウミニーンという原語で表記しつづけているが、翻訳では「信仰者の長」とする〕として言及することとする。

アブー・バクルは共同体の指導者として選ばれると、ムハンマドが死の直前に組織していながらまだ出発していなかった遠征隊を、北方へと派遣した。その際、ムハンマドの死によって引き起こされた混乱を利用しようと思っている近隣の遊牧部族からメディナの町を守るために軍隊はメディナに留まるべきである、と何人かの助言者たちは要求したが、アブー・バクルはそれを却下した。メディナにとって幸運なことに、アスラム族のような

ターイフのダム碑文

このダムは神の僕《しもべ》にして信仰者の長であるムアーウィヤの所有物である。アブドゥッラー・ブン・サフルが〔ヒジュラ暦〕五八年に神の許しをもってこれを建設した。神よ、神の僕にして信仰者の長であるムアーウィヤを許し、彼を強め、彼を助けたまえ。また、彼を通じて信仰者たちに利益を与えたまえ。アムル・ブン・ハッバーブが〔これを〕書いた。（Hoyland, *Seeing Islam*, 692.）

いくつかの近隣の部族がメディナに対して忠誠を守り、そのようなもくろみを妨げたのである。この軍は北方へと出発したが、遠征は短い期間で終わったようである。明らかにそれはメディナの北方に住むクダーア族に対して向けられたものであり、またおそらくはバルカー地方（現在のヨルダンのアンマン周辺の地域）まで進んだであろう。その部隊は約二ヶ月の後に無傷で帰還した。

その帰還は早すぎるということはなかった。というのも、このときまでにアブー・バクルとメディナの信仰者たちは援軍を必要とするようになっていたからである。多くの部族集団が、彼らを支援することを再確認する使節をアブー・バクルのもとに送ってきていた。しかしなかには、信仰者としての宗教的な規定を遵守する意思があると言ってはいたものの、新しい指導者に対してサダカという税金を支払うことを拒否し、合意なしに共同体を離れた部族集団もいた。さらにさまざまな遊牧集団が、なかにはメディナ近郊の者たちさえいたが、メディナに敵対し、またおそらくはメディナの町それ自体を攻撃するために、準備を整えていた。このようなメディナの新しい体制への反抗は、史料ではリッダ（「元に戻ること」あるいは宗教的な色合いを含む訳し方をすれば「棄教」）と呼ばれている。

北方に送られた軍勢が戻ってきた後、アブー・バクルはメディナの東方約二〇〇キロメートルにある村、ラバザ近郊で、ガタファーン族とキナーナ族との間で成立しかけていた部族連合を破壊するための襲撃を指揮した。その後、彼は別にいくつかの軍勢を、ほとんどがクライシュ族から選び出された信頼できる軍司令官のもとに組織した。例えば、自らを預言者だと宣言したアスワド・アルアンスィーという人物による蜂起に対して、イエメンの総督が対処するのを援助するために、ムハージル・ブン・アビー・ウマイヤとハーリド・ブン・アスィードがイエメンに派遣された。さらに三人の司令官が、遠方のオマーンや、アラビア半島南東部のマフラ地方を服従させる（あるいは信仰者たちの支配を確立する）ために派遣された。またもう一人の司令官が、シャイバーン族のようにアブー・バクルが既に何らかのかたちで同盟を結んでいた可能性がある者たちを引き連れて、同様の使命を帯びてアラビア半島北東部のバクル族に対して派遣された。

しかしながら、リッダにおける最も名高い戦役は、ハーリド・ブン・アルワリードによって率いられた移住者と援助者の軍隊によるものであった。一連の決戦において、彼はアラビア半島北部のナジュド地方にいた有力な諸集団を打ち負かした。その中には、自分もまたムハンマドと同じく預言者であると主張する人々によって率いられていた者もいた（もちろん彼らは後世のムスリム伝承においては「偽預言者」とみなされている）。アサド族の「偽預言者」タルハ・ブン・フワイリドは、ムハンマドの時代に既に活動しており、彼にはガタファーン族の残党が加わっていたが、ブザーハの戦いで敗れた。タミーム族と彼らの「偽預言者」サジャーフは、メディナへの対抗者の中でも最も有力であった「偽預言者」ムサイリマ（マスラマ）と、彼の部族でありアラビア半島東部の重要なオアシスであるヤマーマ（ハジュル、現在のリヤド）を支配するハニーファ族のもとに加わった。ムサイリマとの最終決戦に向けて前進するにつれて、ナジュドにおけるハーリドの遠征の成功は、煮え切らない態度をとっていた多くの地元の集団を彼の軍勢に加わらせるだけの説得力を持つようになった。アクラバーの戦い（アクラバーは両軍に多数の死者が出たために「死の庭」として知られている）での激突でハニーファ族は敗れ、ムサイリマは殺された。

アラビア半島全体にまで拡大し、一年（一一／六三二年三月〜六三三年三月）以上続いたこれらの戦役の結果として、アラビア半島全土が、メディナと信仰者運動の政治的支配のもとに入ることとなった。アラビア半島において信仰者たちがすべての抵抗に打ち勝つという驚異的な成功を収めたことは、多くの同時代人によって、神が本当に彼らの側についていることのしるしとして解釈されたと考えていいだろう。このことによって、彼らの支配を受け入れる気になった人々もいたかもしれない。信仰者たちの覇権は、彼らに見えるところで生きているいかなる人間も、そのとき既にいずれかの一神教徒でなかったならば、神の唯一性を公に宣言し、クルアーンの法によって暮らすことに同意することによってその一員とならなければならない、ということを意味したのである。

（史料はそれについて何も語ってくれないが、おそらくアラビア半島にいた多くのユダヤ教徒とキリスト教徒は、一神教徒として彼ら自身の宗教法を守りつづけることが許されたのだろう。）しかし、これらの新しい信仰者たちはまた、神の唯一性を認めることに加えて、正しく生きること、税（サダカ）をメディナへと支払うことも要求された。アブー・バクルはとりわけ後者の規定を強く要求したようであり、彼が史料の中で「スィッディーク」として知られるのは、このためかもしれない。伝承史料はたいてい、この別称を「真実を語る者」を意味するものと解釈するが、「サダカを集める者」（すなわち「徴税人」）という意味で用いられているということも同じくらいにありそうに思われる。*

リッダ戦争が完了したときには、共同体は三つの層から構成されていた。その頂点には、指導的立場にあるアブー・バクルや彼に最も近い助言者たち（多くはクライシュ族）とともに、信仰者からなるムハンマドの共同体の古くからの中核である、移住者、援助者、クライシュ族、サキーフ族が存在していた。後の三者は、それぞれヒジャーズ地方の主要な都市であるメッカ、メディナ、ターイフを代表する集団である。第二の層は、個人単位で、または部族単位で、リッダ戦争の間に新体制に服従を申し出てそれを支えた、アラビア半島の多くの人々からなっていた（例えば、それまでは加盟していなかったが、リッダ戦争の間にハーリドの軍勢に加入した部族民）。そこには、アスラム族、ギファール族、ムザイナ族、アシュジャア族、ジュハイナ族、一部のスライム族など、メディナ近郊で暮らしていた遊牧集団が含まれ、また、遊牧する人々を含むその他の部族の一部、すなわちタミーム族、タイイ族、バジーラ族、サクーン族（キンダの一支族）、バリー族、シャイバーン族やその他のバクル諸族、さらに多くの別の部族も含んでいた。ヒエラルキーの底部は、リッダの間にメディナの勢力拡張に抵抗した部族や共同体によって占められていた。それはハニーファ族や、タミーム族、タイイ族、アサド族、キンダ族などの一部といった集団である。これらの集団は、リッダ戦争後数年間のアラビア半島において従属的集団を形成し、彼らの中から多くの人々が捕虜とされ、奴隷として初期の信仰者たちに仕えることとなった。このような捕虜として最も有名な者の中に、最終的にアリー・ブン・アビー・ターリブの妾となったハニーファ族の女性、ハウラ・ビント・ジャアファルがいる。彼女はアリーとの間にムハンマド・ブン・アルハナフィーヤ（「ハニーファ族の女性の息子」）を産み、彼は後に政治的に重要な人物となった。彼女は、息子の名声によって、例外的に特定することができる個人として史料の中に現れているが、このようなアラブ人の奴隷のほとんどは、無名の闇の中に失われたままである。しかし、史料の中のところどころにある記事には、このような「神の敵」の奴隷化が、リッダ戦争において打ち負かされた敵にとって珍しいものではなかったことが示唆されている。後に信仰者の長となるムアーウィヤが所有していたヤマーマの広大な不動産において、数千もの奴隷（おそらく彼らもまたハニーファ族であったと思われる）が働いていたことが記されているのはその一例であろう。

リッダ戦争の完了は、アラビア半島全体へのメディナの支配の拡大を印すものであった。しかしそれはまたはるかに重要なことも表していた。アラビア半島のすべての部族集団が信仰者共同体へ統合されたことである。彼らのほとんどは（おそらくハニーファ族を除いて）、信仰者共同体のさらなる拡大に貢献するよう呼びかけられたのだろう。タミーム族、アサド族、シャイバーン族といった強力な遊牧集団やバジーラ族、アズド族、マズヒジュ族といったイエメンの定住部族は、アブー・バクルと彼の支配者集団が、将来の遠征を組織する際に頼ることのできた新しい兵士の主要な供給源となったのである。これ以後の数十年間に、神の言葉やそれに従って正しく生きる必要があるという差し迫った教えを、今までになく広い地平へと運んでいったのはこれらの諸部族である。

リッダ戦争はまた、巣立ったばかりのメディナ政権にとって、もう一つの理由で重要であった。リッダ戦争は新たな段階の軍事組織への移行を示すものであり、またある面においては、それを促進したのである。ムハンマ

＊アブー・バクルのあだ名であるスィッディーク al-ṣiddīq を構成する語根 Ṣ-D-Q は、「真実を話す、正直である」を基本的な意味とする。ここから、スィッディークを「真実を語る者」と解釈することが可能であるが、一方で宗教税であるサダカ ṣadaqa も同じ語根から派生している単語であり、こちらの意味からスィッディークを解釈すると「サダカを集める者」とることも可能ということになる。

ドの生前あるいはそれ以前には、アラビア半島における軍事遠征は、その規模がどのようなものであれ、せいぜい襲撃と呼べる程度のものであった。それは限られた期間の作戦であり、ある部族から家畜の群れを奪ってくることや、特定の集落を征服して貢納を支払わせるようにするといった、常に限定された目的をもって始められた。このような襲撃は、ときにはさまざまな部族集団の人々からなる大規模な部族連合や同盟となることもあったが、それは長くとも彼らの特定の目的が達成されるまで（あるいはその襲撃が挫折するまで）続くだけで、その遠征が長引いたときには分裂してしまいがちであった。ウフドの戦いや塹壕の戦いにおいて、クライシュ族によって組織された、ムハンマドに対する大規模な部族連合が崩壊したことは、そのよい例であろう。これらのイスラーム以前の襲撃部隊の脆さは、疑いなく、それらが思想的内容と組織的構造の双方を欠いていたという事実に根ざすものである。

これに対して、信仰者たちによって開始されたリッダ戦争は、強い思想的要素を有していた。それに参加した信仰者たちは、「ジハード」、すなわち神のための「努力」に従事していたのであった。確かに彼らは出発するときには特定の目的を持っていたのではあるが、このような遠征は、イスラーム以前のアラブの襲撃とは違って、終わりが定められていないという性質を持っていたのである。いまや、一つの勝利の後には、軍を本拠地へと即座に帰還させるのではなく、神の支配を広げるため、遠征の次なる目的へと向かうことを考えるようになったのである。ときには、アブー・バクルによって送り出された軍隊が、一年かそれ以上長く戦場に留まることもあった。そのようなことは、それまでのアラビア半島には知られていないことであった。そしてそれゆえ、このような軍隊をアラビア半島の伝統的な慣習に直接結びつくような単なる襲撃部隊として見ることはできないのである。さらに、一年間の途切れることのない遠征活動に従事した軍勢は、もはや、いつ分裂してしまうかもしれない単なる別個の部族集団が一時的に集合したものではなかった。そうではなくて、彼らはより強固にまとまった軍事的単位で構成される軍団と考えなければならないだろう。長く戦場を共にした経験は（共同体の宗教的イデオロギーや宗教的使命に共に携わる行為と同様に）、彼らの純粋に部族的な帰属を超えようとするような友情の絆を鍛え上げた。伝承に基づく史料は、残念ながら、この組織の変容の詳細について、時折垣間見せてくれるのみであるが、その一つの側面はおそらく知ることができる。リッダ戦争の長い期間と空間的広がりは、軍隊への信頼できる補給を必要としたであろう。伝承に基づく史料は、初期の信仰者の長たちがメディナの東約二〇〇キロメートルにあり、家畜の群れを維持しておくことのできるラバザにおいて、保護された牧草地（ヒマー）をどのようにして設営したかを伝えている。もちろん、このような記事からこれが信仰者たちの軍隊に乗用獣や肉を供給するために行われたと確信することはできない。しかしながら、考古学者は、ラバザにおいて、家畜、とりわけラクダの大規模な屠殺の証拠を、考古学的に信仰者共同体の最初期に時代を比定できるラクダの骨の大量の堆積物というかたちで発見している。それはまだ完全なかたちで出版されてはいないが、もしこの証拠が有効であるとするならば、それはアブー・バクルや彼の初期の後継者たる信仰者の長たちが、戦場にいる部隊に基本的な補給物資を供給するための中央集権的なシステムを実際に組織していたかもしれないということを示しているのである。

そして、リッダ戦争において、信仰者たちの軍隊が単なる襲撃部隊から本物の軍隊へと発展したことは明らかである。リッダ戦争の指導者たちのほとんどが、クライシュ族の男たちであるということは、おそらく偶然ではないだろう。隊商交易における長い経験は、この変容を有効なものとするために必要とされる管理能力を彼らに与えていた。アラビア半島でのリッダ戦争の間に常備軍が現実のものとなったことで、アラビア半島の外側への拡大を可能とする軍隊が信仰者たちに与えられたのである。

リッダ戦争の終結によって、信仰者たちはアラビア半島北端にあるビザンツ帝国やサーサーン朝との境界へと向かった。信仰者たちは、これらの標識もない国境を越えて、当地の人々に対する襲撃と彼らの取り込みを始めた。それらの多くは既にアラビア語を話しており、大きな帝国本体の境界に住む人々であった。最終的にはどちらの帝国も、豊かな税源を蚕食されるのを妨げようとして、軍隊を送ることとなった。この信仰者たちと二帝国との直接の政治的な対決は、通常、「イスラームの征服」と呼ばれ、信仰者たちがアラビア半島の外側の地域へと拡大していくことになるはるかに大きな過程の始まりであると伝統的にはみなされている。この征服の最初の遠征は、アブー・バクルの統治期間（一一～一三／六三二～六三四年）の最後の数ヶ月に組織され、彼の後継者であるウマル・ブン・アルハッターブ（在位一三～二六／六三四～六四四年）とウスマーン・ブン・アッファーン（在位二三～三五／六四四～六五六年）によって続けられた。後世のムスリムの著者たちによって記述されている征服活動についての伝統的な見方は、メディナの信仰者の長によって組織されたアラブ部族民の軍隊と、領土の蚕食を食い止めようとするビザンツ帝国やサーサーン朝という帝国の軍隊との間に、一連の大きな軍事的決戦があったというものである。第一次内乱、第二次内乱として知られる信仰者共同体内部での不和の時期に妨げられはしたものの、征服活動はそれぞれの内乱の後に再開され、合わせて一〇〇年以上にわたって続けられた。ついには、信仰者たちはアラビア半島に直接隣接する地域（すなわちシリア、イラク、エジプト）だけではなく、はるかに遠方の地域も征服した。それは、西方においては北アフリカとイベリア半島の大半、東方においてはイラン、コーカサス、中央アジアとアフガニスタンの境界までであって、さらにインダス川流域（現代のパキスタン）や南アジアのその他の場所にさえも足場を確保していたのである。しかしながら、拡大運動の経過についてのより詳細な史料の記述を検討する前に、この拡大の本質が、正確にはどのようなものであったかについて、少しの間考えることが必要である。

初期の信仰者共同体の拡大の性格

ここまで述べてきたように、アラビア半島を超える、より広い中東地域への信仰者共同体の拡大は、伝統的に軍事的征服だとみなされてきた。しかしながら、この見解は、いくつかの点で、問題を含んでいる。確かに、ムスリムの伝承に基づく史料は、それを信仰者たちの軍隊による二大帝国への正面からの猛攻撃として描いている。そこには数千の軍隊による大きな戦い、多くの都市の包囲などが含まれている。確かに、この伝統的なイメージの中には、重要な真実の一部が存在している。というのも、そのいくつかの側面は、ほぼ同時代にさまざまな中東のキリスト教徒によって書かれた文献の記述によって確認されているからである。例えば、六四〇年頃に著述を行った司祭トマスは、ガザの一九キロメートルほど東において、「ローマ人たち」（すなわちビザンツ帝国軍）と「ムハンマドの遊牧民（シリア語のタイヤーイェー）」の間で戦いが行われたことを記している。彼によると、その後に四〇〇〇人のパレスティナの村の住民、すなわちキリスト教徒、ユダヤ教徒、サマリア教徒が殺され、地域全体が荒らされたという。

その他の同時代の史料も、同様に詳しい記述を残している。エルサレムの主教ソフロニオスは、六三七年あるいは六三八年の説教の中で、「サラセン」（アラビアの遊牧民を言い表すギリシア語の単語に由来する）の軍隊による

司祭トマスのテキスト

〔一五年周期の〕第七年にあたる〔アレクサンドロス暦〕九四五年（西暦六三四年）、二月四日金曜日の九時、パレスティナの地、ガザから一二ミール東で、ローマ人たちとムハンマドの遊牧民（ṭayyāyē d-MHMṬ）の間で戦闘が行われた。ローマ人たちは、総主教 **BRYRDN** を置いて逃げ、タイヤーイェーは彼を殺した。パレスティナの地の四〇〇〇ほどの哀れな村人がそこで殺された。それらは、キリスト教徒、ユダヤ教徒、サマリア教徒であった。タイヤーイェーはその地域全体を荒らし回った。（Hoyland, *Seeing Islam*, 120.）

襲撃や流血、教会の破壊、あるいは焼失、村々の炎上、都市の略奪、農地の荒廃、彼らに対抗するためにビザンツ帝国によって派遣された軍隊、について描写している。六四〇年代のコプト語の説教は、「圧政者であり、売春や虐殺に没頭するサラセン人たちは、『我々は断食をし、祈っている』と言いながら、人々の子供たちを捕虜とするのである」と述べている。かなり後になって、シナイのアナスタシオス（七〇〇年頃没）は、ビザンツ帝国軍の敗北について、「ガビタ〔アラビア語でジャービヤ、シリア南西部〕、ヤルムーク〔一二六頁参照〕、ダテモン〔アラビア語でダースィン、パレスティナ地方の村〕の（三つの戦いの）流血」「その後に、パレスティナの諸都市、カエサレアやエルサレムにおいてさえ、占領や焼き討ちが起こった。そしてエジプトの破壊があった。地中海の陸と島々において、人々の奴隷化と致命的な土地の荒廃が続いた……」と述べている。彼はまたフェニクスの戦い（三一／六五一～六五二年あるいは三四／六五四～六五五年）でのビザンツ帝国の陸軍と海軍の敗北にも言及している。

このように、ほぼ同時代の文献の証拠が、信仰者たちの初期の拡大について「暴力的な征服モデル」と呼びうるものを立証しているかのように見える。問題は、われわれが参照すべきものとして増えていく一方の考古学的証拠では、ほとんどの場所において、破壊、焼き討ち、その他の暴力の痕跡がわずかしか発見されていないことであり、あるいはまったく見出されないこともある。とりわけ歴史的シリアにおいてそういう傾向があるのだが、シリアは文献史料において最も完全に記述され、かつ、考古学者によって最も完全に探査された場所である。むしろ、考古学的記録は、その地域が、都市の生活であれ農村の生活であれ、暴力的かつ突然の破壊をまったく伴っていない、社会的文化的変化の段階的な経過を辿ったことを示している。どの町においても、教会が破壊されずに、「征服」の後一世紀以上にわたって使いつづけられたという証拠が発見されており、また、新しい教会（モザイクで床に年代が記されている）が建設されていた証拠もある。

さらに、肥沃な三日月地帯への信仰者たちの拡大の「暴力的な征服」モデルは、社会学的な観点からも納得し

写真 12　ヨルダンのリハーブにある聖メナス教会のモザイクの床。この床に記されているギリシア語の碑文は、この教会が信仰者たちの到来の数年後に建設されたことを示している。このことは、当初、支配体制の変化が地方社会の生活リズムに大して影響を与えなかったことを示唆している。曰く「イエス・キリスト、我らが神にして救世主の慈悲によって、聖メナスの礼拝堂が建設され、モザイクが敷き詰められた。これは、マルテュリオスとコミティッサの［息子］プロコピオス、彼の妻、二人の息子たちが、［彼らの］両親の罪の赦免と安寧のために行った献納によって、最も神聖で最も神に称えられた府主教テオドロスの時代に完成した。これは〔15 年周期の〕第 8 年にあたる 529 年［ボストラ暦、西暦 635 年頃］の 3 月に記された。」（M. Piccirillo, *Mosaics of Jordan*, plate, p. 313）

にくいものである。それは、「征服者」が新しい宗教を力によって在地の人々に押し付けようという意図を持ってやってきたという誤った観念に基づくものである。しかしながら、シリア、イラク、エジプトやイランといった、自衛のための宗教的論争を行うことに高度に熟達した、既に深く揺るぎないものとなった宗教伝統（ユダヤ教、キリスト教、ゾロアスター教）を持つ地域においては、このような押し付けは確実に失敗したであろう。というのも、もし信仰者たちが、明確に定義され、他とは異なる新しい信条を既に受け入れており、在地の共同体にそれを受け入れることを要求していたならば、肥沃な三日月地帯の住人たちは、言葉と行動によって、彼らの到来に断固として抵抗していただろうと思われるからである。しかし、信仰者たちの教説に対するキリスト教徒その他による目立った反論は、一〇〇年近くの間現れなかった。「暴力的な征服」モデルは、説明しなければならない二つの問題を歴史研究者に与えるのである。第一に、自らの思想を言明することのできる宗教共同体群によって一定の抵抗を受ける中で、どのようにして征服が成功したのか、ということである。第二には、少数の征服者が、より多くの敵意ある人々に対して、どのようにして彼らの覇権を維持できたのか、ということである。また、「暴力的な征服モデル」では、特に彼らが頼ることのできる自前の社会的基盤をその地に持っていなかった最初の数年間、どのようにして信仰者たちが他とは異なる彼らのアイデンティティを保持し、征服された多数の人々への文化変容と同化吸収を避けることができたのかを理解することも難しい。

アラビア半島に隣り合う土地へ信仰者たちが拡大したことについての「暴力的な征服」モデルによって起こされる問題は、このように重大なものである。しかし、前章までに述べたような、最初期の信仰者共同体が持つ普遍的一神教的な、言い換えると既存の一神教の枠組みに依存しない性質を考慮に入れるならば、もう一つの見方でこの拡大を見ることにより、この時代の考古学的記録に破壊が見られないということとよりよく適合するモデルを提示できるのである。確かにこの拡大には、暴力を伴ったという逸話もあるが、アラビア半島の信仰者たちの肥沃な三日月地帯の多くの地域への到来は、いつも暴力的な対決のかたちをとったわけではなく、ことによると多くの場合はそうではなかった、というモデルを提示することができるだろう。なぜならこれらの共同体の圧倒的多数は、すでに一神教徒で構成されていたからである。このため彼らは、原則的に信仰者運動に含まれる資格があったのである。信仰者運動の指導者たちは主にアラビア半島西部出身であったが、シリア・パレスティナやエジプト、イラクの人々に対して、彼らの祖先の宗教を棄てて別のものを受け入れることを求めてはいなかった。もしそうであれば、確実に暴力的な対決に至っていたであろう。そうではなくて彼らは、政治的覇権を征服された人々に押し付け、それらの人々に税を支払うことを要求し、また少なくとも手始めに、唯一の神と最後の日を信じるように、そして正しく生き、罪を避けるため彼らが行動するように再確認することを求めていた。要するに指導者たちは、新しい政治的秩序を確立し、そしておそらく一神教的な（そして倫理的な？）改革の計画を進めていたのであって、宗教的な革命をもくろんだり、新たな信仰へと改宗することを要求したりしていたわけではなかったのである。肥沃な三日月地帯のいくつかの土地では信仰者たちの条件を受け入れることが拒否されたかもしれないが、多くの人々は受け入れた。シリア、メソポタミア、そしてとりわけエジプトの、多くのユダヤ教徒、サマリア教徒、単性論派のキリスト教徒の共同体は、信仰者たちの条件が、実際とても受け入れやすいものであると思ったかもしれない。というのも、彼らが「正統派の」ビザンツ帝国の支配下で長い間経験してきたような、彼らの核となる信仰を変えるという圧力がまったく伴わなかったからである。確かに、正統派のキリスト教徒でさえ、この条件には簡単に従っただろう。信仰者たちの体制によって要求された貢納あるいは税の支払いは、ビザンツ帝国やサーサーン朝がそれまで彼らに課していたものと実質的に変わらなかった。われわれが上で述べた略奪と捕虜に関するほぼ同時代の報告は、信仰者たちからの一神教と正しい生活への呼びかけを積極的に拒否した共同体や個人のことを述べているにすぎないのかもしれない。あるものは（「サラセン人」による略奪行為に関するソフロニオスの記述のように）、信仰者運動とはまったく関係のない、ビザンツ帝国統治下の六三〇年代のパレスティナにおける政治的不安定さを利用しただけの、遊牧民の略奪者について述べているのかもしれない。

主にイランや南イラクに見られるゾロアスター教徒の共同体が、成長を続ける信仰者運動に何らかのかたちで最初から参加したかどうかは、それほどはっきりしない。ゾロアスター教徒の二元論的神学と火の崇拝は、初めは信仰者運動に彼らが取り込まれることに対して重大な障害となったにちがいない。後世のムスリムの年代記は、征服の時代にゾロアスター教徒の拝火神殿を破壊したことを記しているが、それらの報告がどの程度信頼できるかはよくわからない。ゾロアスター教徒の共同体でも、他の場所でのユダヤ教徒やキリスト教徒の共同体と同様に、服従を申し出たかもしれないし、なんらかのかたちで信仰者の共同体に統合されたのかもしれない。ただし、イランのいくつかの大きな地域、特に北方では、一〇〇年以上にわたって、ほとんど信仰者たちに侵入されることはなかった。伝統的にイランの諸地域を支配していたイラン人の貴族は、明らかに、征服期の早い段階で信仰者たちと合意し、信仰者の長や彼の総督たちに貢納を行う、あるいは税を支払うことと引き換えに、実質的に完全な自治を獲得していた。確かにゾロアスター教徒はイスラームの勃興以降も何世紀にもわたって、イラン北部やイラン西部などで、多くの人口を擁して存在しつづけたし、実際には、ゾロアスター教の教典の多くは、イスラーム期に練り上げられ、書き記されたのである。残念ながら、ゾロアスター教徒の共同体の歴史については、歴史的シリアやエジプトなどのキリスト教徒やユダヤ教徒のものと比べて、わずかしか史料が残っていない。また、もともとゾロアスター教徒の共同体が存在していた場所での、征服期についての考古学的発掘という方法では、ほとんど何も知ることができていない。ゾロアスター教徒の共同体についてわれわれに教えてくれる非ムスリムの文献史料も、さらに限られたものであり、多くの場合後世のものである。

もちろん、肥沃な三日月地帯にやってきたアラビア半島の信仰者たちは、ムハンマドを自分たちの預言者とみなしていたと考えてよい。しかし、ムハンマドの預言者性への主張が、その地域のキリスト教徒やユダヤ教徒、サマリア教徒によって（さらに言えば、リッダ戦争の間に新たな政体へすでに参加していたアラビア半島の人々によって）、初めどのように受け取られ、理解されたかは明らかではない。ムハンマドに実際に言及している初期イスラーム時代のキリスト教徒の文献史料（その多くでは言及されていないのであるが）は、一般に彼を預言者とは呼ばず、「指導者」「教師にして案内人」あるいは「王」と言及し、また彼が商人であったということ、彼が人々に唯一の神を崇拝するよう呼びかけたことを伝えている。キリスト教徒の史料においては、ムハンマドの信奉者たちが彼を預言者であり使徒であると呼んだという記述が、彼の死から一〇〇年以上経ってようやく現れはじめるのである。確かに、後の時代、すなわちイスラームが信仰者運動から、明確に定義され区別のある宗教になってきた、二／八世紀の初頭あるいはもう少し遅くの時代には、ムハンマドを預言者であると認めることが、ムスリムをキリスト教徒やユダヤ教徒などから区別する決定的なしるしとなった。そのときまでに、「信仰告白」（シャハーダ、直訳では「目撃、証言すること」）、すなわち「唯一神の他に神はなく、ムハンマドは神の使徒である」という言葉を唱えることは、彼自身がムスリムだと決定的に宣言することであった。しかしここでもまた、早い時期の証拠が手がかりとなる。およそ六六／六八五年以前に属する貨幣、パピルス文書、碑文に見出される、シャハーダについての最も早い文書史料で確認できる証拠は、後世の「二つのシャハーダ」の最初の部分「唯一神の他に神はない」（ときには「並び立つ者はいない」が追加される）しか含まれず、ムハンマドについてはまだ言及されていない。もしこれが単に偶然に保存されなかったということでなければ、その中に、初期の信仰者共同体の、普遍的一神教的な、言い換えると既存の一神教の枠組みに依存しない性格について、さらにもう一つの示唆を見出すことができるかもしれない。というのも、「唯一神の他に神はない」という宣言は、キリスト教徒やユダヤ教徒を含むすべての一神教徒に受け入れられたと考えられるからである。シリア、イラクやその他の地域のキリスト教徒やユダヤ教徒の多くが、一神教徒として、拡大しつつある初期の信仰者共同体の中に居場所を見つけることができたかもしれないというのは、理に適っていると言えるだろう。

彼らの成長しつつある版図にこのような一神教徒の共同体を組み入れることによって、信仰者たちは全世界に神の法による支配を確立するという彼らの目標に向かって進んでいった。これまで見てきたように、クルアーンは信仰者たちに彼らが「土地を相続する（クルアーン三三章二五～二七節）」ということを約束したが、これはその土地に暮らす一神教徒の人々の追放を示唆するものではなく、彼らは税の支払いと引き換えに、信仰者たちの中に包含されたと理解しうるだろう。これらの共同体や、そこにいる人々の地位は、その時点でおそらく、リッダ戦争の間に信仰者たちに加わった多くのアラブの部族や共同体の地位と類似したものであったろう。メソポタミア北部で六八七年あるいは六八八年に書かれた東シリア語のキリスト教徒文献（ユハンナー・バル・ペンカーイェーの『クサーバー・ドリーシュ・メッレー』）は、信仰者たち（テキストでは「タイヤーイェー（遊牧民）の王国」

写真 13　信仰者たちの支配体制下で製造された二つの初期の貨幣。信仰者たちが発行した最初の貨幣はサーサーン朝やビザンツ帝国の貨幣の型を基礎としたものであった。上の貨幣は典型的なサーサーン朝の貨幣に類似しており、表面には大王ホスロー 2 世の肖像が、裏面には拝火神殿とその左右にいる 2 人の従者が刻まれている。しかし、表面の外縁右下の部分には、アラビア語の文言であるビスミッラー（「神の御名において」）が、加えられている。ホスロー 2 世の胸像の両側にはパフラヴィー語の銘文が書かれており、この貨幣がヒジュラ暦 52 年（西暦 672 年）に、東方におけるムアーウィヤの総督であるズィヤード・ブン・アビー・スフヤーンによってキルマーン地方で発行されたものであることが示されている。下の貨幣は、青銅貨で、ビザンツ帝国の貨幣を模倣して製造されたものである。それはヒムス（古代のエメサ）で発行された。年代は記されていないが、一般に 693〜694 年の間に発行されたと考えられている。表面は、王冠と胸当てを身につけた皇帝、おそらくはコンスタンス 2 世だと思われるが、その胸像が描かれている。その左側にはギリシア語でカロン（「良い」）、右側にはアラビア語でビ・ヒムス（「ヒムスで［製造された］」）と書かれている。裏面には大きな M の文字があり、これはビザンツ帝国の貨幣でその価値（40 ヌンミア）を表す印である。M の隣にはギリシア文字でエミシス（「エメサの」）と書かれており、下部にはアラビア語でタイイブ（「良い」）という語が刻まれている。

と言及されている）は貢納を求めるが、人々が望むいかなる信仰にでも留まることを許可したと述べている。その文献はまた、この時期に拡大していった襲撃に従事した信仰者たちの中には、多くのキリスト教徒がいたとも述べている。イラクのネストリウス派の総主教イショウヤフブ三世は、六四七年あるいは六四八年に、主教の一人に手紙を書き、「新しい支配者はキリスト教と戦わないだけではなく、われわれの宗教を賞賛し、司祭や修道院や我らが主の聖者に敬意を表し、修道院や教会に贈り物をしたりさえする」と述べている。

ここで、アルメニア主教であるセベーオスによってなされた解説にも注目すべきであろう。彼は六六〇年代に著述を行い、彼の年代記は信仰者たちと彼らの行動についての現存する最も早い記述の一つとなっている。なかでも彼は、信仰者たちの最初のエルサレム総督がユダヤ教徒であったと記している。ユダヤ教との緊密な結び付きを持っているという非難は、この時期のキリスト教徒によって敵の信用を落とすために用いられたお気に入りの論争技術だったので、この主張は注意深く扱う必要がある。しかし、もし事実であれば、それは信仰者運動が既存の一神教の枠組みに依存しない開放的な性格を持っていたということについて、さらなる証拠を与えてくれることになる。たいてい、「ムスリム」の到来とともに、キリスト教徒やユダヤ教徒は、税金を支払い社会において明確に低い階層を形成する「守られた人々」（アフル・アッズィンマ）として従属的地位に落とされるか、イスラームに改宗して被保護民（マワーリー）としてアラブ・ムスリムに統合されるかのどちらかであったと主張される。しかし上述したバル・ペンカーイエーやイショウヤフブやセベーオス、また数は少ないが彼らと同様の記述を残した者たちの文章では、キリスト教徒やユダヤ教徒の中には、上で述べた人々のように、初期の信仰者共同体に完全に組み込まれた人たちもいたであろうと示唆されている。改宗は問題とはならなかった。なぜなら彼らは、アラビア半島の外においてさえ、一神教徒として、共同体への主体的な参加者となるために何ものに改宗する必要もなかったからである。

そして、初期の信仰者運動の普遍的一神教的な性格は、なぜシリア・パレスティナのような比較的よく調査されている地域の考古学的証拠の中に、町や教会などが広範囲に破壊された証拠が大きく欠けているかを説明してくれるだろう。おそらく、すでに一神教徒で構成されていたほとんどの共同体は破壊されず、崩壊させられさえせずに、単に主人（と徴税人）の交代を経験しただけであったろう。考古学的な資料が示しているように、教会は依然としてそこに存在しただろうし、「征服」の後にも建てられたのである。実際、アラビア半島の信仰者たちは、新たな場所に初めて到着したとき、礼拝の場所をキリスト教徒と共有していただろう。後世のムスリムの伝承には、特定の場所（エルサレム、ダマスクスやヒムスが言及されている）においては、新たに到着したムスリムは彼ら自身のモスクを持っていなかったため、教会の一角で礼拝していたその様子がいくつも残されている。しかし、その地方のキリスト教徒を彼らの大義に従わせながらこのような場所にやってきた最初のアラビア半島の信仰者たちは、当初、キリスト教徒は一神教徒であるという意味で彼らも信仰者であるのだから、彼らの礼拝の場所が自分たちにも適していると考えて、単純に彼らの教会で礼拝したのだとみなすことも可能である。共有された教会についての後世のムスリムの伝承は、その初期の措置の痕跡的記憶なのかもしれない。このようなクルアーン的信仰者たちとキリスト教徒の信仰者たちの集団的礼拝はまた、シリアにおける初期のキブラ・ムシャッリカ、すなわち「東向きのキブラ（礼拝の方向）」を記述した後世のムスリムの伝承に反映されているのかもしれない。それはおそらく信仰者運動の初期段階の名残であり、彼らが後のキブラである南方のメッカに向かってではなく、キリスト教徒と同じように東を向いて礼拝を行っていたときのものであろう。同様に、いくつかの考古学的証拠は、共通の礼拝場所という考えを補強しているように思われる。ベツレヘムとエルサレムの間にあるビザンツ帝国期の建築物であるカティスマ教会の発掘の結果、（メッカに向いている）南の壁にミフラーブ（礼拝用壁龕《へきがん》）を加えることで、信仰者たちが利用できるように、その最終段階において修正されていたことが明らかになった。一方、建物の残りの部分は、東向きに建てられた教会として機能しつづけていた。

アラビア半島の外側へと向かった信仰者たちの初期の拡大を、異なる宗教間の直接の対立、そしてそれに続いて一つの宗教が別の宗教を征服した事例として、単純化して理解してはならない。アラビア半島の信仰者たちが、当初、組織された軍隊として多くの地域に到来し、それに対してビザンツ帝国やサーサーン朝の支配体制が軍を送ったときに決戦が行われたということは、おそらく事実であろう。伝承に基づくムスリムの叙述と最も早い段階の非ムスリム（ほとんどがキリスト教徒）の記録の双方が、このような激突を描いており、また、この後で見てゆくように、史料は主要な戦いについても全般的に一致している。けれども、このような戦いは、たいてい野戦場で起こり、考古学的記録を残していない。

しかしながら、多くの地域において信仰者たちの初めての到来が、おそらくは短期間の表面的なものだとしても、広範囲に拡大してゆく略奪と襲撃を伴っていたものであると仮定することも可能である。このような略奪や襲撃は、（六三〇年代のソフロニオスの説教と訓戒のような）いくつかの初期の史料によって観察、報告されているが、主要な都市が関わっていないためにほとんど考古学的な資料が残されていない。この小規模の略奪行為の理由は単純である。リッダ戦争の間に信仰者運動に加わったアラビア半島の部族民の多くは、おそらく非常に無規律であった。これらの軍隊のほとんどはおそらく、自分たちの参加した運動について、ジハード、すなわち神の道において戦うことに従事し、ビザンツとペルシアという悪の帝国を征服することと引き換えに、預言者が彼らに現世における富と来世における楽園を約束したということ以外には、よく知らなかったのである。クルアーン（もしわれわれがムスリムの伝承に従うことを選択するならば、それはまだ正典としては書き記されていなかった）については、おそらく、他の部隊とともに祈りを行うために必要ないくつかの章句しか知らなかったであろう。そして運動の掲げる教義について彼らが知っていたことといえば、おそらく、神は唯一であるという考えに限定され、主に、鬨《とき》の声として彼らが用いた「神は偉大なり」（アッラー・アクバル）のような熱狂的なスローガンに込められていたのであろう。このような軍隊が、孤立した村人や農民に遭遇した際に、彼らが善良な一神教徒で宗教的に正しい生活を行っているかどうかということを、綿密に調査する労をとったとは考えがたい。ほぼ同時代の史料の多くに報告されている広く行われた略奪行為については、多くがこのような者たちの行いであるか、あるいは、体制の変化に伴う地域の権威構造の崩壊を利用した無法者の仕業であったとするのが穏当であると思われる。

一方、ぼろ布をまとった訓練されていない新兵の集団程度には容易に脅かされないようなより大きな町や都市は、ほとんどの場合、信仰者たちの大軍がやってくるやいなや、速やかに彼らと和平を結んだようである。ムスリムの伝承史料には、これらの和平条約のテキストが残っているものもある。それらはおそらく、法学的な目的を念頭に置いて作成された後世の理想の産物であろうが、それらの存在自体が、実際にこれらの町が税の支払いと引き換えに信仰者たちの領土に平和的に吸収されていったという一般的な認識を示している。彼らに包囲されることになったのは、和平を結ぶことを拒んだ町や都市だけであり、そのような町や都市は少なかった。そしてそれゆえに、このような場所においてのみ、パレスティナのカエサレアのように、破壊の層というかたちで「征服」の考古学的痕跡を見つけられる見込みがあるのである。しかし、この場合においてさえ、その破壊の跡は限定的なものであったと考えられる。というのも、信仰者たちの目的は、これらの町を破壊することではなく、そこにいる一神教徒の住民を神の法による支配のもとに至らしめることだったからである。結局のところ、信仰者たちが戦っていたのは一神教徒の住民ではなく、人々に罪を許容している（あるいは課してさえいる）ビザンツ帝国やサーサーン朝の支配体制だったのである。そのため、信仰者たちが正しい社会秩序だと考えるものの確立が、町の征服に続いて試みられた。おそらく多くの場合、それは信仰者運動に組み込まれた「被征服」民の一部の参加を伴って形成された。彼らはアラビア半島出身の信仰者たちと共に働いたのである。これらのアラビア半島の信仰者たち、少なくとも彼らの指導的中枢は、同時代に近い史料の中に、ムハージルーン（シリア語ではムハッグラーイエー、ギリシア語ではハガレーノイあるいはマガリタイ）、すなわち「ヒジュラを行った者たち」として現れる。前章で見たように、ヒジュラはそれ自体、移住、および、信仰者運動への完全な資格と参加、「神の道において戦うこと」、という含みを持っている単語なのであった。

和平条約のテキスト：トビリシ

このテキストはタバリーの年代記の［ヒジュラ暦］二二年（六四二〜六四三年）の条にある、コーカサス地方の征服の記述の中に記されている。文献史料に見られる和平文書であると称する多くのテキストは、後世に作られたものだと疑われているが、このテキストには比較的本物に近いのではないかと思わせるいくつかの特徴がある。この文書では、ジズヤという語が、後世のイスラーム法で使われる「人頭税」ではなく「貢納」の意味で用いられているようである。また、他のいくつかの和平文書のテキストとは異なり、この文書ではムハンマドについて特別には言及されておらず、神と神の預言者たち一般についてのみ言及されている。これらの特徴から、このテキストが信仰者運動による実際の初期の文書に基づくものであると言えるかもしれない。

慈悲深く慈愛あまねき神の御名において。これはハビーブ・ブン・マスラマからフルムズの地にあるグルジアのトビリシの人々への文書である。この文書では、以下の条件のもとで、あなたがたの身と財産と修道院と教会と礼拝の安全が保障される。すなわち、彼らがへりくだって一家族につき完全な一ディーナール金貨のジズヤを差し出すこと、神の敵と我々の敵に関して我々に助言と助力を与えること、旅人に一夜の歓待をして啓典の民の合法な食べ物と飲み物を提供すること、旅人があなたたちの誰かによって傷つけられることがないよう道案内を受けられること、という条件である。もし、あなたがたが神に帰依し、その礼拝を行い、ザカートを支払うならば、その時は、宗教［ディーン］において我々の兄弟となり、我々の被保護民［マワーリー］となる。神と神の預言者たち、神の書と彼の党派から外れる者については、誰でも区別なく、我々はあなたたちに戦いを呼びかける。神は裏切り者を好まれないからである。アブドゥッラフマーン・ブン・ハーリドとハッジャージュとイヤードによって証言され、ラバーフによって記された。神と天使と信仰する者たちがそれを証言した。神は証人として十分な御方である。（al-Ṭabari, *Ta'rīkh*, ed. de Goeje, i/2675.）

初期の共同体拡大の経過と範囲

この章の初めに述べたように、ムスリムの伝承史料は、アラビア半島を取り巻く地域への信仰者たちの拡大を、きわめて詳細に描き出している。そのほとんどが二世紀／八世紀以降に編纂されたこれらの伝承の記述に基づくことで、そこで何が起こったのかについてのあらましを描くことはできるが、それを行いつつも、それらの報告にあるいくつかの傾向に注意し、それらを補正することを試みなければならない。これらの後世の報告を編纂した人々は、第一に、初期の信仰者運動を、一神教的宗教運動としてではなく、すでに「イスラーム」であるものとして、すなわち、キリスト教やユダヤ教とは別個の宗教として描きがちである。すなわち彼らは、初期の運動が普遍的一神教的性質を持つという認識を除外、あるいは減殺しようと試みたのである。第二に、彼らは、拡大を主に一連の征服（フトゥーフ）として、より正確に言うと、「ムスリム」による「非ムスリム」の征服として描写した。すなわち、彼らは拡大の軍事的側面に焦点を絞る傾向にあり、戦士の補充、戦闘、都市の奪取、和平の締結を強調したのである。彼らは、初期の信仰者たちが自身をさまざまな土地の生活の構造に組み込んでいった方法や、「征服された」人々と彼らの関係の実態、例えば、地方の人々が信仰者たちにどの程度協力したかということや、どのような譲歩を信仰者たちが「征服された」人々に行ったのかというようなことには、あまり注意を払わなかった。第三には、拡大を征服として描くにあたり、彼らはそれを、神の助けによって成功した過程であったと示唆するような言葉で描いている。というのも、「征服した者たち」は「征服された者たち」よりも数においてはるかに少なかったからである。神の助力によってのみ、それほどまでに少数の「ムスリム」が、はるかに多くの「非ムスリム」住民を支配することができるようになり、その巨大な軍隊を戦場において敗走させる

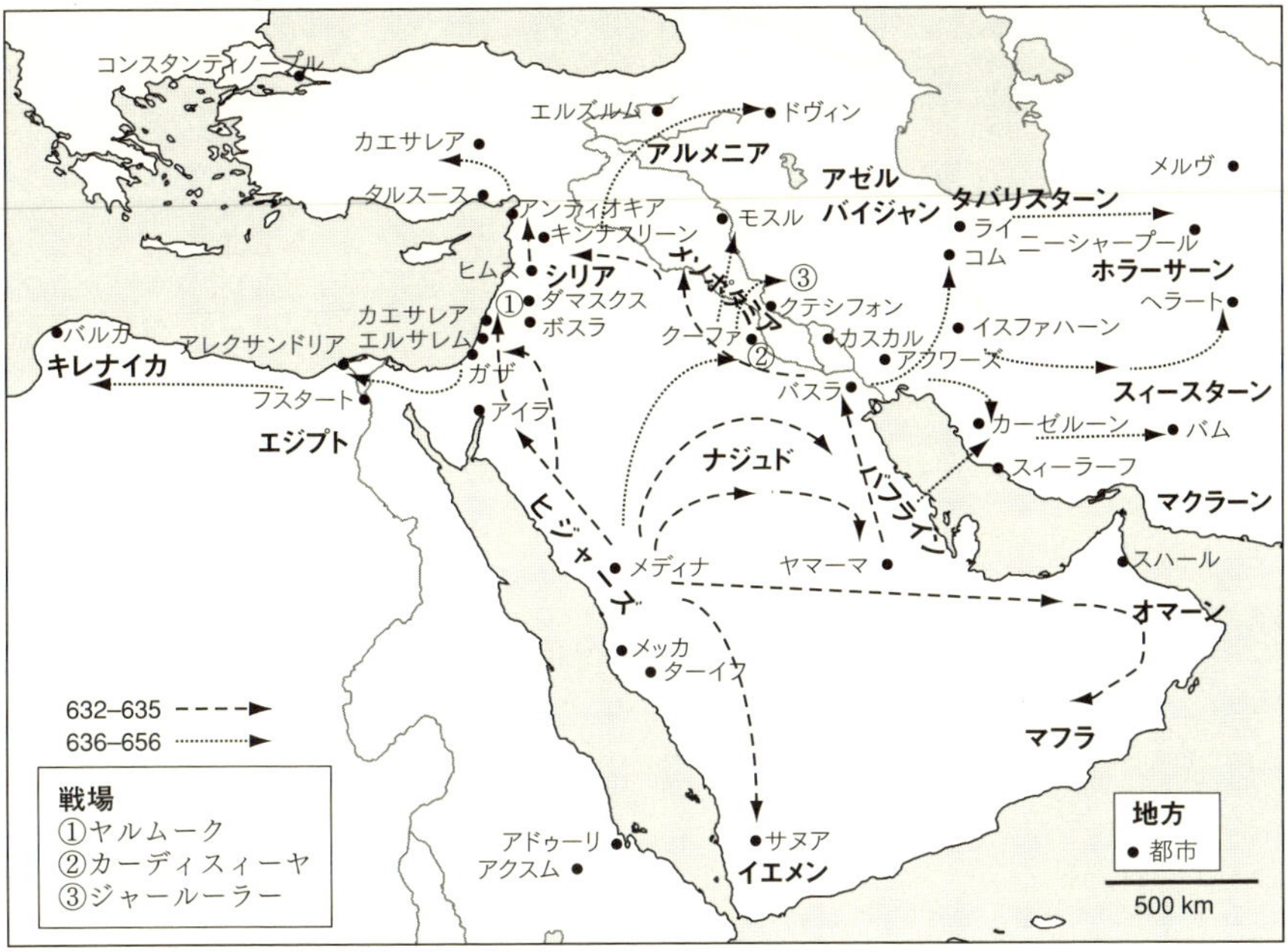

地図 4　初期の征服活動（経路はおおよそのものである）

ことができたのである、ということが示唆されているのである。要するに、後世のムスリムの史料は、それらが書かれた時点でもいまだ大部分は非ムスリムであった人々や広大な領域に対する、彼ら自身の時代のムスリムによる覇権を遡及的に正当化することを意図したやり方で、拡大を描いたのである。後世の編纂者たちは、征服と、最終的にそこから帰結した政治的秩序について、神によって定められたという半ば奇蹟的な性質を強調したのである。

前述のように、ムハンマドと初期の信仰者たちは、シリアに特別の関心を示した。ムハンマド、そして最初の信仰者の長であるアブー・バクルは、シリアへ至る道を占拠していたヒジャーズ北部の諸部族を平定しようと幾度も試み、シリア本土にも少なくとも二度は襲撃部隊を派遣していた。一二年後半／六三三年秋に、リッダ戦争が完遂されると、アブー・バクルは四つの別々の軍隊を組織し、それをシリア南部へと送り出した。アムル・ブン・アルアースに指揮された一つめの軍は、ネゲヴとパレスティナ南部（すでに見たように、アムルはそこに不動産を所有しており、おそらくこの地域をよく知っていたのだろう）へと派遣された。第二の軍隊は、シュラフビール・ブン・ハサナの指揮下にあり、今日のヨルダン南部にあたる地域に派遣されたが、これについてはあまりよくわかっていない。他の二つの軍はそれぞれ、ヤズィード・ブン・アビー・スフヤーンとアブー・ウバイダ・ブン・アルジャッラーフによって率いられたが、それぞれバルカー地域（アンマンのまわりの肥沃な地域）とガリラヤ湖の東にある豊かなジャウラーン（ゴラン）高原へと送られた。これらの四つの軍隊は、合わせておよそ二万四〇〇〇にものぼる軍勢であり、主にクライシュ族出身の司令官と都市住民たち、イエメンのさまざまな地域から来た遊牧民の新規参加者で構成されていた。初め、これらの軍勢が関心を持っていたのは、上記の地域に居住していた、一部は遊牧民、一部は定住民であったと思われる非都市部の住民に勝利し、彼らを無力化することだったと思われる。彼らが最初に派遣されたのが、ガリラヤ地方のような人々がより稠密に定住していた地域や、ダマスクス、ティベリアス、エルサレム、ガザ、カエサレアなどのシリアの主要な諸都市ではなかったということは注目に値する。このように、権力の安定的な基盤を打ち立てるための基本戦略として、遊牧集団に対する支配を確立しようとしたムハンマドの関心は、シリアへの拡大の始まりに際して、アブー・バクルによって継続されていたようだ。ビザンツ帝国の支配するシリア南部の外縁にいた、非都市部の定住民や遊牧民を取り込む過程は、六ヶ月ほど（六三三年秋〜六三四年春）続いた。この作戦の初期段階についてわれわれが知っているビザンツ帝国軍との唯一の激突は、ガザ近郊のダースィンで起こった。そこでは、アムル・ブン・アルアースの軍勢が、一二年末／六三四年二月に、ビザンツ帝国の分遣隊（ガザの守備隊だろうか？）を破った。この衝突の結果、アムルは援軍を要請することとなった。

一方で、アブー・バクルはまた、他の方面、特にアラビア北部とイラクにも、そこの地方住民（とりわけ遊牧民）を服従させるか取り込めという、明らかに同様の命令を与えて、司令官たちを送り出していた。例えば、ハーリド・ブン・アルワリードは、ナジュドを押さえた後、アクラバー（現在のリヤド近郊）の戦いにおいてヤマーマのハニーファ族を征服してリッダ戦争を完遂したところであったが、おそらくは一二年の初め／六三三年の晩春か初夏に、アブー・バクルから、北のかたイラク南部へと進むように命じられた。次の一年のほとんどの期間、ハーリドと核となる一〇〇〇人ほどの彼の軍勢は、遭遇した多くの遊牧集団と盟約を結ぶか、あるいは彼らを服従させ、川に沿って存在する町や村を降伏させたり、和約を結んだりしながら、苦労してユーフラテス川の西岸に沿って進んだ。この一連の軍事行動の間にハーリドと彼の軍勢が接触した部族である、シャイバーン族、イジュル族、ズフル族、ナミル・ブン・アルカスィート族、タミーム族などの部族の多くは、系譜によって、あるいは宗教によって分かれていたようであり、ハーリドはこの状態を効果的に利用して、ある集団をそれ以外の人々を降伏させるのに使っていた。さらに、これらの集団のいくつかは、ムサンナー・ブン・ハーリサの率いる一部のシャイバーン族のように、ハーリドが到着する以前からサーサーン朝の領域に侵入していた者たちもいた（ムサンナーについては後述）。またハーリドは、その地域の部族の新規参加者に大きく依存して彼の軍勢を増大させ、ウブッラ（アポロゴス）、マザール、カスカル、ヒーラ、アンバール、アイン・アッタムルといった、彼の行き当たった諸都市を征服する助けとした。これらの町の占領は、たいてい、税金の賦課や信仰者たちに敵対しないという合意の取り付け以上のものではなかったが、ハーリドの軍勢はそれに際して、それぞれの町に駐屯していたサーサーン朝の守備隊と戦い、打ち負かした。その守備隊は、遊牧部族がサーサーン朝のきわめて重要な税収基盤であるイラクという豊かな農業中心地域へと侵入することを思いとどまらせるために、サーサーン朝によって砂漠の外縁に置かれていた小さな前哨隊であった。ハーリドの軍勢が彼らを破ったことは、信仰者たちがサーサーン朝と関わった最初の直接的軍事衝突であった。それはおそらく、その地域のすべての遊牧民を彼らの支配下に置くという、一連の軍事行動の真の目的の意図せぬ結果であっただろう。

シリアでは、信仰者たちの軍勢は、一三年初期／六三四年の春までに、遊牧民の間に彼らの地位を確立し、その地域の主要な都市へと攻撃を始める準備ができていた。アブー・バクルはハーリドに、四つの部隊に対する援軍として、自らの軍隊の一部を率いてイラクからシリアへと進軍するように命じた。おそらくは、最も有能な野戦司令官として、彼の戦術的能力がシリアの前線において必要とされたからであろう。残念ながら、その次の二年間のシリアにおける出来事の正確な道筋を、確信を持って再構築することは不可能である。なぜならムスリムの伝承史料は矛盾した報告を伝えており、それらを満足に一致させることはできないからである。しかしながら、この時期に信仰者たちが、ボスラ、ダマスクス、ファフル（ペッラ）、バイサーン（ベート・シャーン）、バアルバック、ヒムス（エメサ）など、シリア中部の主要ないくつかの都市を（ときには包囲攻撃をした後に）占領したことはわかっている。彼らはまた、彼らを食い止めるために送られたビザンツ帝国の軍に相対し、ファフルとアジュナーダイン（パレスティナ中部か？）において、そして何より、大きく口を開けたヤルムーク渓谷へと傾斜しているゴラン高原の南の縁で起こったヤルムークの戦いで、ビザンツ帝国の軍勢を大いに打ち負かした。しかしながら、これらの大きな戦闘がシリアの諸都市の占領に先立ち、道を開くものであったのか、それとも信仰者たちが主要な都市や町を掌握したことに対する反応としてビザンツ帝国軍が送られたものであるのかについては、明らかでない。ヤルムークの戦いに言及していると思しき、独自の情報源を持つシリア語断片史料は、それを正確に六三六年八月二〇日のこととしているが、それはいくつかの（すべてではないが）ムスリムの伝承史料によってこの出来事に対して与えられている日付と一致する。

アブー・バクルによって初めにシリアに送られた諸部隊が、この段階でどのように動いていたかもよくわからない。ほとんどの史料は、ハーリドがボスラの降伏を受け入れたということについて一致しているが、その他の点については、相違する情報を伝えている。いくつかの史料が言うように、これらの軍勢はいまやすべてハーリド・ブン・アルワリードの指揮下に入ったのか、それとも彼らは、ときには集結したビザンツ帝国の大軍に立ち向かうのに協力することがあったにせよ、依然として本質的に独立の部隊であったのだろうか。彼らの活動の性質は、正確にはどのようなものだったのか。状況は、最初の信仰者の長、アブー・バクルが一三年半ば／六三四年夏にメディナで死亡した後、彼の後継者であるウマル・ブン・アルハッターブ（在位一三〜二三／六三四〜六四四年）がハーリドを解任し、アブー・ウバイダを最高司令官に任命したという、いくつかの報告によって、さらに混乱したものとなる。

これらの問題はいずれも、伝承に基づく史料を基礎としては満足に解決できないものであり、これらの出来事における上記の側面に関しては、われわれは他に史料を持たない。しかしながら、史料は実際、ヤルムークにおける、また広くはシリアにおける信仰者たちの軍勢の構造について一定の示唆を与えてくれている。彼らは明らかに、主にクライシュ族、ヒジャーズ地方出身の遊牧部族（スライム族、キナーナ族、そしてバリー族）とイエメン出身の多数の部族民（アズド族、ヒムヤル族、ハムダーン族、マズヒジュ族、ハウラーン族、ハスアム族、キンダ族、サクーン族、ハドラマウト族）から構成されていた。彼らには、現地の遊牧部族民（ジュザーム族とラフム族）の一部も加わっていたようである。同じ部族に属してはいるが信仰者たちに加わらなかった人々は、しばしばキリスト教徒の部族民として描かれたが、その地域におけるビザンツ帝国の古い同盟者であるガッサーン族がそうしたように、ヤルムークの戦いにおいてビザンツ帝国軍に加勢していた。ヤルムークの戦いにおける信仰者たちの軍勢の総合的な規模は、おそらく三万から四万と推測できるだろう。

そして、一五年後半／六三六年秋までに、信仰者たちの軍は、皇帝ヘラクレイオスの兄弟であるテオドロスによって指揮されたものを含めて、彼らを食い止めるために送られたいくつかの大部隊を打ち破り、ビザンツ帝国のシリアにおける軍事的影響力は決定的に失われた。信仰者たちは、北方にはヒムス（エメサ）に至るまでのいくつかの主要な都市を占領し、その地域の残りの部分を、大きな抵抗なしに占領しようとしていた。その次の二年間に、アブー・ウバイダはいくつかの遠征部隊を、彼の根拠地であるヒムス（それは長い間シリアにおける信仰者たちの主要な軍事基地であった）からシリア北部へと送り出した。これらの遠征の正確な日付と、司令官が誰であったかということについては、いつものように史料に混乱があるが、一六年末／六三七年の末までには、信仰者たちはキンナスリーン、アレッポ、アンティオキア、マンビジュや北部シリアのその他の都市を占領してしまったようである。アンティオキアの北、アレクサンドレッタ湾周辺とキリキア平原では、撤退していた皇帝ヘラクレイオスが、「焦土」作戦に訴え、信仰者たちがさらに進むのを防ごうと試みて守備隊を移動させ、砦を破壊したと言われている。（レバノンと北部シリアの山岳地帯は、ほとんど侵入不可能で、何十年も手つかずのままだった。）より南方については、パレスティナのほとんどが、シュラフビール・ブン・ハサナとアムル・ブン・アルアースに指揮された軍勢によって迅速に占領されたようである。カエサレア（陥落するまで数年間包囲された）とトリポリ（さらに一〇年の後に初めて陥落した）など、いくつかの守りの強固な海岸の都市は、ビザンツ帝国側が海を通ってそれらの都市に物資を供給できたため、より長い間持ちこたえることができた。

エルサレムは、特別な注目に値するだろう。これまで見てきたように、この都市は他にはない宗教的重要性を持っており、まず初めにシリアへと侵攻した信仰者たちの主要な目的の一つであったかもしれないからである。前述したように、ムスリムの伝承においてエルサレムは、ムハンマドが初めそちらに向かって礼拝を行うように信仰者たちに指示した場所であったと伝えられている。初期の信仰者たちが礼拝の際にメッカの方向を向くようになった後にも、エルサレムを特別な聖地であると考えつづけたということは、驚くべきことではないだろう。おそらくそれは、来るべき最後の審判に向けての終末論的筋書きにおける重要性のためであろう。同時代のユダヤ教やキリスト教の伝承においては、その鍵となる出来事がエルサレムで起こるとされていたのである。エルサレムの占領についての史料は非常に少なく、後世の伝説によって厚く上塗りされているが、エルサレムは六三六年、第二代の信仰者の長であるウマルの時代、ヤルムークの戦いからほどなくして信仰者たちに降伏したようだ。エルサレムにおける初期の信仰者たちは、聖墳墓教会の中に、あるいはその脇に、最初の礼拝場所を設けたと考えられている。これに関する痕跡のすべては、後に起こった教会の破壊と、十一世紀の十字軍による再建のために消滅してしまった。しかし、信仰者たちは、この最初の礼拝場所を彼らの到来の後しばらくして放棄したのかもしれない。というのも、西暦六八三年以前のある時点でそこを訪れたヨーロッパ人の旅行者アークルフは、聖墳墓教会の中、あるいは近くにおける信仰者たちの存在について何も言及していないからである。ただし彼は、神殿の丘の上にある、大きいがにわか造りな礼拝の場所について記述している。これはアクサー・モスクの先駆けであったかもしれない。

信仰者たちがビザンツ帝国軍を破り、シリアを占領したのとほぼ同時期に、彼らはサーサーン朝との対決とイラクの征服にも着手した。またしても、ムスリムの伝承に基づく史料が、そのとき何が起こったかということに関するほとんど唯一の証拠であり、またしても、それらは矛盾する年代情報と多くの疑わしい記述を伝えている。しかし、イラクにおける一連の出来事の全体像についてはシリアよりも明確である。

一三年半ば／六三四年晩夏にアブー・バクルが死亡したその後のある時点において、新たな信仰者の長であるウマル・ブン・アルハッタープはメディナの若干の軍勢に対して、約半年前にハーリド・ブン・アルワリードがシリアに出発した後もイラクに留まっていた小さな分隊への援軍となるよう命じた。数千人にのぼるこの新たな軍勢は、ヒジャーズ第三の都市ターイフの出身者であるアブー・ウバイド・アッサカフィーの指揮下に置かれた。その軍は、メディナの戦士たち（援助者）とアブー・ウバイドの部族であるサキーフ族を核としており、それとともに、ヒジャーズやナジュド、アラビア半島北東部の遊牧部族民がイラクへの途上で新たに加えられた。この軍勢はヒーラの近くで（ほとんどその地域の部族民であった）ムサンナー・ブン・ハーリサに従う者たちに加わって、イラクの肥沃な低地帯へ進んでいって襲撃を行い、多くの小さなサーサーン朝の拠点を降伏させた。しかし、サーサーン朝は大規模な軍勢を結集して送り出し、一三年／六三四年あるいは一四年／六三五年のある時点で起こった「橋の戦い」において、アブー・ウバイド軍のほとんどを殲滅した。アブー・ウバイド自身、多くの兵とともに戦死した。

この総崩れを受けて、ウマルはリッダ戦争の間にメディナに忠実なままであった諸部族（あるいはその一部）から追加の軍隊を新規に編成し、イラクに残っていた信仰者たちの軍勢がムサンナーのもとに集結していたので、それを援護するよう命じて彼らを送り出した。これらの新たな援軍は、アラビア半島北東部出身の部隊をより多く含んでいたが、それとともにヒジャーズ南部のサラート地方の諸部族からの人員もいた。なかでも数が多かったのは、バジーラ族であり、彼らは長であるジャリール・ブン・アブドゥッラー・アルバジャリーに率いられていた。これらの部隊は、すでにイラクの外縁にいた信仰者たちの生き残りの軍（何らかのかたちでその地域で暮らしていた部族からも、多くが引き入れられていた）に加わって、点在するサーサーン朝の前哨基地に無秩序な襲撃を開始した。しかし、ムサンナーとジャリールはこの地域において誰が最高の指揮権を持つかについての不一致に陥ったようである。

そうしたなか、ウマルは、一方ではサーサーン朝の兵力増強に対応して、また一方ではそこで誰が指揮権を持つのかという問題を解決するために、イラクへと向かうもう一つのより大きな軍勢を準備していた。すべての史料において、この企てはシリアのヤルムークにおける信仰者たちの決定的勝利の報が彼に届いてから若干の後に始められたとされる。ウマルはこの新しい軍勢を、メッカ出身の移住者で、ムハンマドの早くからの近しい弟子であり、ナジュドの部族を管理する総督としてアブー・バクルとウマルの双方に仕えたサアド・ブン・アビー・ワッカースの指揮下に置いた。そして彼は、ナジュドからの大規模な部隊やサラート地方やイエメンからのそれ以上の軍勢を含めて約四〇〇〇人にのぼる中核部隊とともに派遣された。サアドの出発の後、アラビア半島南部やナジュド、ヒジャーズから集められた追加の「後着組」がメディナにやってきた。これらの人々はしかるべくサアドの軍隊に加わるために派遣された。加えて、すでに南イラクにいた部族民によって、また、ハーリドがシリアに連れていっていたが、今またイラクに戻ってきたかつてのイラク軍によってサアドの軍隊は増強された。このようなわけで、サアドの指揮下にあった軍の総勢は一万二〇〇〇人を数えた。ここで目を惹くのは、信仰者たちが戦士を多くの部族やアラビア半島のあらゆる地方から集めることに成功したということである。彼らを呼び集めることで、かつてのアラビア半島の状況下ではありえなかったような規模の軍勢が形成されたのである。

それ以前のものとは違って、この軍隊がサキーフ族の者たちをほとんど含んでいなかったようだということは注目に値する。しかし、さらに注目すべきなのは、リッダ戦争の間にメディナに対して忠実ではなかったいくつかの部族からの部隊が、この軍に含まれていたことである。きわめて深刻に兵士を必要とする状況にあったことから、ウマルがリッダの際に忠実であった者たちにのみ依存するというこれまでの政策を捨てる決定を下したことは明らかである。実際、サアドの軍の一部を形成した部族の部隊は、ナジュドにおけるタルハ・ブン・フワイリドやイエメンにおけるアスワド・アルアンスィーによる反乱を後援した部族指導者たちによって率いられていた。

サアドがイラクに到着するまでに、ムサンナーは死んでしまっていた。サアドは即座に彼の未亡人と結婚した。それは間違いなく、彼と、ムサンナーの部族であるシャイバーン族との紐帯を強固にするためであった。信仰者たちが目的を達成するためには、その土地の人々の助けが不可欠であったのだろう。サーサーン朝の軍隊は、ムスリムの伝承史料では大規模だったと描かれているのだが、そのときユーフラテス川を渡り、ルスタム将軍のもと、ヒーラの南西、カーディスィーヤと呼ばれる場所に陣取っていたサアドの軍隊へと進撃した。カーディスィーヤの戦いの記述自体は、大量に残されているとはいえ、漠然としていて、しばしば疑わしいものであるが、その結果は明らかである。ルスタムその人の死を伴う、サーサーン朝軍の決定的敗北である。散り散りになったサーサーン朝軍の残存部隊は、ユーフラテスを越えて敗走し、サアドの軍隊によってイラクの農業中心地域へと追われたが、そこもかたちばかりの抵抗だけで占領された。残りのサーサーン朝の軍勢は、首都クテシフォン（現在のバグダードの南方の郊外）においてサーサーン朝の王ヤズダギルド三世のもとで再編成を試みたが、サアドの軍はそこにヤズダギルドと彼の軍勢を閉じ込め、信仰者たちはこの地方の残りの部分に自由に支配を打ち立てることができた。結局、(はっきりとはわからないがある程度の期間、数ヶ月とする報告もあれば、二年以上とするものもあるが、クテシフォンに閉じ込められた後に、)ヤズダギルドと彼の軍隊はクテシフォンを捨て、軍の再編成のために東方はザグロス山脈の麓へと退却した。ここでもまた、彼らの努力は無駄に終わった。サアドは彼らと対決するための新たな軍を組織し、彼らにジャールーラーで決定的な勝利を収めた(史料は、一六/六三七年と一九/六四〇年の間のさまざまな日付を伝えている)。サアドはサーサーン朝の同盟者であったラフム朝が根拠地としていたヒーラという古くからある町の近くに軍営都市クーファを建設し、これが信仰者たちにとってイラク中部からの軍事行動の中心となったのである。

イラク南部には、一般に、上記のものとは異なるもう一つの戦線が形成された。サーサーン朝はそこでは大きな抵抗をせず、メディナから送られた別のもっと小さな軍勢が、主要な都市であるウブッラ、マイサーン(メセネ)、アバズクバーズなどを含むその地域をサーサーン朝の地方守備隊から奪い取った。イラク南部の軍営都市バスラは、古くからの都市であるウブッラの近くに建設された。ザグロス山脈におけるジャールーラーの戦いの後、サーサーン朝はいま一度、フーズィスターン地方のアフワーズの町において再編成を試みたようであるが、そこはアブー・ムーサー・アルアシュアリー率いる軍に征服された。その後、彼の軍は、マナーズィル、スーサ、ラームホルムズ、トゥスタルといった、フーズィスターンの他のいくつかの町を順々に降していった。イラク南部の軍については、史料に完全なかたちで記述されているわけではないが、それはサキーフ族とメディナの援助者とヒジャーズ地方の遊牧集団を中心として構成されていたようだ。おそらくはこれに、イジュル族、ズフル族、タミーム族といった現地の部族民が加わっていたのだろう。

そしてこれらの遠征の結果、フーズィスターンも含めて、豊かなイラクの沖積平野の全体が、おおよそ一三/六三四年と二一/六四二年の間に信仰者たちの支配下に入った。ヤズダギルドと彼に忠実でありつづけたいかなる軍隊も、ザグロス山脈を通って東方、イラン高原へと逃げてゆき、二度と戻ることはなかった。

サーサーン朝の軍はいま一度、さらに北方にあるニハーヴァンドの近くで、サーサーン朝の大王ヤズダギルド三世のもとに再集結した。しかし、バスラとクーファの双方からの軍隊がこの軍をも壊滅させ、その司令官を殺した（二二／六四二年頃）。ヤズダギルドは、イラン東北部のホラーサーンに逃げ、数年後にそこで盗賊によって殺され、サーサーン朝の輝かしい歴史は不名誉なかたちで幕を閉じることとなる。これ以降、イラン高原における信仰者たちの拡大への抵抗は、地方的で散発的なものとなった。サーサーン朝国家は事実上崩壊したのである。

バスラという新しい野営地は、すぐに都市になり、イラン高原の征服に重要な役割を果たした。初期の遠征部隊は、ペルシア湾を渡って、アラビア半島東部（史料では「バフライン」）からイラン西部へ向かい、ファールス地方を占領した。しかし、イラン高原への主要な遠征の起点となったのは、このイラク南部のバスラであった。その結果、後にイランの大部分はバスラ総督によって統治されることとなったのである。バスラの建設から数年以内に、バスラからの軍は、ザグロス山脈中央部へと猛進し、主要な都市であるイスファハーン、カーシャーン、コム、カズヴィーンを占領した。バスラの軍隊は、続く数年のうちに、イラン西部におけるこれらの拠点からイラン東部へと遠征した。（三〇年代／六五〇年代初頭までに）ある部隊は、東へ向かって、ライ（現在のテヘランの南方近郊）を通ってクーミスからジュルジャーン地方やイラン東北部のニーシャープールへと向かった。別の遠征隊は、イスファハーンから東方、ヤズドへ向かい、最終的にイラン東部とアフガニスタンに辿り着いた。ヘラートは三〇／六五〇～六五一年頃に征服され、この地を起点に、遠征部隊は南からホラーサーンへ入り（メルヴ、サラフス、トゥースを奪取し）、中央アジアの草原地帯の外縁に当たるオクサス（アムダリヤ）川に近づくまでにいたった。これらの遠征部隊の多くは、第三代の信仰者の長ウスマーンのバスラ総督、アブドゥッラー・ブン・アーミルによって率いられたか、あるいは彼によって派遣されたものである。

一方で、バスラからのもう一つの遠征によって、ウスマーンの治世の間に、カーゼルーン、イスタフル、ダーラーブギルド、バムを含むイラン南部の主要な都市が占領された。さらなる遠征部隊が、東へと進撃し、山がちなスィジスターン（スィースターン）に向かい、ザーブリスターンの地方支配者たちに対する長い闘争が始まった（三〇年代／六五〇年代初頭から）。遠征部隊は、イランの南岸の荒涼としたマクラーンにさえ送られた。信仰者の長ウスマーンが三五／六五六年に殺されるまでに、イラン高原のほとんどは、信仰者運動の政治的支配のもとに置かれた。それはつまり、ほとんどの町や農村地帯が服従を申し出て、メディナの代理人に貢納することに同意したということである。イラン北方、カスピ海のすぐ南の、山がちなタバリスターンと、岩だらけのイラン南東部だけが、独立を保つのみであった。しかしながら、ほとんどの地域や町において、とりわけ主要な軍営都市から遠いところにおいては、この支配は名目的なものであったということを忘れてはならない。アラビア半島から来た信仰者たちの数は少なかったので、おそらく、イラン高原の多くの地域では彼らを目にすることはほとんどなかっただろう。税（より的確には、時折の貢納品）は、主にイランの在地地主（ディフカーン）によって徴収されつづけた。彼らは単に、自らの忠誠を、遠く離れたクテシフォンにいるサーサーン朝の大王から、信仰者運動が出現した僻遠のアラビア半島を基盤とする新たな国家の信仰者の長へと切り替えただけであった。このようなかたちで服従するにあたって、どうやらいかなる宗教的帰属の変更も要求されなかったようだ。ムスリムによる税の徴収（異なる地域、メソポタミア北部でのことではあるが）について記述するキリスト教徒の文献は、一世紀半の後も、徴税人はゾロアスター教徒であったと述べている。

北のかたメソポタミア北部（ジャズィーラ）とアルメニアは、信仰者の長ウマル（在位一三～二三／六三四～六四四年）とウスマーン（在位二三～三五／六四四～六五六年）の時代に、シリアとイラクの双方からやってきた軍勢によって征服された。モスルやユーフラテス近郊の諸都市は、明らかにウマルの時代にクーファからの軍勢によって征服された。そして、モスルは新たな支配体制にとって重要な軍営都市となっていたにもかかわらず、西暦七世紀の終わりまではクーファの行政の管轄下に置かれたままであり、総督がいる独立の州ではなかった。しかしながら、新国家の北方への拡大の大部分は、シリアから派遣された軍隊によって行われた。とりわけこの前線において重要だったのは、ウマルの時代にメソポタミアで遠征を行ったイヤード・ブン・ガンムと、ウスマーンの時代にアルメニアへと侵入し、エルズルムやドヴィン（現代のエレバン近郊）にまで侵入したハビーブ・ブン・マスラマ・アルフィフリーの活躍であった。アルメニアの人々もビザンツ帝国の皇帝（彼自身アルメニア人の子孫であった）も、この重要な州をみすみす譲り渡すつもりはなかった。数十年の間、ビザンツ帝国の反攻と、それに対して信仰者運動がこの地域を掌握するために繰り返した努力によって、一進一退で取り合いが行われた。このようにして維持された断続的な戦争状態は、アナトリア南部で信仰者たちの支配する領域とビザンツ帝国との間の境界を画する、いわゆるスグール、つまり境界地域に沿ったさらに西方の地域でも、標準的なこととなった。その地で、信仰者の長はビザンツ帝国の領域に対して年ごとの夏の遠征（サーイファと呼ばれる）を行った。ヒムスにある大きな駐屯地は、後方の部隊集結点として働き、マッスィーサやタルスースのような前線の砦は、年に一度の北方への侵入のための出発点として機能した。やがて、これらの拠点は、コンスタンティノープルそれ自体を征服しようとする遠征（六七四〜六七八年と七一七〜七一八年）の起点となった。

一方、パレスティナと歴史的シリアの残りの部分を占領した信仰者たちは、西のかたエジプトへ、さらにそこから北アフリカへと進攻しはじめた。その第一歩は、ビザンツ帝国の最も肥沃な属州であり、ビザンツ帝国の首都コンスタンティノープルにとって主要な穀物供給源であったエジプトを占領することであった。シリアからの軍勢は、若い頃から交易活動を通して明らかにエジプトに親しんでいた将軍アムル・ブン・アルアースに率いられて、六三九年にエジプトに入った。エジプトにおいて何が起こったかについての報告は混乱している。ビザンツ帝国軍の敗北を語る報告もあれば、正統派のアレクサンドリアの総主教キュロス（彼はときに、理由は明らかではないが、「アルムカウキス」と呼ばれる）との一連の交渉を伝えるものもある。正統派の総主教および高位の聖職者たちと、単性論派であったコプト住民の間の緊張が、一つの要因であったかもしれない。いずれにせよ、六四二年までに信仰者たちはその国のほとんどを占領し、アレクサンドリアを包囲して平和的にその都市に入ることに成功した。ビザンツ帝国は海軍を送り、その地域の人々の力を借りて、六四五～六四六年に束の間アレクサンドリアを再占領したが、彼らのアレクサンドリア回復はすぐに覆された。

ビザンツ帝国は常に彼らのエジプトにおける首府をアレクサンドリアに置いたが、アムルは中心となる軍営都市を、征服以前はビザンツ帝国の要塞であったナイル川沿いにあるバビロンの近く、フスタートに建設した（現代のカイロの南部）。フスタートはエジプトにおける信仰者たちの中心地、総督府となり、その後何十年にもわたって、アムルや、アブドゥッラー・ブン・アビー・サルフのような、彼の後を継いだ総督たちが、西方の征服に向けた襲撃と遠征を始める拠点として機能した。彼らはまずリビアに侵攻し、キレナイカ地方のバルカその他の諸都市を掌握した。次の一〇年で、現代のチュニジアにあたるビザンツ帝国のアフリカ属州（アラビア語ではイフリーキーヤとして知られている）に対して、場当たり的な襲撃が開始されたが、恒久的な駐留は六六〇年代、第一次内乱終結の後になって、初めて打ち立てられた。

二三／六四四年に、信仰者の長ウマルが、不満を抱いた奴隷にメディナにおいて刺されて死亡した。彼は死の床で、クライシュ族の六人の指導的立場にいる人々を、ある種の選考委員会であるシューラーの委員に任命し、彼らの中から次の信仰者の長となるべき者を選ぶように命じた。（興味深いことに、彼はこの六人から援助者たちを除外している。）六人全員が早くからのムハンマドの支持者で、血縁か婚姻、あるいはその両方でムハンマドと結び付いており、それゆえに信仰者運動の指導権に対する候補者にふさわしいと考えられていた。彼らの中には、アリー・ブン・アビー・ターリブとウスマーンがいた。前者はムハンマドの従兄弟であり、その娘ファーティマと結婚しており、後者は富裕な人物で、力のあるウマイヤ家出身で初期からの弟子であり、前述のように、ムハンマドは自分の娘の二人を続けざまに彼と結婚させていた。

数日間にわたる協議の後、シューラーは全会一致でウスマーンを第三代の信仰者の長に選出した（在位二三～三五／六四四～六五六年）。彼はウマルの時代に到達していた所から征服を再開して、信仰者たちの拡大を指揮し、北アフリカ、イラン東部、アルメニア、それと北方の征服の多くが彼の指令のもとで行われた。しかしながら、一二年間にわたる彼の治世が終わりに近づいてくると、彼は一部の信仰者たちの批判にさらされるようになり、その批判は彼に対する暴動で頂点に達し、その結果、三五／六五六年に彼は殺されてしまう。これらの出来事とそこに内在する諸問題については、次章で論ずることとしよう。

拡大の時代の初期における支配の強化と制度の設立

三〇年代／六五〇年代前半までに、信仰者たちの初期の共同体は、アラビア半島西部を出て、エジプトと北アフリカからイラン東部と中央アジアに至る広大な新領域にまで拡大したが、それはもちろん単なる軍事作戦をはるかに超えるものを伴っていた。歴代の信仰者の長が送った軍隊は、共同体の拡大の最前線を示しているだけであった。信仰者たちが軍事行動によって、またはその地方の人々を彼らに加わるように説得することによって、一つの地域に支配を確立すると、この軍隊はすぐに移動するという傾向があり、あるいは、その地を拠点としたとしても、別の場所で活動したのである。そして、新たに到来したアラビア半島の信仰者たちの小さな集団と、いまや彼らによって支配されているはるかに多くの地方住民との間の、相互の交流というはるかに複雑なプロセスがその後に続いた。残念ながら、伝承史料は、拡大そのものについては（ときに矛盾するものであったとしても）これまで述べてきたように豊富な情報を提供してくれるのだが、最終的に中東における新たなイスラーム社会の漸次的出現へと帰結する、この社会変容の複雑なプロセスについては、あまり積極的に発言してくれないのである。

これまで見てきたように、近隣の諸地域に最初に定住したアラビア半島出身の信仰者たちは、初期の非ムスリム史料の中にいくつかの名前で現れる。しばしば彼らは、ギリシア語のサラケノイ（語源ははっきりしない。英語風には「サラセン」）、あるいは、シリア語のタイヤーイェー（「ベドウィン、遊牧民」）のように、遊牧民を呼ぶために用いられた一般的な意味の単語で言及されている。しかし、別の場合には、彼らは、ギリシア語ではハガレーノイ、あるいはマガリタイ、シリア語ではムハッグラーイェーとして呼ばれ、どちらの場合も、これらの地域にやってきた信仰者たちが自分自身に用いた単語であったと思われるアラビア語のムハージルーンに由来している。前章でヒジュラの概念について論じたが、それは、「移住」、「信仰の篤い共同体に加わること（あるいは避難すること）」、「信仰のために戦うこと」、「（遊牧ではなく）定住生活を採用すること」という含みを持っている。新たなアラビア半島出身の定住者たちが自らをムハージルーンと呼んだことは、これらが当初、新移住者の精神の中の重要な要素であったことを示唆している。

現地の住民の一定数は、信仰者運動に初めから加わって、あるいは含まれていて、新しい秩序の確立に参加した、と仮定してもよいだろう（これまで見てきたように、この仮定を支持するいくつかの証拠が存在する）。新たな秩序では、信仰者の長、あるいは彼の代理人であるその地域の司令官や総督に政治的に従うことと、新たな体制へ税を支払うことが要求された。しかし、新たな秩序にとっての中心的な関心は、（クルアーンの中の命令というかたちか、ユダヤ教徒やキリスト教徒に対してはユダヤ教やキリスト教の宗教法のかたちで）神の法を遵守するということであった。信仰者たちが知っていたのは、最後の審判がやってきたときに彼らの救済を確かなものとするために、このことが緊急に必要とされるということであった。神の法に厳格に従うことへのこの深い関心によって、総督ウトバ・ブン・ガズワーンが姦通を犯したという単なる告発が、なぜ彼の解任を正当化するのに有効であったかが説明できる。クルアーンにおける明らかな禁止事項（例えばクルアーン二四章二～三節）に違反するこのような振る舞いへの関与は、単にその人自身の私的な倫理の範囲内に収まる個人的な問題ではなく、信仰者たちが打ち立てようと願っていた新たな体制の、まさにその根幹に対する公の脅威であったのだ。

信仰者たちは、強固で耐久性のある基礎のもとに、その支配を確立する助けとなる数多くのこれまでとは異なる社会制度と、それとともにもたらされる社会秩序を創始した。すべての中で最も重要な制度は、アミール・アルムウミニーン、すなわち「信仰者の長」の制度であった。この職位の創出によって、今後は信仰者共同体が単一の指導者を持つべきであるということに同意がなされ、信仰者共同体全体が政治的に統一されるべきであるという観念が実質的に制度化されたのである。しかしながら、信仰者の長が行いえたと思われる中央からの管理の度合については、一考の余地がある。伝承史料は、明らかにこれを誇張している。それは、信仰者の長をさまざまな司令官のもとでの軍隊の派遣に責任を持つ存在として描いているだけではなく、しばしば戦場においてそれらの司令官が行ったほとんどすべての決定、包囲された町をどう扱うかといったような純粋に戦術的な事柄についてさえも、承認を求めるか相談のために信仰者の長へと問い合わせがなされたとしている。当時の通信手段の状況を考えると、この種の信仰者の長による詳細な指揮に関する話は、信頼できるものではない。一方で、多くの戦術的な事項が現場の将軍たちの裁量に任されていたとしても、拡大運動が中心となる使命を持っていたということ、また、歴代の信仰者の長が、実際に政策を考案し、広域的な戦略的重要性を有する決定を行ったということについては、疑いえない。信仰者の長が、異なる前線について、しばしば軍の活動を調整していたという事実は、最も早い段階の軍事的拡大でさえも、一定の明確な目的の実現を目指して着手されたことを示している。信仰者の長が行いえたと思われる中央からの管理を測るためにより重要なのは、彼らが将軍たち、後には州の総督を、ある程度の規則性をもって、配置転換、あるいは交替させていた事実である。さらに、役職から解任された将軍や総督は、ほとんど常に抵抗することなく退任している。伝承史料は、さまざまな地方において任に就いた将軍や総督の、年ごとの規則的なリストを残しており、このような任命の事実は、ときに、ある時期にある総督がその職にいたことを間違いなく証明することのできる貨幣資料によって確認される。ほぼ同時代のアルメニアの年代記の著者セベーオスもまた、総督たちが政策の重要な事柄について、メディナにいる信仰者の長に相談していたことを明らかにしている。このすべてが、その初期においてさえある程度の中央集権と階層的な命令系統が信仰者たちの新しい体制の中に存在したということを、深刻な疑いを挟む必要もなく証明している。

もう一つの非常に重要な制度は、常備軍である。すでに見たように、それが初めて現れるのはリッダ戦争の間のことであった。軍と緊密に結び付いていたものとして、ディーワーンと呼ばれる制度がある。それは実際、いくつかのやり方で、ますます職業的になる軍の在り様と不可分に結び付けられていた。ディーワーンはもともと、当時メディナへと流れ込みはじめていた戦利品と税収の分け前について、それを受け取る資格を持った信仰者たちを登録した台帳として、信仰者の長ウマルのもとで創始された。当初、受給者たちには、軍にいない人々（特にムハンマドの未亡人たち）も含まれていたものの、最初のディーワーンに記載された人々の大半は、戦士であった。彼らは定期的な俸給が分配される資格を持っており、その額は、どのくらい早くから運動に参加したかによるものであった。時が経つにつれて、ディーワーンは、もっぱら軍人に対する給与支払い名簿となった。結果的に、ディーワーンという単語は、「官庁」という意味で、未熟な官僚システムの中のその他の部署にも適用されるようになった。後には、文書管理（ディーワーン・アッラサーイル）や土地税行政（ディーワーン・アルハラージュ）についての言及が見られるようになる。また、信仰者の長はバリードと呼ばれる公の通信制度を設立し、それを通じて現場にいる総督やスパイから報告を受け取っていた。

また、常備軍の出現には、もう一つの新たな制度が深く結び付いていた。それは、信仰者たちが自身のために、しばしばもとからある町や都市のそば（またあるときには内部であったようである）に建設した特別な定住地である。これらの定住地は、アラビア語でアムサール（複数形、単数形はミスル）とも呼ばれ、たいてい「軍営都市」と翻訳される。ただし、この訳語は、一側面を捉えているのみである。ミスルという単語は、「遠征軍」を意味する古代南アラビア語の単語に由来すると考えられ、アムサールは信仰者たちによるアラビア半島の外側への遠征軍が初めに宿営した場所であった。ただ、それは駐屯地として始まったかもしれないが、アムサールはほどなくそれ以上のものとなった。それはすぐに戦士たちだけでなく、戦士たちの家族や、戦士ではないがアラビア半島から来た信仰者たち、またおそらく信仰者運動に加わった現地の人々でいっぱいになった。これらの新たな定住地が、もとからある町とは別に置かれたのは、信仰者たちの信仰と正しい生活についての関心の現れであった。それはつまり、信仰者たちの周囲の社会に存在していた、一神教徒ではあるけれども、真の信仰者とするには振る舞いや宗教的な儀礼について十分に厳格ではないすべての人々から、信仰者たち自身を隔離するように導く、ということが意図されていたのであった。この自らに課した隔離は、クルアーンの教えにこだわりを持つアラビア半島から来た少数の信仰者たちが、なぜより多数を占める地元の人々への文化変容を通じて消滅しなかったのか、ということについて説明してくれるだろう。

いくつかのアムサールは、大都市に成長し、結果的に、そこで新たなイスラーム文化が練り上げられ、そこから周囲の地域へとその文化が広がる中心地となった。しかしながら、その発展は、彼らが初めて定住してから何十年も経った後に起こった。伝承史料は、いくつかのアムサールの創建について言及している。例えば、イラクにおいてはクーファ（ヒーラ近郊）とバスラ（ウブッラ近郊）、エジプトにおいてはフスタート（「オールド・カイロ」）である。不思議なことに、ダマスクス、ヒムス、エルサレムなどのシリアの都市の近くに新たな定住地が置かれたという話はなく、信仰者たちはこれらの町の既存の地区、それは部分的にキリスト教徒の住人によって放棄されたものかもしれないが、その中に居住したであろうということが示唆されている。一方、このような定住についての最良の考古学的証拠は、南シリアのアイラ（現代ヨルダンのアカバにある）で発掘された遺跡から得られたものである。それは第三代の信仰者の長ウスマーンの時代（二三～三五／六四四～六五六年に統治）に遡ると考えられ、実質的に、既存のローマ・ビザンツの町アエラーナーのすぐ近くに位置していた。アイラの遺跡は、このような定住地が、直交路型のプランによって注意深く設計されたもので、行き当たりばったりの野営地や、仮小屋の集合体ではなかったことを明らかにしている。アイラは長方形のプランを持ち、それぞれの市壁の真ん中にある四つの門と、それぞれの外壁に沿って規則的に配置された張り出し塔があり、規則正しい街路のプランや、レヴァント地域においてはありふれているローマ・ビザンツの野営地から採用されたデザインを持っていた。伝承史料に見られる初期のミスルのレイアウトについての記述には、クーファの定住地について語っているものがあるが、クーファでは中央にある長方形の中庭あるいは広場のまわりに街路が規則的に配置され、特定の部族に対して、既定の街路に沿って特定の土地が割り当てられた（これはアイラの考古学遺跡からは知ることができない）、ということが述べられている。しかしながらそれは、クーファにおけるもともとの配置が、イラク征服の後の数年間にアラビア半島から来た信仰者たちの巨大な流入によって圧倒されたことを示している。というのも、この都市のもともとのプランは幾度か改められなければならなかったからである。

これらの新しい定住地で使われた言語は、それがどこにあるかにかかわらず、アラビア語であった。アラビア語はもちろん、戦士であってもそれ以外の者であっても、肥沃な三日月地帯に移住してきたアラビア半島の信仰者たちの母語であった。またそれはクルアーンの言語であり、この言語で共同体の礼拝が執り行われていた。さらに、その土地出身の信仰者たちの中には、アラビア語をよく話す者たちもいただろう。というのも、アラビア語は、砂漠の縁から、特にシリア南部とイラク南部にある定住農耕地や、さらにはエジプトの東部砂漠にさえ、イスラーム以前の数世紀の間に広がっていたからである。もちろん、ほとんどのアムサールは主に他の言語が用いられている地域に位置していた。シリアやイラクの都市部以外の住民の中には、アラム語の一種を話す人々もいた。エジプトのフスタート周辺の人々の大半は、コプト語を話していた。アラビア半島の信仰者たちが（アイラのように）新たな定住地を建設するよりも（ダマスクスやヒムスにおいてそうであったように）既存の町の中の放棄された一角を使用していたと思われるシリアの諸都市では、都市住民の一定部分はギリシア語を話していた。イラン高原においては、イスタフル（シーラーズの北方）やメルヴのような初期の前哨地は、さまざまなイラン系の言語を話す人々の海の中にある、アラビア語話者の島のようなものであった。信仰者たちの初期の定住地が

写真 14　アイラ（現在のヨルダンのアカバ）のプランと西の壁。この遺構は、信仰者の長ウスマーンの時代（644－656 年）に建設されたようだが、明らかに計画的に作られた定住地である。規則的な間隔で配置された防御用の稜堡が設けられた市壁とそれぞれの方角にある都市の門が、発掘によって発見されている。

言語的に孤立していたことは、前述のような彼らの道徳や信仰における分離と同様に、信仰者たちが自分たちは他の人々とは異なるという感覚を維持することを助け、また、ムスリムとして別個の一神教宗教を制定し、はっきりと自分自身についての認識を発展させることになる前の数十年間において、文化的に変容してしまわないようにしたのである。さらにこの言語的な隔離状況は、アラビア語を言語的媒体とする、活気ある新しいイスラーム文化の最終的な発展に対しても、基礎的な貢献をしたのである。

新たに獲得された領域における信仰者たちの体制の関心事は、多種多様であった。彼らはもちろん、定住地やそれを取り巻く地域において、公的秩序を保とうと試みた。というのも、それはとりわけそのような地域に税収を頼っていたためである。信仰者たちの新たな定住地、あるいは移住地は、直接信仰者の長に責任を負う総督によって治められていた。まず、たいていこれらの総督は、信仰者たちの軍を率いてその地域にもたらした軍司令官と同じ人物であり、定住地の政府は、明瞭に軍事的色合いを帯びていた。時が経つにつれ、総督の関心は、厳密に軍事的なものではなくなっていった。軍を管理運営することに加えて、総督はまた、税の徴収、神の法に適合した社会秩序の維持、共同体の内部での裁定などについて、関与しなければならなかった。ごく早いうちに、これらの職務のいくつかは、別々の個人の手に置かれた。軍事の総督（アミール、「命令する者」）は、財政の総督、つまり税務官（アーミル）と協力して仕事を行っていた。新しいアムサールの中では、総督は裁定を行った（エジプトのパピルス文書には総督がこれを行っていたことが示されている）。また総督は、定期的な礼拝を行うことを含めて、正しく敬虔な行動や振る舞いを奨励した。それからまた総督は、戦士やその他の受給者へと支払われる俸給の分配、メディナへと送られる取り分となる税収をまとめて送り出すことなどを含めて、財政の運営も行っていたのである。定住地が戦場で活動する軍事力の作戦基地であった場合には、総督にはそれらの軍勢によってもたらされた戦利品、奴隷や家畜、その他の財産も含めて、それを分配する任務もあった。ただし、その一部分は信仰者の長のために取り置かれ、メディナへと送られなければならなかった。

田園地域においては、総督たちは何よりも税の徴収について関心を持っていた。そして、課税可能な地域が平穏であった場合にのみ、それを行うことができたのであった。エジプトのパピルス文書が示しているのは、地方の争論はしばしば総督に言及しているけれども、多くの場合、裁定は地元の村の長といったような下級者の手に委ねられたということである。現在手に入る証拠によると、信仰者たちの支配の初めの数十年の間には、田園地域は大部分、体制への税の定期的な支払いを準備する村の長あるいは部族の長の指導のもとに、自治的に運営するようにされたままであった。そこには信仰者たち（特に有力なコネを持つクライシュ族の家長たち）へのぼんやりした言及があり、彼らは広大な地方の領域を管理することで裕福になったという。これらの土地の多くは、おそらくかつての所有者によって放棄された土地であった。しかしながら、多くのアラビア半島の信仰者たちが、初期の時代に広々とした田園地帯に定住したということはありそうにない。より可能性が高いのは、地方の不動産を獲得した人々は、都市や小さな町に集住したままであって、単に不在地主として彼らの小作地から富を集めただけであったということである。信仰者たちの支配へと移り変わる間に同じ場所に留まっていた農村部の人々や共同体が、支配者の変更に続く初期の数年間にどの程度移住させられたか、ということについても明らかではない。わずかに残る記事が、一定数の人々を新たな場所へ移住させたことを記しているが、たいていは、抵抗の後、武力で征服された町を満たすためか再植民するためであった。例えば、現代のレバノンにあるトリポリは、数年間包囲されながら執拗に抵抗したのだが、最終的に人々はビザンツ帝国の船によって撤退することになった。その後、どこから連れてこられたかは語られていないが、ウスマーンのシリア総督ムアーウィヤによって、ユダヤ人たちによる再植民が行われた。このことは、これらのユダヤ教徒がとりわけ体制に対して忠実であると考えられた、ということを意味しているのかもしれないし、あるいは単に、大きな困難を伴って初めてビザンツ帝国の人々が追い払われた町に、キリスト教徒を再び居住させることを信仰者の長が好まなかった、ということを反映しているだけなのかもしれない。

本章では、ムハンマドの死に続く時代の信仰者たちの拡大の道筋を再検討し、このプロセスに伴ういくつかの制度の創設とその他の革新について記述してきた。また、拡大の性格について考察し、拡大の軍事的側面を史料が強調していることで、一神教的な改革運動というその本質がぼやけてしまったということを論じた。多くの地方の共同体にとって、その一神教的な改革運動は原理的に嫌悪すべきものではなかったので、それに反対する理由はほとんどなかったであろう。これは考古学の記録から判断して、ほとんどの地方がほとんど抵抗せずに信仰者たちの支配下に入ったのはなぜか、という問いに対する答えとなるだろう。信仰者たちは、おそらくは主としてビザンツ帝国やサーサーン朝の守備隊や常備軍に対して、ときには軍事的行動という手段を用いたにちがいない。ほとんどの史料は、大きな戦い、防御を固めた守備隊の包囲、そして移行期におけるいくつかの襲撃と流血について語っているが、規模がどの程度であれ、そのようなことはすぐに終了したと思われる。六八一年か六八二年に著述を行ったキリスト教徒の著作者バル・ペンカーイェーは、信仰者たちがシリアとイラクで権力の座に着いてからわずか二〇年後のムアーウィヤの時代（四一〜六〇／六六一〜六八〇年に統治）を、正義、平和、繁栄、そして宗教的寛容の時代として描くことができたのだから。

拡大の立案者である初期の信仰者の長たちと信仰者たちは、一般にこの時期、特にそのクルアーン的なかたちで彼らが理解していた神の法の命令に一致するような、新たな、そして正しい公的秩序の確立を目的としていたようである。神に導かれた正しい王国を建設するという信仰者たちの願いは、（ビザンツ帝国の場合には、三位一体の考えのような）彼らにとっては間違った教義であると考えられるものへの固執に示されていた、ビザンツ帝国とサーサーン朝で蔓延する堕落と罪業と見えたものに対する反乱となったと考えることができるだろう。他方では、必要ならば征服という手段をとってでも、世界全体に神の法の支配を打ち立てようという信仰者たちの野望は、前述したような、ビザンツ帝国とサーサーン朝の伝統の一部である世界征服のイデオロギーを継続したもの、あるいはその類似物であるとみなすことができる。

もちろん、信仰者たちの拡大には、強力な物質的動機も働いていた。物質的利益への願望は、ある程度の数の人々を運動へと引き込んだかもしれないし、間違いなく多くの個人が運動への忠誠を確かなものとするのを助けた。しかし、これらの物質的な要因だけでは、拡大を説明するのに十分ではない。一つには、これらの物質的な動機は常に存在したものの、信仰者運動によって与えられた、組織化を指向するイデオロギーという文脈の中に置いたときに初めて、突然の拡大運動の原因となったのである。実際、拡大に対する物質的な動機づけは、信仰者たちの思想的土台と不可分に結び付いていた。二つの側面は、相互補完的なものであり、相反するものではないのである。信仰者たちは宗教的実践によって動機づけられていた。しかし彼らはまた、拡大によってもたらされる物質的利益を、正しく新しい秩序を創り出すことに彼らが成功したことの当然の帰結、あるいはそれ以上に、それが神によって運命づけられた結果であるとみなしたのである。この見方によるならば、信仰者たちの征服と拡大に続く富の流入は、神の大義を採用したことについての、彼らに対する神の恩寵そのものということになる。

可能な限り広く神の言葉の権威を確立しようとする信仰者たちの野望には、最後の審判が間近に迫っているという彼らの確信によって、明らかに特別な緊急性が付与された。このような終末の予期、おそらく彼らはそれについて預言者ムハンマド自身の導きに従っていたのだが、その雰囲気は正しい秩序を創り出すという仕事に取りかかることが重要であると彼らに考えさせた。というのも、終末が来たときに、信仰者たちの中に数えられることができた人々は、楽園に到達できるからである。このことは、初期の信仰者たちが、多くの終末論的筋書きで最後の審判の出来事が演じられる場所として描かれているエルサレムにまで支配領域を広げようと望んだことを説明してくれるかもしれない。彼らはまた、信仰者の長が、神の言葉の実現に専念する新たな共同体の指導者として、終末の日に地上の権力を神に手渡すべく予期されたあの「最後の皇帝」としての役割を果たすと信じていたのかもしれない。

第四章　共同体の指導者の地位をめぐる争い
——三四〜七三／六五五〜六九二年

六三二年にムハンマドが亡くなった後の一時期（三一／六五〇年頃から七三／六九二年頃の期間）において、信仰者の共同体は、指導者の地位をめぐる深刻な対立によって、内部分裂に見舞われた。この対立は、とりわけ信仰者運動のアラブの指導者たちの間で、二度にわたって公然と繰り広げられた抗争というかたちで表面化した。この二度の抗争はそれぞれ、第一次内乱（三五〜四〇／六五六〜六六一年）および第二次内乱（六〇〜七三／六八〇〜六九二年）と呼ばれている。これらの出来事の主要な参加者たちは、実はその多くが互いに血縁関係ないしは姻戚関係にあった。そのために、これらの内乱、特に第一次内乱は、広範にわたる深刻な一族内抗争の様相を呈していた。また、二度の内乱で明らかとなった共同体の一体性の喪失により、これらの出来事は、現代に至る多くのムスリムたちにとって、非常に痛ましい事件となったのである。ムハンマドの教友たちは二〇年以上にわたって、神の言葉を広めて神の法を地上に確立させるべく肩を並べて邁進《まいしん》し、誰もが認める成功を収めてきた。その彼らがいまや相争う事態となったことは、多くの同時代人にとって、実に痛ましいものであった。こうした当惑を反映して、後世のムスリムの伝承では、これらの出来事をフィタン（単数形はフィトナ）と呼んでいる。これはクルアーンにおいて「誘惑」や「魅了」の意味で用いられている単語であり、この場合には、共同体の利益や精神的な利益を犠牲にして、個人の権力や世俗的な優越を追い求めることへの誘惑を意味する。この用語がいつの時点で用いられはじめたのかは不明だが、おそらく内乱が起きていたその時代にまで遡ることができるだろう。

第一次内乱の背景

前述のとおり、一一／六三二年のムハンマドの死に際して、メディナの信仰者たちはアブー・バクルを自分たちの政治的指導者とすることで合意した。これは、単にムハンマドの後継者を得たというだけのことではない。この合意により、信仰者たちは単一で統合された共同体を保持すべきという観念も制度化したのである。アブー・バクルの地位がウマル・ブン・アルハッターブ（在位一三～二三／六三四～六四四年）によって、次いでウスマーン・ブン・アッファーン（在位二三～三五／六四四～六五六年）によって継承されたことは既に述べた。また、これらの指導者たちのもとで、信仰者運動の大きな拡大の第一波がどのように生じたのかについても述べた。こうした共同体の最初の指導者たちが、信仰者たちによってその地位を承認されていたことについて、疑問の余地はほとんどない。なぜならば彼らは、その選出の時点では、信仰者たちが信奉していた中心的な価値観を、その要点を踏まえた方法で具現化した存在だったからである。当時の信仰者たちはまだ、その目的と展望について非常によく統一されていた。そして、そうした彼らを指導するべく選出された三人は皆、ムハンマドの活動当初から彼と近しい関係にあった者たちであった。指導者の地位についた者はアミール・アルムウミニーン、すなわち「信仰者の長」の称号を帯びたが、この称号についてはもう一度後で触れることにしよう。

しかしながら、こうした見かけ上は円滑な継承をもって、このような早い時期においてさえ、指導者の地位をめぐる問題が単純で明快なものであったなどと誤解してはならない。一例を挙げれば、クルアーンは現世の指導者の問題について、きわめて無関心である。指導者の地位の継承はいかに行われるべきか、あるいは共同体の指導者にはどんな資質が求められているのかさえ、クルアーンはまったく明確な指示をしていない。またどうやら、ムハンマドも自分の後継者となるべき人物を明確には指名していなかったようである。それゆえ、共同体の指導権が意味するものを決定することは、初期の信仰者たちにとって容易なことではなかった。ましてや、誰がそれを行使するべきか、いかにして選出されるべきかについては、言うまでもない。実際、三人の信仰者の長は、それぞれ異なるやり方で選ばれた。既に見たように、アブー・バクルは、多くのメディナの援助者と一部のメッカからの移住者が参加した会合において、指導者として承認された。ウマルは、死の床に伏したアブー・バクルによって後継者に指名された。そして、死に瀕したウマルは、共同体の指導者候補として六人の者たちを挙げ、彼ら六人で会議（シューラー）を行い、その中から彼の後継者たるべき者について全員一致の合意に至るよう命じた。（会議の行き詰まりを避けるために、数日のうちに全員一致に至らない場合には少数派を殺害するようウマルは命じていた。）上述のいずれの場合においても、新たな指導者が選ばれた後しばらくは、その決定を認めようとしない人々もいたらしいことが無数の伝承で述べられている。そうした伝承の多くは、預言者の従兄弟にして女婿であったアリー・ブン・アビー・ターリブに関係したものである。そうした伝承のどの程度が、アリーの子孫たちの主張を支持する目的で後世に創作されたものなのか、明らかではない。アリー以外の人物に言及した伝承もまた存在している。

そうは言っても、アブー・バクル、ウマル、そしてウスマーンは、その継承に際して広範な支持を得ていたことは事実である。このことから、一般に初期の信仰者たちが自分たちの指導者の選出に際してどのようなことに関心を抱いていたのかについて、推論できることがいくつかある。まず、この三人は皆、ムハンマドと生前から深い関係にあった。そしてまた、彼らが信仰者運動に身を捧げていたことについても疑問の余地はない。彼らは皆クライシュ族の出身であり、また（ムハンマドの最初期の信奉者たちの大半と同様に）メッカからの移住者であったが、それぞれクライシュ族内でも別の氏族の出であり、かつ預言者と同じハーシム家の者は一人もいなかった。そのような彼ら三人が初期の共同体において指導者として広く受け入れられた事実から、次のことが窺い知れる。すなわち、信仰者たちは総じて、自分たちの指導者を選出する際の決定的な要素として、クライシュ族の一員であること以上に限定された系譜上ないし血統上の基準を、いまだ持っていなかったのである。これは、当時のアラビア半島における社会的慣習とは明確に異なっている。むしろ、彼らのムハンマドとの密接な関係、あるいは敬虔さや正しい振る舞いについての評判こそが、彼らの選出における主たる関心事であったようである。

アブー・バクル、ウマル、そしてウスマーンの治世の初めにおいては、信仰者たちはおおむね一貫して彼らを支持していた。彼らが指導した約二〇年間における信仰者運動は、おそらくは誰も想像できなかったほどに、驚くべき世俗的な成功を収めた。この事実によって彼らへの支持が促されたことは間違いない。この間に信仰者たちはアラビア半島内の敵対勢力を打ち破り、新たな地域へと自分たちの影響力を拡大していった。その進行の速度たるや、実際に神は彼らの側にあること、そして彼らの理解した神の言葉に基づく社会秩序を打ち立てるという目的は実際に神の意志に適うものだということを、十分に示すものであったにちがいない。富と土地と奴隷をもたらした成功の昂揚感は、多くの信仰者たちが持っていたであろうあらゆる苛立ちや不満から、その目を逸らさせたのであった。そうした不満についてよくよく考えることは、神より給わりし成功という文脈において、些細なことであるだけでなく、むしろ瀆神的なことであると考えられていたのかもしれない。しかし、ウスマーンの治世に状況は変わった。三〇／六五〇〜五一年頃、すなわちムハンマドの死からおよそ二〇年を経たとき、ウスマーンの持っていた共同体の指導権に対する不満が先鋭化しはじめたのである。

このとき信仰者たちの間で増大していた緊張を説明してくれる、多くの現実的な要因を示すことができる。三〇年代／六五〇年代前半までに、信仰者たちは、自分たちのアムサール（軍営都市）から遠く離れて、襲撃や征服のための遠征へと向かわなければならなくなっていた。そして征服に向かう先は、シリアやイラク、エジプトのような既に征服された裕福な地域と比べて開発されていない田舎であり、それゆえに戦利品収益が見込めない土地であった。また、アムサールにはさらなる移住者がムハージルーンとして続々とやってきていた。俸給は彼らの間で分配されることになっていた。総督たちが彼らに対する俸給の削減、ないしは受給対象からの排除を試みたことが、諸史料に暗示されている。こうしたことは間違いなく一定の不満を生んだであろう。

また、征服地の処置にも厄介な問題があった。この問題については征服とほぼ同時に、征服に参加した戦士たちと信仰者の長たるウマルとの間で論争が生じていた。戦士たちは、慣習的に五分の一を信仰者の長へ取り置く

クルアーン八章（戦利品の章）四一節

おまえたちの得た戦利品はいかなるものでも、その五分の一は神のもの、使徒のもの、近親者、孤児、貧者およびイブン・アッサビールのものであることを知れ……。（最後の単語は、通常「旅人」と訳されるが、貧しい信仰者あるいは貧しいムハージルーンのことだと解釈する者もいる。この章句には、五分の四は神や彼の預言者のもの、あるいは後に国家のものではなく、戦利品として征服者たちに与えられるべきだという含意がある。）

他は、すべての征服地を自分たちに分配することを求めた。彼らはクルアーン八章四一節を挙げ、預言者によるハイバルの土地分配の事例を主張の根拠とした。他方、ウマル（そして後にウスマーンも）は次のように主張した。住民が居住しつづけている征服地、ほとんどの地域ではそうした土地が大部分を占めているのだが、それは戦士たちの通常の戦利品と異なり、共同体全体の共有財産となる。したがって、征服地の住民は土地に留まり、信仰者たち全員の利益のために税を納めるべきである。こうした見解のもとでは、戦士たちには放棄された土地のみが戦利品として分配されることになる。以上がウマルたちの主張であったが、その実態は不明瞭である。多くの土地については場当たり的に征服者たちと合意に至っており、また土地所有と税制の発展の実態については、諸史料の記述が矛盾し混乱したものとなっている。

さらに、こうした土地の分配に関する緊張に加え、実際に征服活動に参加した戦士たち（あるいは時が経つにつれてその子供たち）の多くには別の憤りがあった。タルハ・ブン・ウバイドゥッラーやズバイル・ブン・アルアウワームといったクライシュ族の中でも家柄の良い一部の者たちが巨万の富を有する大土地所有者になっていたことが、次第に明らかになってきたのである。彼らの財産は信仰者の長からの贈与やさまざまな不動産売買（アラビア半島における土地取引を含む）によるものであり、彼ら自身が征服に参加したことによるものではなかった。この事実に戦士たちは憤った。さらにウスマーンのイラク総督であったサイード・ブン・アルアースが、演説の中でイラクのことを「クライシュ族の庭」と呼んだことにより、戦士たちの怒りは高まった。彼の傲慢な発言は、征服活動の英雄であったマーリク・アルアシュタル・アンナハイーの主導する騒乱を誘発した。これが原因で、サイードはクーファの人々によって町から閉め出されることとなった。

また、特にウスマーンの時代に、信仰者の長は広大なものとなった帝国の運営について、さらなる実際的な問題に直面していた。信仰者たちの支配する地域が拡大するにつれ、遠隔地の軍事司令官、総督、税務官、そして複数の部族が入り混じってときに騒擾を起こすアムサール、これらを適切に管理することはますます困難なものとなっていった。加えて、この時期は信仰者運動の中核をなしたメッカとメディナの出身者たちの世代交代の時期でもあった。時が経つにつれ、実際に預言者を見知っていた信仰者たちは次々と没し、また生き残った者たちも年老いてゆき、軍事司令官や総督につくことはできなくなっていったのである。その結果、ウスマーンとその主な部下たちは若い世代の信仰者たちを要職につけざるをえなくなっていった。しかし、そうした若い信仰者たちの適格性や献身ぶりは、その周囲の者たちにとって明白なことではなかった。ウスマーンへ向けられた批判の一つが、まさにそうした「若者」を要職につけたことであった。

こうしたことに加え、その記録はほとんど残っていないが、おそらく信仰者たちの間に緊張を生み出した別の社会的・経済的な要因もあったと思われる。その中には、アムサールにおいて近接して暮らしていたさまざまな部族の人々の間の社会的な不和があったと考えられる。アムサールに先に居住した者は、新たな兵士たちや既に移住した者たちの家族といった、アラビア半島からの後続移住者の巨大な波に呑み込まれてしまったように感じた。さらに各部族指導者や部族集団の間では、地域の軍事司令官や総督への影響力をめぐる抗争や、国家からの俸給や特権（あるいは国家の要求する軍務）をめぐる論争があった。また、牧畜や商業、工芸といった私的な経済活動の違いから生じる部族民どうしの小競り合いもあった。

そして非常に重要だったのは、メディナのアンサールやアラビア半島出身の他の信仰者たち、特に最初期に入信した社会的地位の低い者たちの間で生まれていた、新たな国家の諸事（そして財政上の利益）が次第に有力なクライシュ族の者たちによって牛耳られつつあるという感覚であった。その晩年にムハンマドは、かつて激しく敵対していたメッカの人々を要職につけた。この「心の一致」政策は、最初期からの信仰者たちの一部に強い怒りを引き起こしたが、アブー・バクルもこのムハンマドの政策を継承した。ハーリド・ブン・アルワリード、アムル・ブン・アルアース、ヤズィード・ブン・アビー・スフヤーンといった、いずれもムハンマドの晩年に信仰者運動に加わった者たちをアブー・バクルが要職に任命したことは、この文脈において理解可能となる。しかし、ウマルはこの政策を緩和し、預言者の初期からの信奉者を重用するようになった。例えば、ウマルはハーリド・ブン・アルワリードのような一部の者たちを、俗事に関わりすぎたとみなして解任した。だが、ウマルのこうした政策が一貫したものだったとは言いがたい。というのも、エジプトを征服したアムル・ブン・アルアースを、その世俗的志向にもかかわらず、ウマルはそのまま総督に任じていたからである。

こうした具体的な問題は重要なものであったと思われるが、これと同じくらい重要な別の問題もあった。すなわち、三〇年代／六五〇年代に信仰者共同体を悩ませた内的緊張は、敬虔さの問題をめぐるものであり、またそれがいかに共同体の指導権と関係するのかという問題でもあった。このように考えられる十分な理由がある。土地や俸給、地位、影響力についての論争は、単に彼ら自身の権利の問題としてのみ重要だったのではない。信仰者運動の中心にあったのは、高潔なる敬虔さの理念(そこにはすべての信仰者たちへの公平な扱いも含まれる)であったが、これらの問題について指導者たちがこの理念にそぐわない行動をしていると、信仰者たちは判断したからである。地位や影響力、富の格差に苛立ちを覚えることはあっただろうが、人々は長らくそうしたことには慣れていた。多くの信仰者たちにとって我慢ならなかったのは、自分たちの指導者がそうした不公平を排除することに怠慢であり、あるいは、さらに悪いことに積極的に一部の信仰者をえこひいきしているように思われたことであった。そしてこの憤慨が、三代目の信仰者の長であるウスマーンのときに頂点に達し、後述のように、彼の殺害へと至るのである。

ウスマーンの政策の多くが鋭い反発を招いたようだ。彼に対して生じた批判の一つは、彼が自身の出身家系であるウマイヤ家の者たちを、主要な総督職といった重要な（そしておそらくは実入りのよい）地位に任じるというえこひいきをしていたことであった。例えば、彼はイラクで、預言者の高名な教友にして征服の英雄であった二人の総督、サアド・ブン・アビー・ワッカースとアブー・ムーサー・アルアシュアリーを解任し、その後任として自身の異父弟であるワリード・ブン・ウクバと、別の親族であるアブドゥッラー・ブン・アーミル・ブン・クライズ（バスラ周辺の広大なナツメヤシ農園をウスマーンから与えられていた）を任命した。そしてワリード・ブン・ウクバが（飲酒癖という）不名誉により解任されると、さらにウスマーンは自身の又従兄弟であるウマイヤ家のサイード・ブン・アルアースを後任としたのである。またウスマーンは、エジプト征服を成し遂げ、その後は同地を治めており、兵士たちに絶大な人気のあった高名なアムル・ブン・アルアースを解任し、自身の乳兄弟にして一族と深い関係にあったアブドゥッラー・ブン・アビー・サルフを後任とした。この新総督はエジプト財政に対する中央の支配を強化することを命令されていたようである。そのため、従来はエジプトに確保されていた歳入がメディナへ送られるようになり、彼は人望を失っていった。シリアでは、ウスマーンは一世代下の親族であったムアーウィヤ・ブン・アビー・スフヤーンに総督職を委ねた。彼を最初に任命したのはウマルだったが、ダマスクスに加えて大きなアムサールであるヒムスにまで彼の管轄を拡大したのはウスマーンであった。ウスマーンを中傷した者たちは、こうした一族偏重主義の表れを、彼の倫理的堕落であるとみなした。その一方で、ウスマーンは信仰者の長として複雑さを増していく帝国の状況に対して確固たる支配を築くべく、親族として自身の意向を強く及ぼすことのできる人物に頼ったにすぎないとの主張もある。ウスマーンの心中でどちらの動機が上位にあったのか、窺い知ることはできない。しかし、ウスマーンが征服地の多くの土地を、ウマイヤ家親族のみならず征服の指揮官たちを含む多くの集団の主要な指導者たち、例えばジャリール・ブン・アブドゥッラーやサアド・ブン・アビー・ワッカースといった者たちにも分配していたことは、指摘しておく価値があるだろう。また、ウスマーンは敬虔さを欠いた行為に対する批判に耳を傾けなかったわけではない。実際に、彼は不品行を疑われた親族を解任することもできたのである。例えば、先に見たように、彼の異父弟であるワリード・ブン・ウクバはワインを飲んだという理由でクーファ総督から解任された（そして鞭打ちとなった）。この一件は、ウスマーンとワリード双方の一族の間に、彼らの密接な血縁関係にもかかわらず、深い禍根を残すほどであった。

しかしながらウスマーンは、共同体のための世俗的な利益とは関係のない事柄についても批判された。こうした主張に強調されるように、ウスマーンは信仰者の長として信仰者たちから敬虔さの模範となることを期待されながら、他でもなく道徳的な過ち、すなわち敬虔さの欠如を非難されたのである。またごく一部の伝承史料は、ウスマーンが巡礼の儀式において細部を変更したことを伝えている。それらの変更は明らかに些細なものであり、またクルアーンは巡礼のやり方について明言していない（大半の儀式についても同様）にもかかわらず、この変更は一部の人々を大いに仰天させたようである。巡礼の儀式は預言者その人によって定められたものだったからかもしれない。だが、最も重要なウスマーンの「革新」は、クルアーンのテキストの正典化を決断したことであろう。

この件に関する逸話は数も多く、混乱している。一部の学者は、現在のクルアーンのテキストはムハンマドの死の時点で集成されていたとしている。しかし多くの伝承は、人々の記憶に残っていたものや分散していたもの、あるいは部分的に書き取られていたものなど、残存していた啓示の断片を集めた人々について伝えている。ある伝承においては、ウスマーンがザイド・ブン・サービト率いる教友の一団に、あらゆるクルアーンの写しを集めて比較し、統一された単一のクルアーンのテキストを作るよう要請したとされている。この件は反発を呼んだ。それはこの手順が問題視されたためではなく、新たなクルアーンの「定本」が確立すると、ウスマーンはその写しを主要なアムサールへ送り、それまで各地で真正であると考えられていた地方版クルアーンに代えてそれを用いるよう、そしてそれまで用いられていた写しを燃やすよう命じたためであった。こうした命令があったにもかかわらず、いくつかの旧来のクルアーンが残存している。それらは、例えばクーファのイブン・マスウード（三三／六五三年没）やシリアのウバイイ・ブン・カアブ（二九／六四九年ないし三四／六五四年没）、バスラのアブー・ムーサー・アルアシュアリー（四二／六六二年没）といった初期のクルアーン読誦者たちと結び付いている。とりわけ、彼らのクルアーンの写し（あるいは記憶）が消し去りがたかったのであろう。また、預言者の未亡人たちやアブー・バクル、ウマル、アリー、その他の教友たちの手元にも、クルアーンの一部ないし全文の写しが存在していた。ウスマーンによる定本がクーファにもたらされたとき、イブン・マスウードは自身の写しを破棄することを拒んだと言われている。しかし、どのような事情があったにせよ、周囲にテキストの読誦法を教えていた教友たちの読み方は人々の記憶の中に容易に生き残り、後世に再び書き記されたのである。(これらの古写本の痕跡は、一般に認められた複数のクルアーンの読誦法を扱った編纂物に残存しており、それはクルアーン読誦学の一部を形成している。)

以上の要素すべてが、信仰者の長としてのウスマーンの統治に対する批判的な潮流を形成したのである。彼の統治に対して最初に公然と反旗を翻したのは、エジプトのフスタートと、イラクのクーファとバスラであった。これらの都市の反体制派集団は、ウスマーン本人と直接対峙するべくメディナへ向かった。ムスリムの伝承史料は、この反対運動／暴動とそれに続くわれわれが第一次内乱と呼ぶ事件について長く詳細な記述を残している。諸史料は一連の事象を指して最初のフィトナであるとしている。この語はクルアーンで否定的に用いられている言葉であり、「(世俗的な利益の魅力による) 誘惑、魅了」の意である。そして、こうした報告は皆、ウスマーンの罪を説明するか、あるいは逆に彼の無罪を証明するもの (または同様にこの事件の他の参加者たちに道義的な審判を下すもの) のいずれかを目的としている。そのため、非難と反論の錯綜した諸史料の記述をもとにして各登場人物たちの相対的な責任について明確な判断を下すことは、現代においては不可能ではないにしても困難である。しかしながら、事件の基本的な経過や、参加した個人や集団、そして主たる争点については、各史料の偏向性にもかかわらずおおむね一致している。そのため、われわれはそれらを明確に見極めることができる。

このことは、一連の出来事でウスマーンの果たした役割に対する評価において、いっそう明らかであるように思える。彼が物議をかもす革新に取り組んでいたのか、あるいは (事実であったのかそう認識されていただけなのかを問わず) 道徳上の過ちのために有罪であったのか、いずれにせよ彼は信仰者の長として直面した問題に効果的な対処をするために必要な決断力を欠いていたようである。早くにムハンマドに従う決断をしたことや、私財を投じて信仰者運動を惜しみなく支援したことを除けば、信仰者の長となる前の彼には軍事その他の目立った活動はなかった。彼には、その判断を信頼していた者たち（親族も含む）に、重要な決断を任せすぎるという傾向があったのかもしれない。ときに、そうした彼の信頼は当を得たものではなかったのかもしれない。あるいは彼は、自らが率いた共同体内の不満や緊張の深さや性質について予測できなかったか、あるいは認識すらできていなかったのかもしれない。いずれにせよ、彼に対する暴動は、後に続く一連の出来事の端緒になった。その一連の出来事の中で、それまでの信仰者運動の中核をなしていたアラビア半島の信仰者たちは、指導権をめぐる苦い戦いのために分裂していくこととなったのである。

第一次内乱の経過（三五～四〇／六五六～六六一年）

ウスマーンの体制を批判した者たちは、クーファ（既に述べたように、この地ではウスマーンの総督サイード・ブン・アルアースが追放された）やバスラなど複数の都市で活動していたのだが、その中でも第一次内乱へと繋がる展開の序盤で主役を担ったのは、エジプトのフスタートからやってきた煽動者の集団であった。ウスマーンのエジプト総督アブドゥッラー・ブン・アビー・サルフに対して要求を掲げた後、煽動者たちはウスマーン本人と直接対峙するべくメディナへ向かい、三五年後半／六五六年五月に到着した。その地で彼らはクーファやバスラから来た叛徒と合流した。このように諸勢力が合流していることから、メディナへ向かう前に、彼らの間に何らかの協調関係があった可能性が窺われる。ウスマーン（あるいは彼の支持者）とその敵対者たちの間で、不満を解消するための交渉が数週間にわたって行われた。しかし、時間の経過とともに批判者たちはより大胆になってゆき、ウスマーンの支持者たちは数を減らしていったようだ。そしてついに、年老いた信仰者の長はメディナの邸

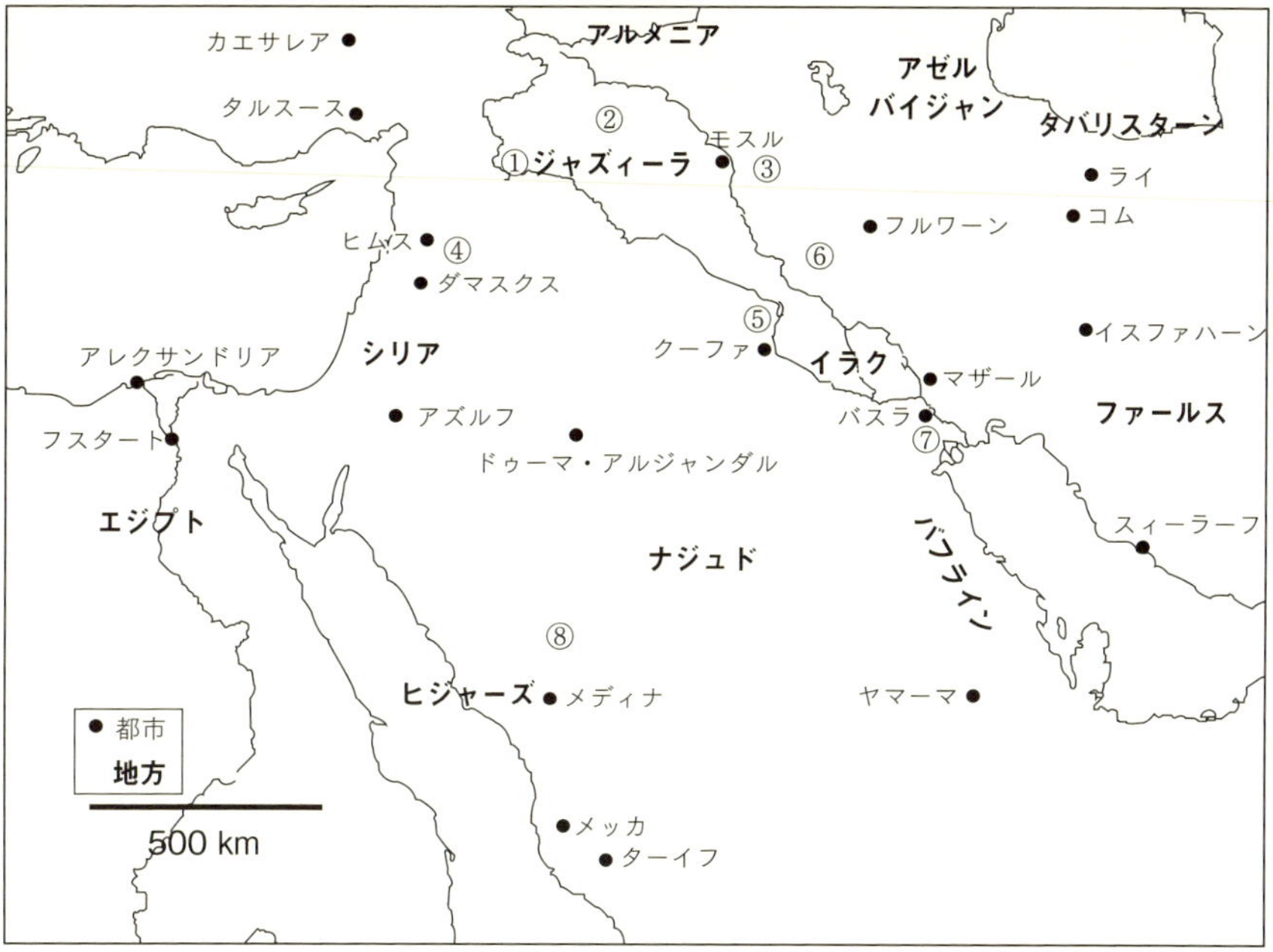

戦場
①スィッフィーンの戦い　②アイン・ワルダの戦い　③ハーズィル川の戦い　④マルジュ・ラーヒトの戦い　⑤カルバラーの戦い　⑥ナフラワーンの戦い　⑦ラクダの戦い　⑧ハッラの戦い

地図5　二つの内乱

宅を包囲され、襲撃を受けて殺害されたのである（三五年末／六五六年六月）。

地方の不満分子が信仰者の長を、その自邸で殺害しえたという事実は、ウスマーンがメディナで旧来の信仰者たちからの実効的な支持を既に失っていたことを物語っている。彼ら旧来の信仰者たちは、状況さえ異なっていれば、彼を守って叛徒を追い払っていたにちがいない。メディナ出身の援助者たちは、クライシュ族の有力者たちによって要職や富からますます遠ざけられていると感じるほどに苦しんでいた。こうした援助者たちがもはやウスマーンを助けようとしなかったことは明らかである。ウスマーンの親族であるクライシュ族の中にさえ、彼を熱心に守ろうとした者はわずかだったようだ。というのも、彼の政策が彼らに反感を抱かせたためか、あるいは彼の大義が絶望的に損なわれていると判断されたためである。クライシュ族の一部には、むしろ反体制派を煽る者さえいた。こうした者たちの中には、野心家のタルハ、不平満々であったアムルとワリード、その他多くの者たちがいた。「信仰者の母」として尊敬を集めた預言者の妻にして、いまだ四〇代前半であったアーイシャが、書簡で叛徒を煽っていたのかどうかは判然としない。しかし、暴動がまさに頂点に達しようとしたときに、彼女は巡礼のためにメディナを離れることを決めている。このことから、緊急事態にあっても彼女には、ウスマーンへの高まる反発を鎮めるためにその絶大な影響力を信仰者たちに行使するつもりのなかったことは明白である。また、おそらくメディナの人々に対して最も影響力を持っていたと思われるアリー・ブン・アビー・ターリブは、自分のほうがウスマーンが就いていた地位にふさわしいと信じていたことから、その胸中は乱れていたにちがいない。しかしいずれにせよ、彼にはウスマーンの死を防ぐことができなかったし、彼がそれをどのくらい懸命に試みたのか、諸史料は一致していない。暴動の時点でメディナにいた共同体の指導的立場にいた者たちの多くは、既にウスマーンの退位か追放を予期しており、彼らは自分たちにとって最良の結果であると考えていたものを確保しようと画策していた、という印象が拭えない。あるいはこうした者たちの一部は、事態を読み違えて、ウスマーンに政策の転換を強いるだけの目的で暴動を煽ったものの、手に負えなくなった成り行きを静観するほかなかったのかもしれない。

ウスマーンの死で直接的な利益を得たのは、預言者の従兄弟であり、その娘ファーティマの夫でもある、アリー・ブン・アビー・ターリブであった。彼はメディナの援助者と叛徒の一部、特にクーファから来た者たちから、強い支持を得ていたようである。彼らはシーア・アリー、すなわち「アリーの党派」（この時点では単にアリーを支持する政治的連合体であったが、やがてアリーとその子孫すべてを特別に崇敬し、また現在でも崇敬しつづけているシーア派の中核となっていった）を構成した。ウスマーン殺害の翌日、アリーはメディナのモスクで信仰者の長として忠誠の誓いを受けた。しかし、彼が他のクライシュ族から得られた支持はほんのわずかであった。クライシュ族の中には、自分たちにこそ指導権を、と求めていた者たちがいたのである。クライシュ族の中で指導的立場にいた者たちは、アリーに忠誠の誓いをせずに、あるいは忠誠の誓いをした後でそれを撤回して否認した後、速やかにメディナを離れて故郷であるメッカに集まった。アリーの即位を知って衝撃を受けたアーイシャ（かつてアリーが彼女の貞節に疑問を投げかけたため、彼女は彼を憎んでいたと言われている）は、巡礼後もメッカに留まり、近親者であるタルハとズバイルを周囲に呼び寄せ、二人の指導権の要求を支持した。また、ウスマーン殺害時にたまたまメディナにいたウマイヤ家の者たち、特に当時のウマイヤ家の長老格であったマルワーンも、メディナを離れてメッカに集まった。

ウスマーンに仕えた総督たちは、その一部は人々から人気のなかった者たちであったのだが、アリーは彼らのほぼすべてを交代させるべく、速やかにメディナから各地の新総督を任命した。しかし、メッカとシリアは、共同体を指導しようとするアリーの主張を受け入れなかった。シリアでは、ウスマーンの親族にして長らく総督を務めていたムアーウィヤが、いまやアリーの取り巻きとなっていたウスマーン殺害犯たちに裁きを下すまで、アリーは支配を主張することはできないと訴えた。

メッカでは、アーイシャがアリーに敵対するクライシュ族の大半を糾合した。彼らは、ウスマーンを守るためにろくに動こうとしなかったにもかかわらず、ウスマーン殺害の復讐を要求するようになっていた。また彼らは、誰が共同体を指導すべきなのかという問題を決定するための会議であるシューラーの開催を要求した。タルハとズバイルのみならず、ウスマーンの成人した息子たちや他のクライシュ族有力者たちも、この抵抗運動に加わっていた。例えば、ウスマーンの任命した元イエメン総督たちも多額の財産を携えて参加していた。彼らはアリーを攻撃する前に、兵力を集めるべくバスラへ向かうことを決め、三六／六五六年一〇月に出発した。彼らはバスラに到着すると、アリーのバスラ総督の軍勢との小競り合いの末に、同市を占領した。

アリーは彼らと対峙するべく進発した。彼は息子ハサンを、ウスマーンに対するクーファの反乱者たちの指導者であったマーリク・アルアシュタル・アンナハイーとともに、クーファへ先発させた。アリーのクーファ総督アブー・ムーサーは、敬虔ではあったがアリーへの支持はそれほど強くない人物であった。そのため、クーファを確保しておく必要があったのである。アリーが到着してクーファの東に陣営を構えると、ハサンは急ぎクーファ軍を召集してアリーの軍勢に加わった。アリーの軍は態勢を整えるとバスラへ進軍した。アリーの軍も、彼に対抗するメッカの軍も、ともに多部族から構成されており、大半の部族においてその部族民は、アリーを支援する者たちとアーイシャとその仲間を支援する者たちに分かれて、両軍に参加していた。このことにより、多くの戦士たちの心にためらいが生まれた。さらに、両軍の中には信仰者どうしが公然と戦うことを誤りだと考える者たちや、自ら身を引いてどちらの側を支持することも拒む者たちがいた。実際の戦闘（戦闘の中心がアーイシャの輿を乗せたラクダの周辺で行われたことから、ラクダの戦いと呼ばれる）はバスラ近郊で行われ、両軍ともに多くの戦死者を出した。しかし、アリーの軍が勝利を収め、タルハとズバイルはともに戦死した。アリーはすぐさまバスラを占拠した（しかし、バスラはその後も長年にわたって強い親ウスマーン感情を有する地でありつづけた）。また彼は、今後は政治に関与しないよう厳しく指示したうえで、アーイシャをメディナへ戻した。アーイシャの軍に参加していたメッカの有力者の多くは捕縛を逃れた。その一部はシリアに留まっていたウマイヤ家のムアーウィヤのもとへ身を寄せた。そしてアリーはクーファへ戻り、そこが彼の活動拠点となった。

ウスマーンの総督に代えて行われたアリーの総督の人選から、彼の体制が目指したものを窺うことができる。ウスマーンはウマイヤ家親族に大きく依存したが、アリーはメディナの援助者（メディナ総督、エジプト総督、クーファ総督、そしてラクダの戦い前のバスラ総督に任命）、および自身の一族であるハーシム家（イエメン総督、ラクダの戦い後のバスラ総督、メッカ総督に任命）を重用した。（例外はアリーに非常に忠実であったクライシュ族の別家系の二人であった。ムハンマド・ブン・アビー・バクル（アブー・バクルの息子）は前任者に代わってエジプト総督となり、別のクライシュ族の者はアラビア半島東部の総督となった。）こうしたことから、アリーの意図は、信仰者運動と新たな国家をもう一度、アリーの目から見て預言者の精神と正しい敬虔さに関する彼の主張に従って運動を導くのに最もふさわしい者たちの手に取り戻すことにあったのだろうと推測される。長い間ムハンマドの教えに抵抗していたクライシュ族の一支族であるウマイヤ家について、アリー（と援助者たち）は彼らの献身を疑わしいものと考えていた。そのようなウマイヤ家を重用し、その不敬虔さを激しく非難されたのがウスマーンであった。アリーの総督人事は、ウスマーンの指導権と政策からの決定的な脱却となるべく意図されていたのである。

アリーはいまや程度の差こそあれ、ヒジャーズ、イラク、エジプトを支配下に置いていた（ただしエジプトには、ウスマーン殺害の復讐を求めて、アリーの総督とは距離を置く強硬な集団がいた）。そしてアリーは、およそ二〇年にわたってシリア総督を務め、いまだ彼を信仰者の長として承認していなかったムアーウィヤの厄介な抵抗へと注意を向けた。アリーの使者はムアーウィヤに服従を求めたが、アリーを承認することがシリア総督からの解任を意味することを、ムアーウィヤは知っていた。さらにムアーウィヤからすれば、自分の親族であるウスマーンを殺害したメディナの暴徒による信仰者の長へのアリーの擁立は、無効なものであった。アリーは、ムアーウィヤが熱心な信仰者ではなく、信仰者運動に参加したのも遅く、そして世俗的なウスマーンの体制の一員であったことを非難したかもしれない。一方のムアーウィヤは、アリーの支持者に叛徒が含まれていることを指摘できた。彼らは仲間である信仰者の殺害という許されざる罪を犯したにもかかわらず、アリーは決して彼らを罰することはなかった。このような状況であったため、多くの著名な初期信仰者たち、例えばイラク征服の指揮官であったサアド・ブン・アビー・ワッカースのような者たちは、良心に従ってどちらも支持しないと心に決め、それゆえに第一次内乱の間は自ら身を引いていたことも驚きではない。

ムアーウィヤの政治的立場は、三六年後半／六五七年初めに、アムル・ブン・アルアースとの同盟を結んだことにより強化された。この二人は、もともと同盟関係にはなかった。ウスマーンによってエジプト総督から解任されて以来、アムルはウマイヤ家に対して恨みを抱きつづけていた。また、アムルがエジプトの叛徒の一部を煽動したという疑惑もあった。しかしアムルは、メディナの援助者とハーシム家を強くひいきする政策を採るアリーが、彼を統治に加えないであろうこともよくわかっていた。そのため、彼がエジプト総督に返り咲く唯一の頼みの綱は、ムアーウィヤとの同盟であった。そこで彼は、エジプト総督の地位と引き換えに、ムアーウィヤと同盟を結んだのであった。ムアーウィヤにとって幸運なことに、このとき、アラビア半島から来た戦士であるエジプトの信仰者たちは、いくつかの集団に分かれて統制を欠いていた。このため、アリーのエジプト総督はその対応に掛かり切りとなっており、少なくとも当座はムアーウィヤの拠点であるシリアを脅かす余裕はなかった。そして、確実にそうならないようにすることがアムルの役目であった。

三六年末／六五七年五月、アリーはクーファに軍を集め、ムアーウィヤと対峙して彼を屈服させるべく出撃した。一方シリアでも同様にムアーウィヤが軍を集め、アリーの進軍を阻むべくユーフラテス川へ向かって進軍した。両者とも支配下の人々から不動の支持を得ているわけではなく、信仰者どうしは公然と戦うべきではないと考える者たちがどちらの側にも多く存在していた。六月、ラッカとアレッポの間にあるユーフラテス川沿いの町スィッフィーンの近郊で両軍は対峙した。しばらくの間は散発的な小競り合いと両指導者間での実りのない交渉が続いた。そしてついに三七年サファル月／六五七年七月下旬、会戦が行われた。それは数日間にわたって続き、多くの死傷者が出た。最終的に、ある朝、ムアーウィヤ軍は槍の穂先にクルアーンの写本を付けて現れた。それは戦闘を止め、聖典の教えに基づいて論争を収めようとの意思表示であると、アリー軍は理解した。いかなる不一致があろうとも、聖典は両者を一つに結びつける存在だったのである。ただちに戦闘は止まった。アリーの陣営では、ムアーウィヤに対する進軍にもともと乗り気でなかった者たちの一部がアリーに交渉を要求し、その一方で、勝利は目前であると考えた者たちは攻勢をとるべきことをアリーに主張した。そして、交渉を求める側が優勢であった。アリーは、数ヶ月のうちに中立地で開催されることになる調停に、議論の決着を委ねることに同意せざるをえなかった。そしてまた、やはり嫌々ながら彼の支持者たちの要求に従い、かつてクーファ総督であったアブー・ムーサー・アルアシュアリーを交渉人として任命することに同意した。アリーの支持者たちはアブー・ムーサーの敬虔さに感銘を受けていたが、アリー本人はアブー・ムーサーではなく、より確実に自分を支援してくれる人物を選びたかったにちがいない。他方のムアーウィヤはアムル・ブン・アルアースを交渉人に任命した。

アリーの支持者たちの分裂は、彼がイラクに帰還する間に、より深刻なものとなっていった。多くの者たちは指導権をめぐる対立を調停に委ねることに同意したアリーの決断に賛同していた。しかし、無視できない数の少数派は交渉という考えを拒む声を大きくしていった。おそらくはウスマーン殺害の責を問われることを恐れて、彼ら少数派の者たちは、アリーが交渉に同意したことで、神の手から、すなわち「神の道において」戦う戦士たちの手から決定を奪い、それを単なる人間の手、すなわち交渉人に委ねてしまったのだと主張した。彼らに言わせれば、これは重大な罪であった。そのため彼らはアリーに対し、そのことを悔い、「裁定は神にのみ帰する」という彼らが広めはじめたスローガンに賛同することを求めた。この超敬虔主義的な信仰者たちは、クルアーンに従って正しい行いを遵守することに身を捧げ、そして特に指導者に対して、そうした正しさを求めたのである。彼らの考えるところでは、交渉に同意したことによってアリーとその支持者たちは共同体を指導する資格を失ったのみならず、まさに信仰そのものを放棄したのであった。そして、それゆえにアリーたちは不信仰者として戦うべき対象とみなされたのであった。しばらくすると彼らはアリーの軍から離れ、クーファから少し離れたナフラワーンという地に集まった。彼らはハワーリジュ派（アラビア語でハワーリジュは「出て行った者たち」）と呼ばれるようになったのだが、彼らの名称の実際の意味は不明である。彼らはアリーの陣営から「出て行った」ためにそう呼ばれたか、あるいは彼らがアリーとの結束を破ったことで信仰者共同体から逸脱したとみなされたことによるものかもしれない。もしくは、より肯定的な意味で「神の道へと出てきた」（例えばクルアーン六〇章一節）という章句から取られたものとも考えられる。

おそらく三七年後半／六五八年春、イラクとシリアの中間にあたるアラビア半島北部のドゥーマ・アルジャンダル周辺で交渉人たちは会談した。話し合いの詳細は不明だが、彼らはクルアーンを参照することで信仰者たちの共同体における指導権の問題に決着をつけようとしたようである。まず彼らは、ウスマーンは不当に殺害されたとする点で一致した。しかし彼らはそれ以上の合意には至ることはできず、誰が信仰者の長となるべきかを決定するために、主立った信仰者たちによる別のシューラーの招集を呼びかけて、散会した。親アリー派の史料は、この決定がムアーウィヤの交渉人であったアムルの策略によるものであったと主張しているが、定かではない。しかし、この決定の権威はどうであれ、それが宣言されたことには大きな影響力があった。ムアーウィヤとその支持者たちはこのとき、ウスマーン殺害の復讐、特にアリーと殺害に参加していたアリーの支持者たちに対して断固として復讐を求めることの正しさが立証されたと考えたのである。さらに、その後いずれかの時点で、ムアーウィヤはシリアで信仰者の長として迎えられた。その一方で、アリーの信仰者の長としての地位は交渉人たちの宣言によって傷をつけられた。すぐさまアリーはこの宣言を公然と非難し、シリアのムアーウィヤへ再度進軍するべくクーファの支持者たちに呼びかけた。

しかしその前に、アリーはナフラワーンに集まっていたハワーリジュ派を何とかしなくてはならなかった。彼らはアリーの行動と政策に抗議してその軍から離脱した者たちであった。この独善的な敬虔主義者たちは、アリーの指導権を認める者は皆同罪であり、それゆえに背教者、すなわち元信仰者として殺害すべきと考えるようになっていた。そして、クーファの周辺にいた多くの人々が彼らによって殺害されたのである。そのためアリーの兵士たちは、ハワーリジュ派を説得するかあるいは抹殺しない内に、無防備なクーファに家族を残してムアーウィヤに対する新たな遠征へ向かうことを望まなかった。もう一度ハワーリジュ派の忠誠を獲得するべく、アリーは多大な努力を払った。それらはすべてハワーリジュ派指導者たちに拒絶されたが、多くの者たちがアリーからの免責の提案を受け入れてひっそりとハワーリジュ派から離れていった。こうして、アリーとその支持者たちを背教者と確信する、熱狂的な敬虔さに満たされた者たちが残った。この残ったハワーリジュ派は、「不信仰者たち」を討ち果たすか、あるいは自分たちの認める神の道に殉教するまでアリーたちと戦う他ないものと感じていた。そして彼らはアリーの大軍に戦いを挑み、ほぼ全滅するに至ったのである（三七年末／六五八年五月）。

一般に、ハワーリジュ派はイスラームの「最初の分派」であるとされ、まるで彼らがムハンマド時代の信仰者たちによって信奉されていた原初の理念から派生、ないしは逸脱したかのように記述されている。しかし実際には、最初のハワーリジュ派が有していた激烈なまでの敬虔さと攻撃性は、信仰者運動における原初の敬虔主義的な衝動が、最も純粋なかたちで生き残ったものなのである。それゆえ彼らを、ムハンマド時代の信仰者運動における原初の理念の、預言者死後の世代における最良の体現者だともみなしうるのである。しかし、彼らはその理念を過激なかたちで継承したようだ。というのも、預言者自身は敵対者に対して、ハワーリジュ派よりも柔軟で現実的な対応をしていたようだからである。信仰者は、やがて訪れる（ないしは彼らの活動を通して既に現れはじめている）最後の審判に備えるべく、地上に神の王国を樹立するための先兵であるとの確信が彼らにはあった。直接的な根拠は乏しいものの、ハワーリジュ派の苛烈なまでの献身ぶりは、この確信に由来したものであったと考えることも可能である。

ナフラワーンでの虐殺はアリーにとって、割に合わない大きな犠牲を伴う勝利であった。彼は本拠地であるクーファの安全を確保することには成功した。しかし、殺害されたおよそ一五〇〇人のハワーリジュ派の中には、模範的な敬虔さで知られた初期の信仰者たちも多数含まれていた。このため、共同体の指導者たらんとするアリーの道義性は損なわれてしまったのである。さらに戦闘後、アリーのクーファ兵たちはムアーウィヤへの新たな遠征に対して難色をあらわにした。ムアーウィヤの軍勢には彼らと同部族の者たちが多数含まれていた（このことはスィッフィーンで判明していた）ためだった。かくしてアリーはクーファに留まり、別の選択肢を模索しなければならなくなったのである。

だが、アリーの選択肢は次第に限られていった。ムアーウィヤの地位は、ドゥーマ・アルジャンダルでの調停者たちの宣言とシリア軍による信仰者の長の地位の承認によって既に高まっていたが、エジプトでの出来事によってさらに強固なものとなった。アリーのエジプト総督であったムハンマド・ブン・アビー・バクルは、断固とした態度をとる（そしてなおも拡大しつづけていた）戦士の一団と対峙していた。彼らは依然としてウスマーン殺害に憤っており、それゆえアリーの指導権を認めようとしていなかった。アリーがハワーリジュ派に忙殺されていることを知ったムアーウィヤは、アムル・ブン・アルアースに精鋭を与えてエジプトへ派遣した。そして彼らは、既にアリーと敵対していたエジプトの人々と合流し、ムハンマド・ブン・アビー・バクルの軍を破った。その直後、アリーの総督は捕らえられ、殺された。三八年前半／六五八年八月までに、エジプトは再びかつての征服者であるアムル・ブン・アルアースの手中にしっかりと収まり、確固たるものとしてムアーウィヤ陣営に帰属したのである。

アリーの大義は、本拠地周辺においても破綻する兆候を示しはじめた。バスラで生じた騒動は鎮圧されたものの、イラクにおいてさえもアリーへの支持が低下していた。また、アリーは彼の従兄弟であるアブドゥッラー・ブン・アルアッバースと、短期間ではあるが鋭く対立した。アリーにとって彼の支持は重要であり、彼を排斥する余裕はほとんどなかった。この対立は（他の多くの逸話と同様に）、人々の反感を買いがちで情勢を見誤りがちなアリーの性質をよく示している。おそらく彼のこうした気質が主たる原因となって、彼の野望や、信仰者共同体において彼がかつて果たしていた役割に見合うような、信仰者の長としての承認を（彼の親族であるクライシュ族からさえも）、得ることができなかったのであろう。

三八年シャアバーン月／六五九年一月、調停者たちは二度目の会合を行った。どうやらこのときはムアーウィヤの要請によりアズルフ（現代のヨルダン南部）で行われたようである。しかし、アリーは最初の会合後にアブー・ムーサー・アルアシュアリーを交渉人から解任していたため、今回の会合はムアーウィヤによる事実上の広報戦略となった。会合の場において、ムアーウィヤの交渉人であったアムル・ブン・アルアースは敬虔なアブー・ムーサーを欺き、対立するアリーとムアーウィヤはともに退くべきであるとの合意に達したふりをして、アリーは信仰者の長から退けられるべきだと宣言するように仕向けた。* そしてアブー・ムーサーがそれを宣言した後、アムルは立ち上がってムアーウィヤの地位を承認する旨を宣言したのである。だが、この出来事によってムアーウィヤが獲得したと思しきプロパガンダ上の優位性も、実際上は何の直接的な利益にも転じなかったようである。

しかし、この段階でムアーウィヤはアリーとの抗争における主導権を握った。彼はシリアからユーフラテス川流域やアラビア半島北部へと繰り返し部隊を派遣し、襲撃を始めた。それはアリーの支配下にある者たちや中立的な立場に留まっていた者たちを、自陣営に引き込むことを目的として行われた（三八／六五九年）。アリーもまたユーフラテス川流域へ数回の派兵を行ったが、三八～四〇／六五九～六一年の間はハワーリジュ派との対決に専念していたようである。ナフラワーンに集結したハワーリジュ派の多くは、戦闘前に離脱し、その多くの集団がイラク中央部と南部を荒らしつづけていた。彼らは、敬虔さからくる呵責の念のみならず、ナフラワーンで倒れた多くのハワーリジュ派の同志たちや同族の者たちの復讐を動機とし、人々にアリーを不信仰者として否認するよう求め、ときには彼らに同調することを拒んだ者すべてを背教者とみなして殺害するようになっていた。アリーは一連の騒乱の鎮圧に成功したが、ハワーリジュ派をさらに殺害したことにより、生き残った彼らの憎悪は深まるばかりであった。

この頃ムアーウィヤは、将軍ブスル・ブン・アビー・アルタート率いる一軍をアラビア半島へ派遣した。この軍はヒジャーズを通過し、イエメンおよびハドラマウトにまで進軍した。この遠征時にブスルが残虐行為を行っていたとする多くの伝承があるが、それらの伝承が信頼に足るものなのか、あるいは反ムアーウィヤ的なプロパ

＊アブー・ムーサーはアリーの利益を代弁する交渉人としては解任されたが、一　依然として内乱を調停するための交渉人であり続けていた。

ガンダによるものなのか、はっきりしない。同様に、この進軍に対してアリーが何らかの有効な対抗措置をとったのかどうかも判然としない。とにもかくにも、この遠征によってアリーの総督たちは駆逐され、上記の地域の主な都市すべて、すなわち象徴的に非常に重要である聖都メッカおよびメディナのみならず、ターイフ、タバーラ、ナジュラーン、サヌアなどもムアーウィヤの支配下に入ることとなった。

いまやアリーの状況は惨憺たるものとなっていた。彼の支配はイラクに限定され、しかもその中においてさえ、彼はハワーリジュ派の残党による継続的な反抗と支持者たちの多くの士気低下に悩まされていた。そうした状況下にあってもなお、彼は（またしても）シリアへの遠征軍を召集しようとしていたのであるが、ちょうどその折にクーファのモスクでハワーリジュ派の刺客によって殺害された（四〇年ラマダーン月／六六一年一月）。極端に敬虔なかつての支持者たちとの長く不幸な関係に、アリーはこれ以上ない対価を払うこととなったのである。

アリーの死に際して、クーファにいた彼の支持者たちは彼の息子であるハサン・ブン・アリーを彼らの指導者、すなわち信仰者の長として承認した。しかし、ハサンは父親のような野心を持っていなかった。彼はムアーウィヤに対して軍を起こすようなことをせず、クーファに座したままという消極的な姿勢で事の推移を傍観していた。やがて彼はムアーウィヤと漫然と書簡を往復させるようになったが、ムアーウィヤはその一方で大軍を集めていた。直後にムアーウィヤは自ら軍を率いてユーフラテス川を下り、ハサンから退位に関する同意を取り付けた。その同意内容は次の通りであった。ハサンはムアーウィヤを信仰者の長として承認することに同意し、その対価として、ハサンは余生を色事に耽って過ごすのに十分な額の年金を得るというものである。そしてハサンはその後二度と政治的な言動をしなかった。この合意の結果、四一年第二ラビーウ月／六六一年八月にムアーウィヤはクーファの人々からも正式に信仰者の長に承認された。少数のハワーリジュ派集団を除いて、信仰者たちは再び一人の信仰者の長の下に統一されたのであった。

第一次内乱は、経済その他の現実的な問題もはらんでいた。しかし最も核心にあったのは、今後の信仰者共同体における指導権のあり方、特にその敬虔さと道徳性の問題をめぐる争いであった。ウスマーン殺害後に起こった苦い抗争の中で、指導権を要求した者たちや集団がそれぞれの主張を、信仰者にとってふさわしい指導権のあり方を決定するための異なる基準に基づいて、行っていたのである。

あらゆる集団ないしは主張者が折に触れて言及していた最も本質的な基準は敬虔さであった。敬虔さこそが原初の信仰者運動の中心にあった推進力だったためである。これを最も純粋に発露させたのがハワーリジュ派であった。彼らにとって敬虔さは、単に重要な基準というだけでなく、唯一の基準であった。彼らからすれば、最も敬虔な信仰者のみが指導者たりうるのである。彼らは部族や民族、あるいは社会的地位といった要素を断固として考慮に入れなかった。そして、彼らの目に罪深いと映った指導者は誰であれ、改悛するか、さもなくば解任されなければならなかった。罪深い指導者に従うこと自体が罪なのであり、その罪によって人は真の信仰者からなる共同体から締め出され、自分の来世を危険に晒すことになるのだとされたためであった。

ハワーリジュ派以外の集団は、敬虔さへの関心を他の基準と組み合わせる傾向があった。多くの敬虔な信仰者たちは、それを「先行」（サービカ）の概念と結び付けた。彼らは、共同体を最もよく治めうる指導者は、ムハンマドの最初の、そして最も忠実な支持者たちの中にこそ存在すると思っていた。そうした者たちは、ムハンマドの理想に従って共同体を導く術を、他の誰よりもよく理解しているはずだと考えられたためである。こうした考えを信奉したのは、タルハ・ブン・ウバイドゥッラー、ズバイル・ブン・アルアウワーム、アブドゥッラフマーン・ブン・アウフ、アンマール・ブン・ヤースィルといった著名な初期の移住者と、多くのメディィナの援助者であった。また、最初の四人の信仰者の長であるアブー・バクル、ウマル、ウスマーン、アリーたちの存在がこの点で堂々たる資格を有していた。この主張はとりわけ、多くのウマイヤ家の者たちのように、かつて預言者に敵対し、彼の晩年になって従った者たちに、その矛先を向けたものであった。

早い段階で現れていた第三の基準は、預言者との血縁であった。預言者の従兄弟にして女婿であったアリーが、アブドゥッラー・ブン・アルアッバースのような他の従兄弟たちと比較して預言者に血縁的に近いというわけではなかったものの、これを最も強く主張したと後世の伝承で述べられている。だがその一方で、ムハンマドとの近しい血縁によって、アリーが共同体のほとんどの人物から、先達の三人を超える好感を得られなかったことは明らかである。人々の念頭には、最も重要な別の考慮すべき点があったにちがいない。それに加えて、クルアーンではいくつかの章句において、信仰者どうしの結び付きは最も近しい親族との結び付きにも勝ることが強調されている（例えばクルアーン九章二三節）。

最後に、次のような者たちがいた。すなわち、実務での有能さや信仰者運動への奉仕、そして共同体の成員たちからの承認をもって、自ら指導者たらんと主張した者たちである。こうした主張に対して多くの人々は、上述の三つの「真の」資質を欠いた者たちによる、単なる権力奪取を糊塗するものにすぎないとして蔑んだ（今日もなお蔑んでいる）。そのように軽蔑された者たちとは、例えばアムル・ブン・アルアースやムアーウィヤなどであった。彼らは信仰者運動に参加するのが遅く、またときに敬虔さにおいて模範的とは言えなかったためである。しかしながら、彼らには都合のよい有力な論拠があった。その晩年にムハンマドは、かつて最も激しく敵対した者たちを要職につけることで、「心の一致」政策を進めていたのである。アブー・バクルにも引き継がれたこの政策は、信仰者運動は現世においてやがて成就するとしても、そのためには世俗的な指導力を持った断固たる人物の手で導かれるべきだという認識に基づいていた。ウマルが死の淵に瀕していたとき、その敬虔さで名高かった彼の息子アブドゥッラーを後継者として指名するよう、ある者が訴えた。これに対してウマルは次のように答えた。「己の妻と離婚することもできない者を、どうして後継者に指名することができようか」。この発言でウマルは、単に息子の人となりに評価を下したのではなく、良き指導者たる決定的な要素として毅然たる態度が挙げられると考えていた多くの人々の気持ちを、おそらく代弁したのであろう。

初期の信仰者運動のこのような中心的な特徴に敬虔さがあったという事実から、なぜ第一次内乱が信仰者たちにとって、それが発生していた当時も、その後数十年間も、そしてそれ以降のムスリムたちにとっても、かくも忘れがたい苦痛に満ちた出来事となったのか、その理由を説明することができる。信仰者たちは、別種の挫折、例えば不信仰な外国の軍勢に対する大敗などについては、比較的落ち着きを保って対応していた。こうした挫折に対しては、たとえそれがもはや十全な神の恩寵を得ることができなくなる兆しだとみなしえたとしても、彼らはそうは考えずに、迅速に対応して活力と確信を増したのであった。彼らがそのように考えなかった理由として、正しき者は不信仰や不信仰者と戦わねばならないということが、クルアーンで明示されていたということもあるだろう。そのため、ときには挫折も避けられないものであり、そのことが信仰者たちをさらなる努力へと駆り立てたのである。しかし、第一次内乱では状況が異なっていた。それは単に信仰者共同体を分裂させただけではなく、まさに共同体のアイデンティティを焦点とする議論にまつわる問題、すなわち敬虔さや道徳の問題で、信仰者たちを分断してしまったのである。ウスマーンの行動が正しかったのか否かをめぐって、彼らは公然と対立し

クルアーン九章（悔い改めの章）二三〜二四節

信仰する人々よ、おまえたちの父や兄弟が、もし信仰よりも不信仰（クフル）を選ぶならば、けっして友としてはならない。おまえたちの中でそういう人を友とする者があれば、その者は不義の徒である。言ってやれ、「もしおまえたちの親、子ども、きょうだい、妻、親族、それから自分が取得した財産、売れ残りが心配な商品、気に入っている住宅、このようなものが、神やその使徒や神の道［神の大義］のための戦い（ジハード）よりもおまえたちにとって好ましいならば、いずれ神が決断を下したもうまで待て。神は邪悪の人々を決して導きたまわない」

た。そして彼の殺害後には、叛徒や他の主な人物たちの行動が道徳的に正しいものであったのか否かをめぐり、彼らはさらに鋭く対立した。さらに、暴動に対してどのような立場をとったのかということにかかわらず、ウスマーンもアリーもともに何の罪もないと主張することはほぼ不可能であったため、あらゆる面から見て最も道徳的に卓越した人物であるはずの共同体の指導者に、他ならぬその道徳心について疑いの目が向けられるということになってしまったのだ。かなり後になって、一世代ないしはそれ以上の時が経った後、共同体はようやく第一次内乱の一連の出来事が生んだ痛みから快復した。それと同時に、一方が他方を誤りであると主張する行為に内在する共同体分裂の危険性を察知した。そうした認識が形成された後、共同体はウスマーンとアリーを(アブー・バクルやウマルと同じく)ラーシドゥーン、すなわち「正しく導かれし者たち」、つまり誰もがその指導者としての正当性を認めるべき者たちであると認めるようになったのである。

二つの内乱の間の期間（四〇〜六〇／六六一〜六八〇年）

四〇／六六一年、最終的にムアーウィヤがただ一人の信仰者の長として残った。この年はムスリムの伝承において「統一の年」（アーム・アルジャマーア）と呼ばれ、二〇年間の比較的平穏な期間の始まりとなった。この間、信仰者たちは神の支配の拡大という本来の活動目的へと邁進し、支配地域に公正な秩序を確立することに再び目を向けるようになった。

ムアーウィヤは、自分への忠誠心と、しばしば発生する諸地方での騒擾に対応する能力について問題ないと判断した人物を総督として任命した。その多くはウマイヤ家の者たちであった。例えば、彼の又従兄弟であったマルワーン・ブン・アルハカムやメディナ総督職をめぐってマルワーンとライヴァル関係にあったサイード・ブン・アルアース、そして彼の最初のバスラ総督となった遠縁のアブドゥッラー・ブン・アーミルなどである。それ以外の総督たちはウマイヤ家の出身ではなかったが、いずれも特別な理由から選ばれた者たちであった。例えば、メッカ総督にはクライシュ族マフズーム家の出身である高名なハーリド・ブン・アルアースを任命した。ハーリドは既にウマルの時代に同職を経験しており、同市で非常に好まれていたためであった。エジプト総督職は自然な成り行きでアムル・ブン・アルアース（クライシュ族サフム家出身）が手にした。ムアーウィヤの同意を得て、アムルは自身の甥であったウクバ・ブン・ナーフィウ（クライシュ族フィフル家出身）に北アフリカへの侵攻と統治を命じた。クーファ総督にはサキーフ族（ターイフの部族）出身のムギーラ・ブン・シュウバが任命された。ムギーラは初期に入信した（かつ預言者の護衛を務めた）人物であったが、同時に道徳的に好ましくない一面も備えていた。しかし、おそらくムアーウィヤは彼の能力や頑強さ、そしてムアーウィヤに対する揺るぎない支持を評価していたのだろう。こうしたムアーウィヤの任命した総督たちの中で最も興味深い人物は、ズィヤード・ブン・アビーヒ（「彼の父親の息子ズィヤード」）である。ターイフのサキーフ族の中で育ったズィヤードは、父親の定かではない人物であったが、卓越した行財政能力の持ち主であった。第一次内乱期にズィヤードは熱心なアリー支持者であり、比較的若かったにもかかわらず、その優れた能力のゆえにアリーによってファールス総督に任命された。アリーの死後、ズィヤードはファールスに留まって地方財政の管理を続け、しばらくはムアーウィヤと距離を置いていた。しかし最終的にムアーウィヤは、彼を自分の腹違いの兄弟として（つまり、既に故人であって反論することのできない実父アブー・スフヤーンの息子として）認めたことで、彼を迎え入れることに成功した。この懐の広い振る舞いによって、ムアーウィヤは十分な配当を手にしたのである。四五／六六五年、ムアーウィヤはイブン・アーミルに替えてズィヤード（以後はズィヤード・ブン・アビー・スフヤーンと呼ばれた）をバスラ総督に任命した。後にズィヤードはクーファ総督にも任命され、帝国の東方領域全体を管轄することとなり、これをよく治めた。ムアーウィヤが自分の決定を後悔したことはなかったであろう。

ムアーウィヤの任命した主な総督たちは、新たな征服活動の再開を指揮した。この時点で信仰者たちの統治組織は、常備軍だけでなく、租税徴収網や初歩的な官庁、官僚機構といった、明確に国家としての特徴を備えたものへと成熟していた。こうしたことから、六六〇年以降の征服活動の性質も、六三〇年代や六四〇年代の初期の征服活動とは幾分変質していた。何よりもまず初期の征服活動は、信仰者たちが世俗的で罪深いものとみなしたビザンツ帝国やサーサーン朝の政治体制に取って代わること、またそれらに代わる神の法を遵守することに専心する新しく正しい秩序を確立しようという、信仰者たちの熱望によって推進されていた。こうした初期の征服活動は、中央が強い推進力を有していた一方で、各前線地域での偶発的な事態に対応するかたちで場当たり的に行われていた。そして、中心的な推進力を供給していたメディナの未成熟な政府は、まさにその稼働していた軍隊によって成長を阻害されていたと言えるかもしれない。一方で、ムアーウィヤの時代までに、またはそれ以後に、征服活動は徐々により制度化、習慣化していった。常備軍はいまや、確立された多くの前線基地、特にヒムスやフスタート、クーファ、バスラのようなアムサールから出撃し、戦士たちは季節ごとの遠征活動を終えるとそこに帰還するようになった。遠征はほとんどの場合、規則的かつ事前に設定された期間内（たいていは六ヶ月か一二ヶ月）で行われるようになった。また、神の支配の拡大、すなわち「神のためのジハード（ジハード・フィー・サビール・アッラー）」の遂行や、信仰者たちによる正しい政府の樹立といった概念は、変わらずに重要でありつづけたが、新たな遠征活動は、国家の現実的な必要性からも推進された。すなわち、兵士たちの俸給や年金の支払いを満たすために、戦利品や捕虜の一定の流入を必要としたのである。要するに、ムアーウィヤの時代までに、信仰者運動初期に見られたような神から与えられた道義的、宗教的責務の発露という征服活動の性質は薄まり、制度化された国家政策としての性質が色濃くなったのである。この変化は、預言者を直接知る最後の教友たちが徐々に退場していったことと時期的に一致していた。

ムアーウィヤの時代における新たな拡大の重要な前線地域は北アフリカであった。ウマルとウスマーンの時代に、信仰者たちの軍は、西方はリビアのトリポリタニアに至るまで支配を確立していた。さらに西方で幾度か重要な勝利を手にしたものの、それはビザンツ帝国のアフリカ属州（おおむね現在のチュニジアに相当）への一時的な襲撃に留まっていた。ムアーウィヤの時代になって軍はさらに西へと侵入していき、新たなミスルをカイラワーンに建設した（五〇／六七〇年）。この都市はその後のマグリブ西部への侵攻拠点となったばかりでなく、経済や文化の重要な中心地ともなった。当初、オーレス山地にいたキリスト教徒であったベルベルの定住民で、クサイラ（あるいはカスィーラ）を指導者としていたアウラバ族との間には、平和な共存の時代があった。彼らが信仰者運動に参加したこともありうる。しかし、少し経ってからウクバ・ブン・ナーフィウが司令官に再任される（六二／六八一年、ムアーウィヤの死の直後）と、政策の変更があったらしく、ベルベルの人々とアラビア半島出身の信仰者たちの間に戦闘が生じた。この戦闘は当初、信仰者たちの劣勢であった。ウクバ・ブン・ナーフィウはビスクラ近郊で殺害され、信仰者たちはカイラワーンの新たなミスルを放棄させられそうになったが、最終的にはクサイラを敗走させることに成功した。その後も信仰者たちの拡大に対するベルベル人の抵抗は長年にわたって続いたが、カイラワーンの建設によりマグリブ東部における信仰者たちの存在感は大いに高まった。すぐにウマイヤ朝の支配者たちにとって、この地域での恒常的な襲撃は戦利品、特に奴隷の重要な獲得源となったのである。

他方で、もう一つの拡大の波がバスラとクーファの行政区域である東方で生じていた。アブドゥッラー・ブン・アーミルはスィースターンへ派兵してザランジュとカーブルを再征服したのだが、その後は抵抗が激しくなった。彼の後任のバスラ総督となったズィヤードは、不毛なスィースターンを放置し、代わりにより豊かなホラーサーンとその周辺地域への拡大に力を注いだ。彼はミスルであるメルヴから東方へ、白いフンとも呼ばれるエフタル（オクサス川流域に暮らしていた遊牧民）に対して幾度か遠征軍を派遣した。さらにバスラからメルヴへ五万人を入植させ、同地の駐屯軍を強化した。このズィヤードの行動については、彼が関心を抱いていた、バスラの安定化とバスラおよびクーファの支配強化という文脈の中で理解する必要がある。特にこの頃のバスラは、アラビア半島からの新規移住者で過密となっていた。そのため、多数の戦士を移住させることが、過密人口とそれに付随する緊張状態の緩和に繋がったのである。また同時に、彼は無数のハワーリジュ派反乱の鎮圧、クーファとバスラにおける戦士の俸給の整理（とおそらくは削減？）、そして両都市での管理能力を向上させるために居住地を再編成した。五三／六七三年にズィヤードが没すると、最終的に彼の息子であるウバイドゥッラー・ブン・ズィヤードがバスラ総督を継ぎ、彼の政策を継承した。

ムアーウィヤ時代の前線地域として最後に挙げられるのは、ビザンツ帝国と対峙していた北方である。おおむね年に一度、定期的に行われていたアナトリアへの夏の遠征に加えて、少なくとも二度、ムアーウィヤはビザンツ帝国の首都コンスタンティノープルを奪取するべく派兵した。一回目（四九／六六九年）の遠征ではすぐに撤退したが、海上からの攻撃と連携して行われた二回目の遠征では、最終的に撤退するまでの三年間（五四〜五七／六七四〜六七七年）コンスタンティノープルを包囲した。この時期、海上ではアルワード島（シリア沿岸の島）とロードス島を占領し（五三／六七三年）、クレタ島を襲撃していた。

ムアーウィヤの治世は、その表面上は比較的平穏であった。しかしその水面下では信仰者たち、特にアラビア半島西部の支配者層の間に、根本的な問題に関する不和が未解決のままで残存していた。ときにそれが表舞台に姿を見せた。例えば、ムアーウィヤのクーファ総督たちとフジュル・ブン・アディー・アルキンディーに率いられた不満分子の集団の間の、短期間で終わった対立が挙げられる。かつてアリーを支えていたフジュルとその仲間たちは、ムアーウィヤの総督であるムギーラとズィヤードがモスクでの集団礼拝時にウスマーンへの赦しを請い、アリーへの呪詛を行っていたことに対し、ますます反感を高めていった。（このサッブという敵対者を呪う政治的手法は、どうやら第一次内乱期にアリーによって始められたものであったが、ムアーウィヤとその支持者たちは喜々としてこれに同じことをやり返したわけである。）フジュルとその仲間たちは、自分たちの不満を表明するために、総督たちに野次を飛ばして小石を投げつけた。やがて彼らは捕縛され、シリアのムアーウィヤのもとへ送られた。

そしてそこでフジュルと数人の仲間は処刑されたのであった。以上の出来事は、どちらかと言えば小さな逸話である。しかし、第一次内乱における諸問題、特にウスマーンの敬虔さに関する疑問、その殺害は正しかったのか、そしてアリーによる指導権の要求に正当性はあったのかといった問題がなお未解決のままに潜在していたことを示している。

また、フジュルの騒動は、別のより世俗的な問題も関わっていたのかもしれない。九世紀のビザンツ帝国の歴史家テオファネスの記したところによれば、ムアーウィヤはイラク軍の俸給額を引き下げ、逆にシリア軍のそれを引き上げたという。この記述は他史料からは確認されないものの、示唆的であり、ありうる話である。おそらくこの政策は、もし実際の政策であったとするならば、内乱期を通じて忠実であったシリア軍に報い、逆にアリーを支えたイラクの戦士たちを罰しようという、ムアーウィヤの単純な試みであったのだろう。またあるいは、(先述のように少なくとも二度にわたってビザンツ帝国の首都コンスタンティノープルの征服を試みていた) ムアーウィヤは、サーサーン朝が既に倒れた今、信仰者たちが直面している主たる課題はビザンツ帝国との闘争であると考えたのかもしれない。そのため、彼は対ビザンツ戦線の重要性を強調し、そこで戦う兵士たちに報いるべく俸給の引き上げを行った可能性がある。いずれにせよ、イラクの戦士たちの俸給を引き下げるというこの政策が、別の不満を抱えていた戦士たちの背中を、まぎれもない反乱へと容易に後押ししてしまったのかもしれない。

また、ムアーウィヤの治世には別の緊張もはらんでいた。彼はメディナその他で広大な私有地を手にしており、そうした土地の取得にあたっては、土地を奪われたと前の所有者から憤慨されるような手段を用いることもあったようである。彼は投資として入手した土地を経営していたようであり、ある報告によれば、彼はヤマーマに四〇〇〇人の奴隷が働く土地を所有していたという。また、今日でもメディナとターイフに、彼に言及した碑文を有するいくつかのダムが残っており、彼の不動産を開発するための努力の跡を窺うことができる。こうしたムアーウィヤの活動に対し、共同体の多くの者たち、特にクライシュ族やメディナの人々は、嫉妬と反感を覚えたであろう。彼らは預言者に近しい信奉者たちの子孫であり、それゆえ自分たちこそが信仰者たちの体制における第一の受益者たるべきであるにもかかわらず、放置されていると感じていたのである。

初期の信仰者運動が、クルアーンの法に従うアラブに加え、正しく生きることへの専心を共有した多くのユダヤ教徒、そして特に（そうであったと思われるが）多くのキリスト教徒をもその活動の中に組み入れることを可能にするような、普遍的一神教的なものであったということは、ここで再び念を押しておく必要があるだろう。ムアーウィヤの時代の税務行政においては、シリアのキリスト教徒や（エジプトの）コプトの書記たち、イラクではアラム人ないしペルシア人ゾロアスター教徒の書記たちに多くの人員を負っていたと考えられている。例えば、ムアーウィヤのもとで財務を取り仕切っていたシリアのキリスト教徒セルギオス（アラビア語ではサルジューン）・ブン・マンスールであった（彼の息子であるヨハネス、すなわちダマスクスのヨハネスは、ビザンツ帝国の教会から聖人と認められる以前、ウマイヤ朝下で父と同様の役割を担った）。それればかりか、キリスト教徒は信仰者たちの軍事活動にも参加していたようである。ムアーウィヤ自身、シリアに着任した当初から、シリアの有力部族であったカルブ族と緊密な関係を構築していた。カルブ族はシリア平原を支配していた部族であり、長らく単性論派のキリスト教徒であった。彼らとの結び付きを強化するために、ムアーウィヤはカルブ族の指導者であったマーリク・ブン・バフダルの娘であるキリスト教徒のマイスーンを妻とし、またカルブ族兵士は軍の中核部隊となっており、その軍務に対して高額の俸給を受け取った。後述するように、ウマイヤ朝のシリア軍の一部は第二次内乱期になってもなおキリスト教徒であった。六七／六八七年頃、メソポタミア北部の修道士であったユハンナー・バル・ペンカーイェーは、ムハンマドによる布教と信仰者運動の始まり、そして彼らが毎年襲撃を行う様子を年代記に残した。彼はそこで、信仰者たちの中にはさまざまな宗派の「少なからざるキリスト教徒」が参加していたことを記している。

このように、初期の信仰者運動の、キリスト教徒に（そしておそらくはユダヤ教徒やゾロアスター教徒にも）比較的に「開かれている」という性質は、七世紀半ばを過ぎても継続していたようである。多くの同時代の碑文が示しているように、いまやムアーウィヤ自身が「信仰者の長」と名乗ることを選んでおり、また一世紀／七世紀の半ばに作成されたいくつかのパピルス文書が、「信仰者たちの司法権（あるいは「時代」かもしれない）カダー・アルムウミニーン」に言及している。今のところ、支配者層や一般大衆が信仰者というより広範な自己認識を断念して、他の一神教徒と一線を画した「ムスリム」という狭い範囲の自己認識を好んだという文書史料の証拠は存在していない。後述するように、こうした変化は第二次内乱の後になるまで起こらなかったのである。

第二次内乱（六〇～七三／六八〇～六九二年）

四〇／六六一年にムアーウィヤは第一次内乱の勝者となったが、実際のところ、内乱時の争点となっていた指導権をめぐる根本的な問題は解決されないままであった。指導権を主張する者が一人になってしまったことで、この問題が一時的に棚上げされたためである。しかし、六〇年ラジャブ月／六八〇年四月にムアーウィヤが没すると、信仰者の中の有力者たちを分断する潜在的な緊張が急速に表面化した。円滑な地位の継承を望んでいた晩年のムアーウィヤは、息子ヤズィード・ブン・ムアーウィヤを後継者として指名する布告を出していた。ヤズィードその人が後継候補として不適格というわけではなかった。彼はムアーウィヤの時代にコンスタンティノープル遠征の一つで軍を率いた経験があり、ムアーウィヤとカルブ族出身の妻マイスーンの間にできた息子であった。この二点から、彼はシリア兵に好まれていた。そのため、ムアーウィヤによる彼の後継者指名に対する反対はほとんどなかった。ただし、自らの手で共同体を導かんと欲していたアラビア半島の有力者たち数名は別であった。重要なことは、そうした者たちは皆クライシュ族であり、一人を除いて初期の信仰者の長の息子たちであるか、あるいは第一次内乱期にそれを主張した者の息子であった、ということである。その者たちとはアブドゥッラー・ブン・アッズバイル、フサイン・ブン・アリー、アブドゥッラフマーン・ブン・アビー・バクル、アブドゥッラー・ブン・ウマル、そしてアブドゥッラー・ブン・アルアッバースであった。ムアーウィヤの死後、後者三名はヤズィードを信仰者の長として認めた。おそらく彼らの反発は、ムアーウィヤが事前にヤズィードへの忠誠の誓いを得ようと画策していたことに対するものであり、ヤズィード本人に対するものではなかったのだろう。しかし、フサイン・ブン・アリーとアブドゥッラー・ブン・アッズバイルは、ヤズィードの地位を承認することを拒んだ。二人はメディナのウマイヤ朝総督を避けて同都市を離れ、メッカにある不可侵領域であるハラムに避難した。

クーファでは、かつてアリーを支持した多くの人々がムアーウィヤの死に希望を抱き、メッカにいたアリーの次男フサインへ書簡を送りクーファへ招いた。彼らはフサインに対し、クーファに来れば信仰者の長となるための大きな支持を得られるであろうことを保証した。（先述のように、第一次内乱の最後、彼の兄ハサンはムアーウィヤのために信仰者の長の地位を放棄して政治から身を引いていた。）この時点から、アリーとその子孫に忠誠を誓う人々は「シーア派」とみなすことができるだろう。ただ、この初期の段階ではまだ「アリーの党派」（アラビア語でシーア・アリー）は後のシーア派に見られる一連の神学的教義を十分に発展させてはいなかった。

信仰者の長となる企ての準備のため、フサインは従兄弟のムスリム・ブン・アキール・ブン・アビー・ターリブをクーファへ派遣した。彼はクーファのシーア派によって暖かく迎え入れられ、シーア派指導者の一人であったムフタール・ブン・アビー・ウバイドの屋敷に滞在した。しかし、ウマイヤ朝の総督ウバイドゥッラー・ブン・ズィヤードが彼らの計画を嗅ぎつけ、ムスリム・ブン・アキールを捜し出した。そしてムスリムは、体制に対する陰謀を企てたということで処刑されてしまった。

しかしフサインは、ムスリム・ブン・アキールの死を伝えられる前に、一族の小集団を率いてクーファへと出

アリー・ブン・アルフサイン・ブン・アリー・ブン・アビー・ターリブの詩

彼はフサインの家族の中で、カルバラーで最初に殺害された人物と言われている。この詩はおそらく、ウマイヤ朝軍のシャバス・ブン・リブイー・アッリヤーヒーとシャミル・ブン・ズィー・アルジャウシャン（三行目）が率いた部隊との戦いに向かう際に、彼が詠じたものであろう。最終行には、その父親〔ズィヤード・ブン・アビーヒ〕が信仰者の長ムアーウィヤによって彼の異母兄弟として認められていた、ウマイヤ朝の総督ウバイドゥッラー・ブン・ズィヤードへの言及がある。この詩には、シーア派によって展開された中心的な諸観念、特に預言者との近しさを根拠としてアリーを正当とする観念や、例え勝ち目の薄い場合であっても正しき者は暴君との戦いを遂行するべきだとする観念が現れている。この詩が真正のものであろうとなかろうと、比較的初期の著者であるアブー・ミフナフ（一五七／七七三〜七七四年没）の時代までこうした観念の流布していたことが、この詩には表れている。

私はアリーの息子であるフサインの息子アリー
　我らと神の家の者たちは預言者に近しい存在
卑しきシャバスとシャミルなどは比べるべくもない
　私は剣が曲がるまでお前たちを打つ
ハーシム家の、アリー家の若者の斬撃である
　そして今日、私は我が父を守ることをやめはしない
神かけて、私生児の息子が我らを支配することはあり得ない

〔出典：Abū Mikhnaf, *Maqtal al-Ḥusayn b. ʻAlī*, ed. Kāmil Sulaymān al-Juburī（n.p.: Dār al-maḥajja al-bayḍā', 2000）, 139.〕

発してしまっていた。そしてフサイン一行はクーファ郊外で、彼を捜すべくウバイドゥッラーが派遣していた軍に道を阻まれた。両者の間で数週間にわたって交渉が行われたが、成果は挙がらなかった。フサインはヤズィードを信仰者の長として認めることも、また引き返すことも拒んだ。そしてウバイドゥッラーも、彼をクーファに入城させようとしなかった。最終的に、クーファの北東七五キロメートルの地であるカルバラーにおいて戦闘となった。そこでフサインとその一行は、ほぼ全員が殺害されたのであった（六一年ムハッラム月一〇日／六八〇年一〇月一〇日）。

この小さな反乱に決着をつけることはウバイドゥッラーの大軍にとっては造作もないことであったが、この出来事は重大かつ恒久的な影響をもたらすこととなった。短期的に見ればヤズィードの対抗者の一人が排除されたのだが、アリーの息子にして預言者ムハンマドの孫であり、その身に預言者の血が流れていたフサインが、多数の家族もろとも殺害されたことは、多くの信仰者たちに動揺をもたらし、ヤズィードは敬虔ではないとの印象を抱かせる原因となったのである。また、反乱のためにフサインを招いたクーファのシーア派は、彼を支えられなかったことで、この時に至って激しい後悔の念に苛まれるようになっていたが、さしあたってできることはほとんど何もなかった。フサインの死後、ウバイドゥッラーはシーア派の指導者だったムフタールを追放した。するとムフタールはメッカへ向かい、ヤズィードの支配に抵抗していたアブドゥッラー・ブン・アッズバイルと共闘する可能性を模索した。だが、エリート意識が強く頑固なイブン・アッズバイルは、自分の対抗者になりうる者と協力しあうことを好むような人間ではなく、ムフタールの申し入れを拒んだ。そこでムフタールは自身の故郷であるターイフにしばらくの間、留まることにした。

他方、ヒジャーズでの支持を獲得しようというヤズィードの試みは、実を結ばなかった。彼はメディナの有力者たちをダマスクスに招いて説得を試みたが、彼らの多くはムアーウィヤの政策に対する悪感情をいまだ抱いたままであった。これに加え、メディナに帰った彼らがヤズィードの節度があるとは言いがたい宮廷生活を伝えたことで、メディナの人々はヤズィードに対して共感するどころかいっそう憤った。それほどに敬虔さを欠いた人物が信仰者たちを指導しようとしていることに彼らは衝撃を受けたのである。また、メディナの人々がウマイヤ朝に憤る別の理由もあった。第一次内乱後にムアーウィヤは、主にアリーを支持していたメディナの人々から、土地を没収していたのである。このため、メディナの一部の者たちは実質的に農奴の地位に落とされてしまっていた。メディナの人々はウマイヤ家がメディナの土地から利益を得ることを妨げようとし、ヤズィードのメディナ総督はこれをたしなめていた。しかし六三／六八二〜六八三年、ついにメディナの人々はヤズィードの支配権を拒み、彼の総督を追放してしまった。

メッカのイブン・アッズバイルもまた、侮蔑的な演説をしてヤズィードを否認していた。その演説の中で彼は、ヤズィードの有名な珍獣愛好癖と放縦な生活ぶりを指して次のように述べている。「酒のヤズィード、漁色のヤズィード、豹のヤズィード、猿のヤズィード、犬のヤズィード、酔っぱらいのヤズィード、不毛な砂漠のヤズィード」（アラビア語原文は形容の部分が韻を踏んでいるのだが、当然ながら訳文には反映されていない）。その後イブン・アッズバイルは、ヤズィードが彼を捕らえるために派遣してきた軍を打ち破った（その軍を率いていたのはイブン・アッズバイルの兄弟アムルであったが、アムルは捕らえられ、熟慮のすえに処刑された）。こうして、ヒジャーズにおける反乱は明らかなものとなった。ヤズィードはシリア軍の大軍を組織し、これを二聖都へ向けて派遣した。この軍の中核をなしたのは、カルブ族と、当時もまだ大半がキリスト教徒のタグリブ族であった。伝えられるところでは、タグリブ族兵士の一部は十字架と自分たちの守護聖人であった聖セルギウスの旗を手に行軍したと言われる。この時点でメディナの人々は、およそ一〇〇〇人強いたと言われているウマイヤ家の者たちとその支持者たちをメディナから追放していた。ヤズィードの軍はヒジャーズを南下し、メディナの東にあった玄武岩の溶岩台地（ハッラ）に陣取った。ヤズィードを承認するように反乱者を説得する無駄な努力が数日間試みられた後、戦闘が始まった。メディナの人々（援助者の子孫と長らくメディナに暮らしていたウマイヤ家以外の多数のクライシュ族）は勝利目前にまで迫ったが、そこからシリア軍が形勢を逆転させた。クライシュ族を含む多くのメディナ住民が殺害され、メディナは三日間の略奪に晒された。「ハッラの戦い」（六三年末／六八三年八月）と呼ばれるこの戦闘の結果、メディナ住民の一部が奴隷にされることさえあったかもしれない。こうして、敗れたメディナの人々は、ヤズィードを信仰者の長とする忠誠の誓いを強制されたのであった。

アブドゥッラー・ブン・アッズバイルを屈服させるべく、ヤズィードの軍はメッカへ向かって南進を続けた。ヤズィードは当初から彼のことを最も危険なライヴァルとみなしていた。メッカは数週間にわたって包囲され（六四年初め／六八三年九月）、包囲戦の間に散発的な小競り合いが幾度かあった。その一つにおいて、カアバ神殿（より正確には、そこに掛けられていた布）に火がついて燃えてしまった。しかし、この包囲の最中、ヤズィードがシリアで急死したことが伝わった（六四年第一ラビーウ月／六八三年一一月）。メッカとイブン・アッズバイルへの攻撃にそれほど乗り気でもなかったシリア軍の指揮官は、ヤズィードの死を知って包囲を解き、イブン・アッズバイルと交渉を始めた。その交渉においてシリア軍の指揮官は、イブン・アッズバイルに対し、共にシリアへ行って信仰者の長となることを提案した。しかしイブン・アッズバイルはメッカから離れることを拒んだ。こうしてシリア軍はメッカから撤退し、ダマスクスへ向けて北上していった。

ヤズィードの死によってイブン・アッズバイルの状況は大きく改善されたように思われる。その一方で、ウマイヤ家の方は深刻な痛手を被ることとなった。六四／六八三年、イブン・アッズバイルは自らが信仰者の長であることを宣言した。シリアでは一部の者たちはヤズィードの息子ムアーウィヤ（二世）を信仰者の長として承認したが、別の可能性を模索する人々がシリア外に、そしてまたシリア内部においてさえ、多数存在していた。例えば先述のように、ヤズィードの軍の指揮官はイブン・アッズバイルを信仰者の長として承認しようとしていた。これは一部のウマイヤ家の者たちも同様であった。すでにメッカとメディナで信仰者の長として承認されていたイブン・アッズバイルは、エジプトへ総督を派遣した。そしてイラクについても、一時的な混乱が収まるとその地を領有しようとして、自身の兄弟ムスアブを総督として派遣した。またイブン・アッズバイルの支持者たちは、ウマイヤ家の者たちとその支持者をメディナから再び追放した。

その頃、ムアーウィヤ二世が、ウマイヤ朝の混乱を収束させることなく、即位後わずか数ヶ月で死去した。ウマイヤ家と密接な関係にあり、そのためにウマイヤ家以外の者が信仰者の長となった暁には保持していたもののほとんどすべてを失うことになる者たちは、必然的にウマイヤ家の後継候補者を熱心に捜すこととなった。そうした者たちの中には、特にシリア中央部で勢力を誇っていたカルブ族の指導者たちがいた。彼らは婚姻を通じてムアーウィヤ一世やヤズィードと同盟関係にあった。また、ムアーウィヤ一世とヤズィードにイラク総督として仕えたウバイドゥッラー・ブン・ズィヤードも、かの地におけるウマイヤ家による支配の存続を熱望していた。さらに、やはりムアーウィヤ一世とヤズィードのもとで行政を司っていたキリスト教徒のサルジューン・ブン・マンスールも同様であった。しかし、ダッハーク・ブン・カイス（クライシュ族のフィフル家出身）に率いられてシリア北部のカイス族の支持を受けた元ウマイヤ朝支持者たちは、イブン・アッズバイル支持にまわった。いまやイブン・アッズバイルは、ダマスクスとその周辺を唯一の例外として、帝国全域で信仰者の長の地位を承認されるに至ったのである。彼はダッハークを、任地に不在ではあるが、正式にダマスクス総督に任じた。そして、ウマイヤ家の長老であったマルワーンまでもがイブン・アッズバイルを承認する手前にまで追い詰められたようである（実際に承認したとする報告もある）。しかしやがて、ウバイドゥッラー・ブン・ズィヤードやカルブ族の指導者ハッサーン・ブン・マーリク・ブン・バフダルらの説得により、マルワーンは自ら指導権を主張するようになった。ウマイヤ家の者たちはダマスクス南西のゴラン高原にあるジャービヤに集まり、その場でマルワーンを信仰者の長として承認した。そして彼に忠誠を誓う支持者（特にパレスティナのカルブ族やジュザーム族の指導者たち）を糾合すると、マルワーンはダマスクス北西のマルジュ・ラーヒトの地でダッハークおよびイブン・アッズバイルの支持者たちと矛を交えた。この戦いでダッハークは戦死し、彼を支持していた者たち、とりわけカイス族も多数の戦死者を出して完全に壊滅した（六五年ムハッラム月／六八四年八月）。この戦いによってウマイヤ家とカルブ族の紐帯はより強固なものとなり、シリアにおけるマルワーンの地位は安定した。しかしその一方で、この戦いによりカルブ族やその同盟者たちとカイス族の間に激しい憎悪の種が蒔かれた。この敵対関係は、その後一世紀以上にもわたってくすぶりつづけ、後にシリア軍の一体化を模索するウマイヤ朝を悩ませることになるのである。マルワーンはシリアとパレスティナでの地歩を固めるべく（特にウマイヤ家内の対抗者に対して）迅速に動き、六五年半ば／六八五年初めには、イブン・アッズバイルの総督からエジプトを奪還することに成功した。その数ヶ月後、死に際したマルワーンは、彼の息子にして後継者であった活力に溢れるアブドゥルマリクにウマイヤ朝再建のための確固たる基盤を遺すことができたのである。

一方イラクでは、クーファのシーア派の台頭によってイブン・アッズバイルの支配が動揺していた。先述のように、カルバラーの戦いの後にヤズィードのイラク総督ウバイドゥッラー・ブン・ズィヤードによってクーファから追放されていたムフタール・ブン・アビー・ウバイドが、三年以上をメッカ、ターイフで過ごした後、六四年ラマダーン月／六八四年五月にクーファへ戻ってきた。クーファを離れていた間、彼はアブドゥッラー・ブン・アッズバイルに反ウマイヤ朝同盟をたびたび持ちかけていた。しかし、自尊心の強いイブン・アッズバイルは彼の提案を一顧だにしなかった。そこでムフタールは、正しい支配の確立や虐げられた者たちへの支援を掲げて、大衆迎合的な運動をクーファのシーア派に組織しはじめた。また、彼は人々に向かって、アリー・ブン・アビー・ターリブと、リッダで捕らえられたハニーファ族のハウラの間に生まれた子である、ムハンマド・ブン・アルハナフィーヤを信仰者の長として承認するよう求めた。そしてムフタールは、ムハンマド・ブン・アルハナフィーヤはアリーの息子であるのみならず、その到来によって悪を消し去り、地上に（最後の）正しい体制を打ち立てる、そのような終末論的な救世主（マフディー）であるからこそ、正当な信仰者の長としての資格を持つ人物なのだと主張した。（これはマフディーの概念が信仰者たちの間にあらわれたことを記録する最初の事例である。）ムフタールの運動は、シーア派のみならず、元捕虜やその子孫である多くのマワーリーの間にも広まり、クーファで広範な支持を獲得した。また彼の主張は、都市の支配者層に（彼らがウマイヤ朝支持かイブン・アッズバイル支持かとは無関係に）憤りを感じていた多くの一般の兵士たちに対しても訴求力があった。さらにムフタールは、クーファの部族指導者層からの支持を不可欠なものと考え、その獲得を図った。しかし、部族指導者層の利益とムフタールの大衆迎合的で「平等主義的」な性質のイデオロギーの間には、暗黙の対立関係が常にあった。ある史料は次のように伝えている。部族指導者たちはムフタールに向かって次のように不満を申し立てた。「お前は我々のマワーリーに狙いをつけたが、それらはこの領域全土と同じように、神が我らにお授けになった戦利品なのだ。我々が彼らを解放したのは、そのことについての（神からの）報いと償いを、そして彼らの我々に対する感謝を期待してのことなのだ。お前が我々の戦利品である彼らを仲間とすることは、我々にとって好ましくない」。

この緊張が高まりつつあった六六年末／六八六年初夏、クーファに一報が届いた。カルバラーでフサインを殺害した軍を派遣した前ウマイヤ朝イラク総督であるウバイドゥッラー・ブン・ズィヤードが、シリア兵を率いてシリア北部からイラクへ向けて進軍してきたのである。このおよそ二年前、カルバラーでフサインを助けられなかったことを悔いて「悔悟者」（タウワーブーン）と呼ばれたクーファの人々の一集団が、一軍を率いたウバイドゥッラーのイラク侵攻に対して出撃していったことがあった。彼ら悔悟者たちは、シリア北部とイラクの境界にあるアイン・ワルダの地で敵軍と遭遇し、全滅した（六五年第一ジュマーダー月／六八五年一月）。しかしその後、ウバイドゥッラーはジャズィーラ地方の平定に手間取った。それから一八ヶ月を経て、準備を整えた彼はイラク侵攻を再開したのであった。ムフタールはすぐさま有能なイブラーヒーム・ブン・アルアシュタルの指揮する一軍を組織し、ウバイドゥッラーの進軍を阻むべく北上させた。

イブン・アッズバイルのクーファ総督とそれを支持する部族指導者たちは、ムフタール軍の大半が出払ったこの時を利して一挙に片をつけようと、すぐさまムフタールへの攻撃を組織した。しかし、ムフタールはイブラーヒームを呼び戻すことに成功し、イブラーヒームは出撃からわずか数日で帰還した。その後の戦闘（六六年末／六八六年七月）でムフタール軍は、「フサインの復讐を！」や「神より勝利を与えられし者よ、殺せ！」というスローガンを叫んで戦いに向かった（後者のスローガンは終末に現れる救世主への言及）。こうして、ウマイヤ朝下でフサインに対する軍事活動を何らかのかたちで支持していた部族指導者たちは殺された。反乱の失敗が明らかとなると、部族指導者層のおよそ一万人が、クーファからムスアブ・ブン・アッズバイル治下のバスラへ避難した。ムフタールの支持者たちは彼ら逃亡者たちの家屋を破壊した。そしてムフタールは、「お家の人々」（アフル・アルバイト、すなわち預言者の一族のこと。ここでは特にアリーとその子孫を意味する）の復讐を約束することで、クーファの人々に忠誠の誓いを行わせた。そして彼は東方におけるクーファの広大な管轄領域、すなわちアルメニア、アゼルバイジャン、モスル、フルワーン、それ以外のイラク北部と中央部に、それぞれ総督を任命した。

こうしてクーファの支配をより確実なものとしたムフタールは、再びイブラーヒーム・ブン・アルアシュタル指揮の軍を、侵攻してくるウマイヤ朝軍に向けて派遣した。直前のクーファでの勝利に高揚していたイブラーヒーム軍の兵士たちは、フサインと悔悟者たちの復讐を熱望していた。そして、彼らはイラク北部のザーブ川付近を通過していたウバイドゥッラーの軍の前に立ちはだかった。形勢は再び彼らに傾いた。モスル近郊の地ハーズィル川での戦いでウバイドゥッラーの軍は壊滅した（この二年前のマルジュ・ラーヒトでの敗北をいまだ根にもっていたウマイヤ朝軍のカイス族部隊が逃亡したことが原因の一つであった）。そして、ウバイドゥッラー本人と他の主なウマイヤ朝の司令官たちは戦死した（六七年ムハッラム月／六八六年八月）。この勝利により、クーファに加えてイラク北部もムフタールの支配下に入った。これはアブドゥルマリクの帝国再建計画にとって深刻な後退であった。

他方で、クーファから追放された部族指導者たちが報復を行うまで、長くはかからなかった。彼らに促されて、ムスアブ・ブン・アッズバイルはクーファを奪還する試みを計画しはじめた。六七年半ば／六八七年初めまでに、彼らは準備を整えてクーファへ進軍した。ムフタール軍はマザールでの初戦で敗れてハルーラーへの退却を余儀なくされ、最終的にクーファに追い詰められて包囲された。そして六七年ラマダーン月／六八七年四月、ムスアブと彼を支持するクーファの者たちはクーファの占領に成功した。ムフタールは六〇〇〇人もの支持者たちとともに殺された。

ムフタールとその活動を排除したことで、イラクは再びイブン・アッズバイルの支配下に戻った。しかし、その後の彼の支配体制は平穏というわけにはいかなかった。ズバイル家政権はイラク、ファールス、そして特にアラビア半島東部において、多数のハワーリジュ派の反乱に直面したのである。なかでもアラビア半島東部では、ヤマーマ地方に暮らしていたハニーファ族出身の者たちが、ハワーリジュ派のナジュダ・ブン・アーミルによって率いられて膨大な数の叛徒となり、ズバイル家支配下の広大な一領域を奪い取った。こうした状況下の六八／六八八年六月、少なくとも四人の指導者が巡礼団をメッカへ向かわせた。それぞれの巡礼団は、イブン・アッズバイル、ウマイヤ朝のアブドゥルマリク、ハワーリジュ派の指導者ナジュダ、そしてアリー家のイブン・アルハナフィーヤの四者を信仰者の長と認める集団を代表したものである。

一方のシリアでは、アブドゥルマリクは、ハーズィル川の戦いで余儀なくされた後退を挽回するべく、イブン・アッズバイルに対して攻勢に出る前に、さまざまな脅威に対処しなければならなかった。例えば六七年初め／六八六年夏、彼はパレスティナでイブン・アッズバイル支持を表明していたジュザーム族の指導者の率いた反乱を鎮圧しなければならなかった。また北方の辺境においても、アマヌス山脈の好戦的な山岳民であったマルダイト〔アラビア語史料ではジャラージマと呼ばれる人々〕による、南はレバノンにまで至るシリア沿岸部への侵略活動がビザンツ皇帝によって（資金と兵員を与えられ）組織されていたため、これに対処しなければならなかったのである。アブドゥルマリクは、多額の金を支払う屈辱的な協定をビザンツ皇帝と結ぶことで、ようやくマルダイトを追い払うことができた。こうして六九／六八九年、イラクからムスアブ・ブン・アッズバイルを排除するべく、彼はダマスクスから最初の遠征に出発した。しかしこのとき、彼の遠縁にしてライヴァルでもあったアムル・ブン・サイード・ブン・アルアースが、彼の不在に乗じてダマスクスを占拠し、自らがウマイヤ朝の指導者たらんと宣言した。アブドゥルマリクはこの反乱を鎮圧するために、遠征を中止して帰還せざるをえなくなった。そして最終的に彼はアムルを処刑した。また他にも、ユーフラテス川沿いのカルキースィヤーにいたカイス族がウマイヤ朝に頑強な抵抗を示した。これについても彼は鎮圧の必要に迫られた（七一〜七二／六九一年夏）。

こうしたことの後、ようやく七二／六九一年末になってアブドゥルマリクは、イラクでムスアブ・ブン・アッズバイルの統治から排除されていた多くの集団や指導者たちと接触した後に軍を進めた。彼はまず、イブン・アッズバイルの重要拠点であるイラクに対して本格的な遠征に乗り出す準備を整えた。チグリス川中流の地ダイル・アルジャーサリーク（現代のバグダード北方）でムスアブの軍と対峙したアブドゥルマリクは、これをたやすく撃破した。というのも、ムスアブの兵士たちの多くが彼のために戦おうとしなかったか、あるいは四散してしまったためであった。最終的にムスアブは捕らえられて処刑された（七二年半ば／六九一年末）。こうしてアブドゥルマリクはクーファに入城し、その地で信仰者の長として承認を受けたのであった。

その後アブドゥルマリクは、彼の忠実な司令官にしてほどなくイラク総督となるハッジャージュ・ブン・ユースフにシリア兵二〇〇〇人を委ねてメッカのイブン・アッズバイルへ向け派遣した。ハッジャージュの率いたこの軍は、当初は寡兵であったが、数週間のうちにその数を増していった。それに加えて、以前よりアブドゥルマリクがイブン・アッズバイルのシリア侵入を防ぐためにヒジャーズ北部に派遣していた軍も合流した。ハッジャージュはまずターイフ（彼の故郷）に立ち寄って兵を集めた後、メッカへ向かった。そして七二年末／六九二年三月、メッカを封鎖して包囲攻撃を始めた。包囲は六ヶ月にわたって続いた。その間、イブン・アッズバイル軍兵士たちの多くは、絶望的な状況で逃亡し、あるいは身の安全を保証するという約束につられて投降した。そして、アブドゥッラー・ブン・アッズバイルはメッカ郊外で決定的敗北を喫し、戦死した（七三年第一ジュマーダー月／六九二年九月）。こうして、ついにアブドゥルマリクはすべてのアムサールとその管轄領域において信仰

写真 15　ウマイヤ朝のライヴァルたちによる二つの貨幣。上の貨幣はアブドゥッラー・ブン・アッズバイルによって発行されたものであり、イラン西部のファールス地方にある町ダーラーブギルドで（サーサーン朝の「ヤズダギルド暦」）53 年、すなわち 683–684 年に製造された。胸像の脇にはパフラヴィー語で銘があり、ABDULA AMIR I-WRUISHNIKAN、すなわち「アブドゥッラー、信仰者の長」とある。下の貨幣は 75/694–695 年に（イラン西部にある）アルダシール・フッラで、ハワーリジュ派の反乱者であるカタリー・ブン・フジャーアによって発行された貨幣である。パフラヴィー語で信仰者の長を意味する AMIR I-WRUISHNIKAN の文字とともに、カタリーの名前を銘に見て取れる。裏面には炎の祭壇がある。表面の外縁には、ハワーリジュ派のスローガンであるラー・フクマ・イッラー・リッラーヒ、すなわち「裁定は神にのみ帰する」の文字がある。

者の長として認められたのであった。騒乱の開始から一二年を経て第二次内乱はようやく終結し、ウマイヤ朝の支配が回復されたのである。

内乱についての考察

内乱に関する史料の記述から、いくつかの注目すべき点が見えてくる。第一に、二つの内乱、特に第一次内乱においては、信仰者たちの共同体を治めるのに最もふさわしい者は誰なのかという問題に議論が極端に集中していたという印象を受けるだろう。加えて、指導権は一部の集団、基本的にはクライシュ族に属するのが適切だと大部分の人々は考えていたようだ。(この考えに対する主な例外がハワーリジュ派である)。このことにより二つの内乱、特に第一次内乱は、過酷な同族内抗争となったのであった。内乱の主立った者たちのほとんどは、互いに血縁や婚姻によってしばしば緊密な親族関係にあるか、あるいは少なくとも個人的に互いをよく知る間柄だった。

第二に、二つの内乱はその残酷さが印象的であった。現存する史料に残る多くの逸話では、捕虜たちを冷酷に処刑する様子が述べられている。そこでは、父親たちの前でその息子たちが殺されたり、また縁者の手で、あるいは縁者の命令によって殺された者たちがあったり(アムル・ブン・アッズバイルは兄弟であるアブドゥッラー・ブン・アッズバイルによって、アムル・ブン・サイードはアブドゥルマリクによって、それぞれ処刑された)、敗れた者たちが大量に殺戮されたり(ナフラワーン、ハーズィル川、クーファのムフタール支持者たち、ハッラの戦いなど)している。こうしたことは、その時代が有していた荒々しい風潮や、粗野で洗練されてないベドウィンや農民であった多くの参加者たちの粗暴な風習と関係しているのかもしれない。だが、内乱で生じた無数の衝突におけるイデオロギー的な特徴にも、その原因の多くを負っていることは確かである。そしてこれこそが、人々をして、敵はまさしく悪の権化であると思わせたのである。彼ら信仰者たちは、完全に悔い改めたわけではない敗北した敵がイデオロギー的な理由から常に再び叛徒となる危険性のあることを鋭く察知し、それゆえに排除してしまったほうがより安全だと判断したのである。これに加えて、初期の信仰者運動における極度にイデオロギーを重視する性格からも、人々の精神はこうした「悪魔の同盟者たち」の排除を道徳的に受容し、ときには賞賛する場合さえあった。例えば、アイン・ワルダで死んだ悔悟者たちは、おそらくウバイドゥッラー・ブン・ズィヤードのことを悪魔の代表者であると確信していた。ハワーリジュ派は、正しい信仰を守ることについて自分たちの厳格な要求を満たさない者すべてを、背教者とみなして処刑した。そしてムフタールを支持したマワーリーたちを殺害したクーファの指導者たちは、マワーリーを、自分たちが神より与えられた財産の権利を不正に奪い取った侵害者とみなした。またこれとは別に、古めかしい血の復讐も無数の血なまぐさい出来事の大きな原因となった。例えば、ウマイヤ家はハッラの戦いにおいて、自分たちがメディナから追い出されたことやウスマーン殺害について、メディナの人々に復讐を果たした。あるいはムフタールに従った者たちは、フサイン殺害に対する復讐をクーファの指導者たちに要求し、またその復讐をウバイドゥッラー軍に果たしたことも、その事例であった。

第三に、特に第二次内乱において、信仰者共同体の歴史は新たな局面へと移行しつつあったことが明確に窺われる。預言者の教友たちの時代は急速に幕を下ろし、いまや登場人物たちは預言者とその生涯を形づくった闘争を知らない、より若い世代となっていた。初期の運動には、敬虔さや神の命令を遵守することへの明確な関心とともに、強烈なカリスマ的性質があったのだが、この性質の減衰を感じ取ることができるだろう。敬虔さへの献身はなおも存続していたが、それはより慣習化されて個人的なものではなくなっており、現実的で現世的な関心を持った多くの信仰者たちの間では薄らいでいたのである。そしてこの頃までにはどうやら征服活動は、迫り来る最後の審判のイメージに突き動かされた信仰者個々人の熱意の問題というよりも、むしろ国庫への歳入と略奪品の流入を維持するための収益性の高い国家政策のかたちへと変貌していたようである。

第四に内乱、特に第二次内乱において、かつては統合されていた信仰者共同体を現代に至るまで分裂させることになる亀裂の出現を確認することができる。第一次内乱において信仰者の長たらんとしたアリーの主張はやがて、アリーの一族を特別に崇敬するまぎれもない分派運動であるシーア派の誕生へと変容していった。シーア派は、第二次内乱におけるカルバラーでのアリーの息子フサインの虐殺を、自分たちを決定づけた出来事とみなすようになった。そしてこの出来事は、後世のシーア派によって現代に至るまで追悼されることとなった。この出来事はシーア派に、虐げられた者の大義を掲げるための手段として、殉教概念に焦点を絞った特別な自己規定をもたらしたのである。シーア派の中心的な教義の多くが十分に洗練されるまでに一世紀以上の時間がかかった。その中にはイマーム位、すなわち神に導かれた理想的な共同体指導者の概念もあった。しかし、そうした後世の運動の起源は第一次および第二次内乱にこそあったのである。こうして一連の出来事は、イスラーム共同体の正当性に関する、二つの異なる語りを形成する出発点となった。一つはアリーの一族に焦点を絞ったシーア派の語りであり、もう一つは（後にスンナ派と呼ばれるようになる）ウマイヤ朝も含めた実際の権力保持者たちの連続性に焦点を絞った語りである。第三の集団である超敬虔主義のハワーリジュ派がどのようにして第一次内乱時に出現したかについては、先述のとおりである。ハワーリジュ派は、今日においてはムスリムの中でもごく少数派をなしているにすぎないが、イスラームの始まり数世紀において非常に重要な存在だったのである。

第五に、長期にわたる断続的な抗争の中で、初期信仰者運動の揺籃の地にして精神の拠り所である聖なる都市メッカ、メディナを擁しながら、ヒジャーズ地方は、帝国規模の支配を効果的に行う本拠地としてはふさわしくないことが決定的となった。広範にわたる各地にアムサールを抱え、中東地域の大半を支配下に置いた信仰者共同体は、内乱期の時点でまさしく帝国規模の支配領域を有するようになっていた。本拠地としてよりふさわしいのは、確かな税源（特にエジプトとイラク）と安定した巨大な人口を有する地であった。これらの点において、ヒジャーズ地方はいずれも提供できなかった。信仰者共同体の歴史の中で、ヒジャーズ地方はますます政治的に本流から外れて沈滞した地（あるいは少なくとも支流）となっていったのである。

経済その他の現実的な問題が一連の抗争に多大な影響を与えていたことは確実である。実際、多数の者たちが抗争に参加する価値を見出すほどの、非常に大きな経済的利益が懸かっていたことは間違いない。ムフタールの反乱に関する記述には、クーファが深刻な社会的経済的緊張によって引き裂かれていたことが明白に現れている。その緊張が、アラビア半島出身のある種のエリート層を形成した初期の征服者の子孫たちと、かつての捕虜の子孫たち（マワーリー）を争わせたのであった。ときにはそこに、アラビア語を母語とする者とそれ以外の言語を母語とする者とを隔てる、社会的な距離感という通奏低音も加わった。こうした社会的経済的緊張は、おそらく以前から存在していたと思われる。しかし、ここで特徴的なことは、こうした不平不満が、正義の指導者（場合によってはマフディー、すなわち終末論的な救世主）によって問題は解決されるという主張に基づいた、一貫性を持った政治運動と繋がっていたことである。言い換えれば、信仰者運動が、第二次内乱の末期においてもなお、常態化した社会的な不公正や圧政はもはや許容できないものであり、新たなより正しい体制を構築できるはずだという確信をもたらしていたのである。このようにして、信仰者運動は人々に行動を促したのである。その行動とは、前近代社会（そしておそらくはあらゆる社会）に固有の社会的経済的緊張を解消するために計画された（と彼らが信じていた）ものであった。この意味において、緊張自体は常時存在していたのであるから、一連の歴史展開を生んだ最も重要な原因は信仰者運動と結び付いた潜在的な社会的経済的緊張ではなく、むしろ信仰者運動のイデオロギーこそが最たる原因だったのだと考えるべきである。

その抗争の大部分において、二つの内乱とは指導権をめぐるクライシュ族内部の争いであった。したがって初期信仰者たち、特に活動に参加したアラブではないキリスト教徒やユダヤ教徒たちを含む広義の共同体は、それらの抗争においてははっきりとは姿が見えない。第二次内乱では、少なくともキリスト教徒が関わっていたと思われる時期もあった。先述のように、ウマイヤ朝のキリスト教徒行政官であったサルジューン・ブン・マンスールは、ヤズィードとムアーウィヤ二世の死後、イブン・アッズバイルに対抗してウマイヤ朝に指導権をもたらすべく活動していた。彼は実際に、自分が信仰者運動に必要不可欠な一員であると考えていたのだろうか。あるいは、自分のパンにバターを塗ってくれる雇い主であるウマイヤ朝の利益確保に奔走する、雇われ者にすぎなかったのだろうか。十分な証拠と言えるものはないが、少なくともサルジューンのような人々は、自分が身を投じた活動を反キリスト教的なものだと感じていなかったことは明らかである。カルブ族指導者やウマイヤ朝軍の主要部分を構成した兵士たちの多くも、おそらくは当時まだキリスト教徒であったと考えられる。また、キリスト教徒やユダヤ教徒が、支配者たちの間で生じた混乱に乗じて信仰者たちの覇権からの離脱ないし転覆を試みた形跡はまったく見当たらない。その理由はおそらく、彼ら自身が自分たちをその覇権の一部をなしているとみなしていたからであろう。こうしたことから、最初期の信仰者運動に見られた普遍的一神教的な性質は、第二次内乱期に至ってもなお存続していたことがわかる。しかし、こうした状況は間もなく変わっていったのである。

第五章　イスラームの誕生

われわれはここまでに、黙示録的志向の敬虔主義的運動をアラビア半島西部に生んだある宗教的思想を、ムハンマドがいかに説いたのかを見てきた。この運動については、運動の参加者の自称から「信仰者運動」と呼ぶこととした。

また、この運動の基本的な概念についても検討した。とりわけ、この運動は、到来が予期されている終末の日に備えて、終末の日に救済される「正しい人々の共同体」を樹立することと、この共同体の覇権をできうるかぎり拡大して正しい政治秩序——すなわち、政治が神の下した法の遵守によって導かれている状態——を現実のものとすることを熱望していた。またわれわれは、七世紀にアラビア半島出身の支配エリートに率いられた、この共同体の中東各地への急速な拡大の跡を辿り、この新しい共同体が拡大の過程で遭遇し、支配するようになった現地の住民（大半はキリスト教徒かユダヤ教徒かゾロアスター教徒）と共同体との関係を考察した。また支配エリートの間で指導権の問題をめぐって生じた対立が、いかにして二度にわたる長期の凄惨な内乱に発展したのかについても、後代にまで持続的に及んでいる影響とともに確認した。

この章では、一世紀／七世紀末から二世紀／八世紀初頭にかけて、信仰者運動が、その基本的概念の洗練と再定義のプロセスを通じて、現在われわれがイスラームとして知る宗教へといかにして発展したのかを見ていきたい。初期の信仰者運動を「イスラーム」と呼ぶことは歴史的には不正確であるのだが、今日のわれわれが知るイスラームとは、要するに、ムハンマドの布教とその初期の信奉者の活動を基盤とする信仰者運動に直接連なるもの、あるいはその成長した結果なのである。

信仰者運動を母体として、二つの内乱の後にイスラームが具体化していくプロセスというのは、ある部分では支配者であるウマイヤ朝とその支持者が意図をもって行った努力の結果であり、ある部分では広く共同体内部で自己認識の問題に対する理解に著しい変化が生じた結果である。このため、変化は相当な時間継続し、徐々に定着していったようである。その期間は少なくとも数十年、ある領域では一〇〇年程度だったかもしれない。この変化のプロセスの多くの面はぼやけたままであるが、いくつかの面は幾分詳しく調査できる程度には明らかとなっている。それらがこの章の各節の主な題目となるだろう。総じて、信仰者たちは、ウマイヤ朝、特に信仰者の長《アミール・アルムウミニーン》アブドゥルマリクとその側近に率いられて、合法性をあらためて追求しはじめたようだと言える。彼らは彼ら自身と世界全体のために、政治的支配権を主張する権利や、彼らが神の言葉だと解するものに基づく体制を導く権利を確立する道を模索したのである。

ウマイヤ朝の再興と帝国としての課題への回帰

一二年にわたる第二次内乱期には、ウマイヤ朝もその他の信仰者運動の指導権をめぐるどの対抗者も、信仰者が抱える基礎的な問題に注力するために必要な平静や安全を享受できなかった。彼らが行ったのは、誰が指導者たるべきかという問題の解決だけである。七三／六九二年秋のアブドゥッラー・ブン・アッズバイルの最終的な敗北により、初期の信仰者が建設した帝国は、ウマイヤ家のアブドゥルマリクとマルワーン一族の指導権のもとで事実上再統一された。この勝利とともに（実際には、勝利が確実となり、アブドゥルマリクの立場が安全になったこの勝利の幾分前に）、アブドゥルマリクは、彼が信仰者の基本的課題と考えたものに再び着手し、彼の関心を示す諸政策を推進しはじめた。

アブドゥルマリクが再開した活動の一つが、内乱のために長らく中断されていた、帝国の領域をさらに拡大し、神の法をさらに広めるための大小の遠征軍の派遣である。その最初の対象となったのはビザンツ帝国である。先に述べたように、内乱期には、アブドゥルマリクは幾度かビザンツ皇帝から金で和平を買うことを余儀なくされた。遅くとも七〇／六八九～六九〇年に締結された条約もその一つである。しかし、イブン・アッズバイルの最終的な敗北よりも前に、アブドゥルマリクはビザンツ帝国領の奥深くへ定期的に「夏の遠征」を派遣する政策を再開した。これ以降、アブドゥルマリクとその後継者の信仰者の長、特に息子のワリード（在位八六～九六／七〇五～七一五年）とスライマーン（在位九六～九九／七一五～七一七年）は、この政策を精力的に推進した。実際に、スライマーンはビザンツ帝国の首都コンスタンティノープルへの陸海からの大規模な襲撃を組織し、その襲撃は一年以上（九八～九九／七一七年夏～七一八年夏）続き、同市の陥落寸前にまで至った。一方で、再興したウマイヤ朝は他の地域への帝国拡大政策をも推進した。東方ではタバリスターン、ジュルジャーン、スィジスターン（スィースターン）、ホラズム、オクサス川以北の地域〔マー・ワラー・アンナフル〕への、西方ではイベリア半島への重要な軍事遠征が行われた。イベリア半島の征服は、主に司令官のムーサー・ブン・ヌサイルとその代官ターリク・ブン・ズィヤードによって、九二～九四／七一一～七一三年に行われた。アブドゥルマリクはスィンド（インダス川流域、現在のパキスタン）にさえ軍を派遣している。その結果、九三／七一一年にムハンマド・ブン・アルカースィム・アッサカフィーの指揮下でスィンドに信仰者の植民都市が建設された。彼は、アブドゥルマリクの主要な将軍でありイラク総督であったハッジャージュ・ブン・ユースフの子飼いの若者であった。

征服活動は、この時点では既に、政策として大規模かつ定期的に実行されていた。それは、征服活動が神の法を新たな領域に広めるものだからであり、かつ征服活動が政府の財政に欠かせなかったからでもある。こうした征服で獲得した戦利品や税収（定期的な奴隷の徴発を含む）が、戦士への支払いに必要な政府の財源であった。「善行により繁栄する」王朝の例と言えるかもしれないが、物質的な動機とイデオロギー的あるいは宗教的な動機のいずれが相対的に重要であったかを判断することは非常に困難である。もし、本当にそれらの動機を区別できるのだとしても、である。拡大政策が莫大な物質的利益を政府にもたらしていることは、誰にも否定できない。しかし、宗教的動機（神の言葉をより広くに認めさせようとする願望）が王朝の強欲の隠れ蓑でしかないと結論づけるのは、安易にすぎるだろう。その結論は、信仰者運動が宗教的献身に根ざす運動として始まり、長く続いていた事実を見落としたものだろう。加えて（概してアブドゥルマリクやウマイヤ家に対してあまり好意的ではない）イスラームの伝承には、アブドゥルマリクがその青年時代には信心深く、宗教的学識の習得に熱心であったことを示す報告が残存している。それゆえに、拡大の原動力は宗教的動機と物質的動機が不可分に入り混じったものであったと結論づけるのが最良なのであろう。

先に述べたように、初期の信仰者運動のもう一つの重要な特徴は、最後の審判の到来に対する執着である。初期の信仰者は、最後の審判が差し迫っているはずだと考えていたようである。このような黙示録的な確信が、おそらく一部の信仰者に日常の仕事を放棄させ、神の言葉を広めるための通常「イスラームの征服」と呼ばれる遠

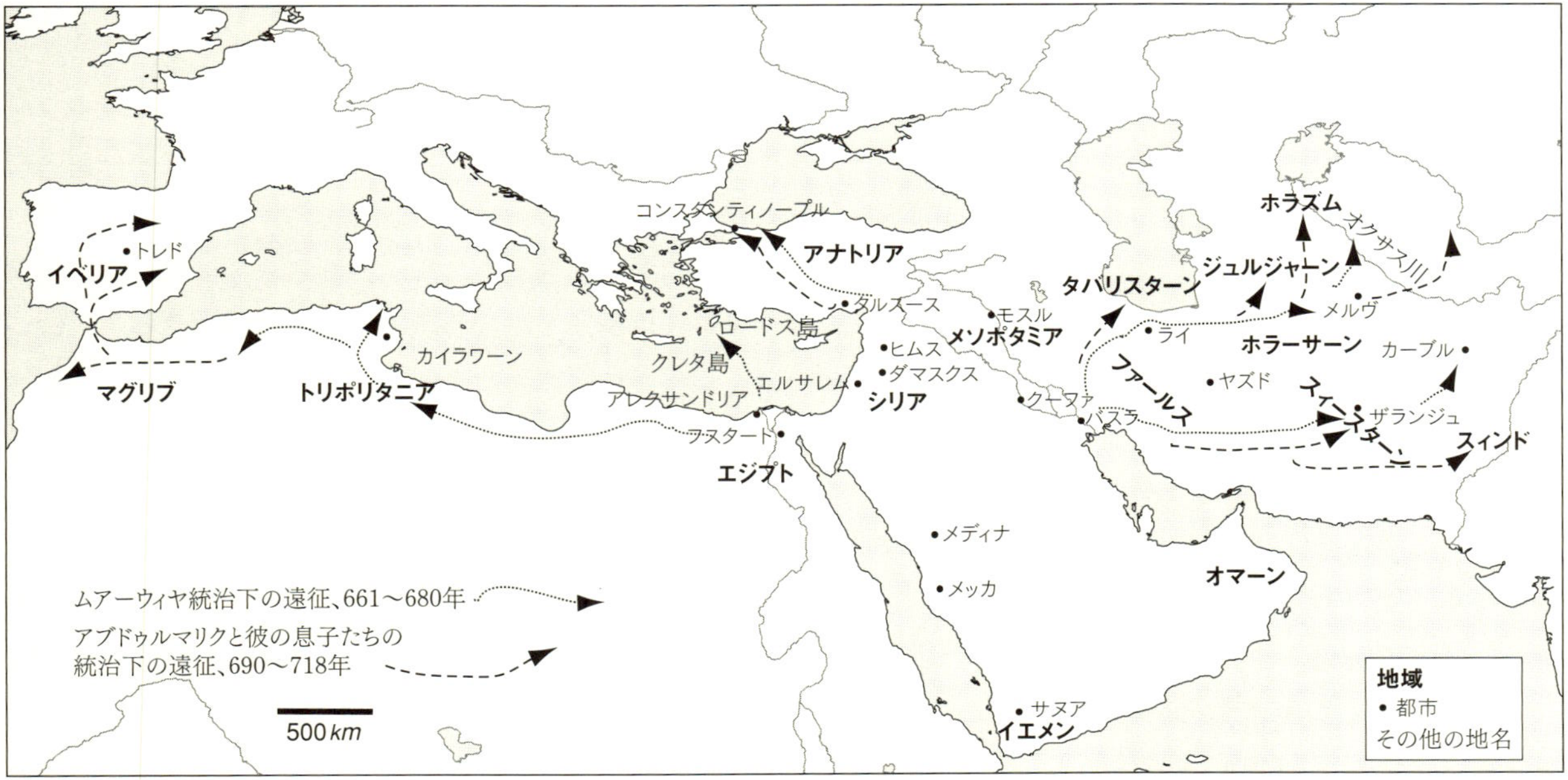
イベリア
トレド
マグリブ
トリポリタニア
カイラワーン
コンスタンティノープル
アナトリア
タルスース
ロードス島
クレタ島
エルサレム
アレクサンドリア
フスタート
エジプト
ヒムス
ダマスクス
シリア
モスル
メソポタミア
クーファ
バスラ
タバリスターン
ライ
ファールス
ヤズド
ジュルジャーン
ホラズム
オクサス川
メルヴ
ホラーサーン
カーブル
スィースターン
ザランジュ
スィンド
メディナ
メッカ
オマーン
サヌア
イエメン
ムアーウィヤ統治下の遠征、661～680年
アブドゥルマリクと彼の息子たちの
統治下の遠征、690～718年
500km
地域
• 都市
その他の地名

地図６　後期の征服活動

方への困難な軍事活動に参加させる原動力となったのだろう。もちろん、物質的動機の魅力もまた人々を運動に引き込む重要な役目を果たしたにちがいないのだが、それが主に機能するのは拡大の勢いが明らかとなってからであろう。それゆえ、おそらくイデオロギー的動機（差し迫った最後の審判への恐れ）こそが運動の初期には最も重要であり、ただそれが徐々に時間をかけて弱まっただけなのだろう。実際、先に述べたように、俗世における運動の成功そのものが、おそらく一部の人々の宗教的熱情を高めたことであろう。彼らはその成功に、信仰者に対する神の恩寵と彼らの宗教的主張への肯定を読み取ったのだ。同様に、内乱における分裂は、最後の審判の前触れと思われる試練（フィタン）なのだと、同時代の一部の人々にはみなされたのかもしれない。おそらくこのために、後代のイスラームの伝承では、内乱を表す言葉としてクルアーンの言葉であるフィトナが使われるのだろう。（内乱が、後代から振り返って、一部の信仰者が現世の権力の誘惑――誘惑もまたフィトナと呼ばれる――に屈した時節とみなされた、という別の理由もある。）

ひとたび信仰者の長としての地位が安泰となると、アブドゥルマリクもまた、おそらく差し迫っているであろう最後の審判の現実性を、信仰者に思い出させようとしたようだ。自分こそが、その治世に最後の審判が始まり、神に世界の統治権を引き渡すという、かの最後の公正な支配者であるとの主張を、しようとさえしたのかもしれない。いずれにせよ、毎年のビザンツ遠征を再開することで、アブドゥルマリクはあらためて最後の支配者が実行するとされていた不信仰者に対する積極的闘争をはじめたのであった。もしかすると、この筋書きを全うするというアブドゥルマリクの願望が、初期のイスラーム建築の最も荘厳な作品の一つ、通常「岩のドーム」と呼ばれるエルサレムの豪華な建物の建造を彼に命じさせたのかもしれない。

岩のドームは、その本来の目的や意味を掘り起こしたい学者たちの間で多くの議論のテーマとなってきた。第二次内乱期にメッカが敵対するアブドゥッラー・ブン・アッズバイルによって支配されていたことから、巡礼者に代わりの目的地を用意するためにアブドゥルマリクが岩のドームを建造したのだと主張する人たちもいる。そ

写真 16　岩のドーム。アブドゥルマリクは、この壮麗な記念建造物をエルサレムのモリヤ山上（数世紀前にローマ帝国によって破壊されたユダヤ教の第二神殿があった場所）に西暦 690 年代に建立した。この建物の内部にある多数の碑文は、反三位一体論を強調している点が注目に値する。八角形のプランは、これが何かを記念する建物であることを示している。

写真 17　ウンム・カイス。ヨルダン北部のガリラヤ湖を見下ろす位置にあるこの町は、古代末期の都市ガダラがあった場所である。この町にはこの八角形のマルティリウムがあり、そのプランは 100 キロメートルと離れていないエルサレムの岩のドームで用いられたものと似ている。

の建造を「勝利の記念」とみなすべきだと主張する人たちもいる。つまり、キリスト教徒に対して（またより低い程度でユダヤ教徒に対して）向けられた宗教的支配の表明であり、他の二つの宗教にとって最も中心的であるこの都市に信仰者が「定着する」ことを示す目に見える証拠だということである。

岩のドームは、その解釈に関する数多くの難問を提起している。岩のドームはモスクではない。古代末期のキリスト教徒の（またより古くには多神教徒の）マルティリウム〔殉教者記念聖堂〕の八角形のプランに基づいて建造されている。これは、中東のビザンツ建築でよく知られているプランである。しかしながら、この建物は明らかにキリスト教のための記念建造物を意図したものではない。なぜならば、クルアーンから引用した三位一体論を否定する（これについては、後で詳述するとしよう）長大な章句とそれに類する文言を含んだモザイクで、その内部が装飾されているからである。さらに、岩のドームはかつてユダヤ教の第二神殿があったモリヤ山上に建てられた。そこに、キリスト教の記念建造物があった例はない。先に述べたように、ビザンツ帝国時代には、キリスト教徒であるエルサレムの官憲は神殿の丘にいかなる宗教的建物も建造することを拒み、この場所をごみ捨て場として利用するよう命じていた。そのような立地にもかかわらず、岩のドームが実はユダヤ教の神殿の再建を試みたものなのだと理解することもできない。神殿の描写は『律法』を通じてよく知られていたが、古代末期のマルティリウムとの外形の類似点はほとんどない。

アブドゥルマリクが、あるいは彼の助言者がマルティリウムのプランを選択したのは、そうした外観の建物が、誰が見てもこれが「宗教的な」意味を持つ建物であることがただちに理解されるであろうことを、おそらく彼らが知っていたためだろう。では、それはどのような宗教的意味だったのであろうか。宗教的優越性の主張が実際に含まれていた可能性はある。しかし、岩のドームとそれに関連する建物に関する近年の研究によれば、とりわけクルアーンやそれ以前の古代末期の図像に描かれているような楽園と復活を象徴化し、表すことを意図していたのかもしれない。エルサレムがユダヤ教やキリスト教、あるいは後代のイスラームの伝承の中で、楽園と特別な関係を持っていることを思い出さねばなるまい。彼らは皆、エルサレム（特にモリヤ山）が最後の審判の出来事が生じる中心的な場所だと考えている。それゆえに、岩のドームとそれに付随する建物が、最後の審判の出来事に十分に荘厳な舞台を供するために建造されたのかもしれないとする主張は、もっともらしく見える。とりわけ、最後の審判が始まる際にアブドゥルマリク（あるいはその後継者の誰か）が神を畏れる正しい信仰者の帝国の指導者として、統治権の象徴となるものを神に譲渡する舞台とされたのかもしれない。であるならば、アブドゥルマリクの荘厳な記念建造物は、初期の信仰者運動の黙示録的な推進力が継続していたことを示す証拠となる。

このように、アブドゥルマリクは内乱で中断されていた信仰者運動の基本的課題に再び着手した。神の法の確立による、神の王国の版図拡大である。第二次内乱が決着した直後に発布された、シリアとメソポタミアにいるすべての豚を殺すというアブドゥルマリクの布告は、この政策の一側面のように思われる。こういったやり方や岩のドームの建設のような別のやり方で、アブドゥルマリクは来るべき最後の審判に向けた共同体の準備を促進した。しかしながら、一二年にわたる内乱の後でおそらく彼はそれ以上のことをすべきであると鋭く察知していたのであろう。帝国と信仰者共同体を道徳的に統合し、かつてムハンマドが信仰者たちを向かわせた伝道の中心的目的へと彼らを再び集中させ、彼とウマイヤ家の支配の合法性を確立する手法をアブドゥルマリクは見つけなければならなかったのだ。いくつかの彼の政策は、信仰者を再び統合し、信仰者の本来の理想へ再び専心するという、こうした幅広い目的に貢献する手段であると理解できる。しかし、こうした政策とともに、捉えがたく、しかしながら基本的な、運動自体の再定義も行われた。その再定義されたものこそが、現在もなおわれわれが同じ世界に暮らしているものである。では、その再定義の内容を見ていこう。

主要な用語の再定義

アブドゥルマリクはアラビア半島出身の信仰者に、彼ら自身と信仰者運動をもとの状態より普遍的一神教的性格や開放性が薄まったかたち、すなわち独自の宗教色を強めたかたちで再定義するように促したようである。「信仰者」という区分には、これまではいくつかの宗教の正しい一神教徒が含まれていたが、いよいよクルアーンの法に従う人々に限られるようになった。クルアーンに従う信仰者と以前は信仰者運動に参加していた正しいキリスト教徒やユダヤ教徒との間に境界線が引かれはじめたのである。その線引きは、ムハンマドの時代以来共同体内部で普及していたいくつかの重要な用語を再定義することで行われた。とりわけ、ムウミン（「信仰者」）とムスリムという用語である。

ここまで述べてきたように、史料によれば、信仰者の第一世代がアラビア半島から出てきた頃、彼らは自称として二種類の用語、すなわちムウミヌーン（信仰者たち）とムハージルーンを使用していた。後者の用語（これには、先に述べたように、ギリシア語とシリア語に同一語源の言葉が見られる）は、積極的に軍事活動に参加し、アラビア半島から宗教的動機による移住、ヒジュラを行った信仰者を指す名称である。しかし、時が経つとともに、ムハージルーンという用語はついには使われなくなった。なぜそうなったのかは、判然としない。おそらく、この時点で、少なくとも帝国の中心的地域（アラビア半島、シリア、イラク、エジプト）においては征服活動が終わり、その全域が信仰者の支配下となったことで、もはやヒジュラができなくなってしまったためであろう。なぜならば、ヒジュラというのは単なる移住の意味ではなく、不信仰者の社会からの信仰者が支配する土地への移住を意味するからである。あるいは、人々がいまや移住者自身とではなく、アラビア半島からの最初の移住者の子孫、あるいはアラビア半島とはまったく縁がないが、信仰者に従ってクルアーンの法を遵守することを決めた地元の人々と付き合うようになったがために、ムハージルーンの用語は放棄されたのかもしれない。これらの人々のために存在する唯一のクルアーンの用語がムスリムである。ムスリムとは、神の唯一性を認めているがために「神の命令に自らを服従させる者」を意味する。クルアーンにおいて、ムスリムは基本的に「一神教徒」を意味し、それゆえにキリスト教徒やユダヤ教徒、その他の一神教徒にも使用することができた。しかしながら、クルアーンの法に従うアラビア半島出身の一神教徒と異なり、キリスト教徒やユダヤ教徒は依然としてキリスト教徒やユダヤ教徒の名で呼ぶこともできた。それゆえに、徐々にクルアーンの用語であるムスリムの意味する範囲がある種の収縮を起こして、いまやクルアーンの法に従う一神教徒にのみ使用されるようになり、より古い時代に神が下した法であるタウラート（『律法』）やインジール（『福音書』）の信奉者であるユダヤ教徒やキリスト教徒には、もはや使用されなくなったのである。言い換えれば、クルアーンの中で従来用いられていた「ムスリム」という言葉が、クルアーンを崇敬し、ムハンマドを神の預言者と認め、他の一神教徒とは区別されるとある宗教の一員——すなわちわれわれが言うところのムスリム——という現在まで保たれている意味を、ついに獲得したのである。同時に、ムウミンもクルアーンの法に従う「すべての」人々に使用されるようになり（昔のように、正しく生きる人々にのみ使用されるのではなく）、事実上ムスリムと同義語となった。

現在のわれわれの知識では、信仰者の自己認識にこうした変化が生じた理由については、推測しかできない。この境界線の「強化」は、ムスリム（すなわち、かつての「クルアーンに従う信仰者」）とキリスト教徒あるいはユダヤ教徒（すなわち、かつての「キリスト教あるいはユダヤ教の法を遵守する信仰者」）との間に明確な区別を生む結果となった。おそらく、この「強化」は、キリスト教やユダヤ教の教義のある特定の側面への反応であり、キリスト教徒やユダヤ教徒がこうした教義上の障害を放棄する気がないことへの反応なのであろう。とりわけ、おそらく、キリスト教徒が三位一体論を頑なに奉じていること、あるいはキリスト教徒とユダヤ教徒が預言者としての、また啓示の源としてのムハンマドの地位を受け入れる気がないことである。アブドゥルマリクとその側近は次第に、キリスト教徒やユダヤ教徒がこれらの信条を捨てるだろうというかつての期待が非現実的であるとの結論を出すにいたったのかもしれない。

ムハンマドとクルアーンの強調

このような信仰者による自己認識の再考の中心的要素には、信仰者にとってのムハンマドとクルアーンの重要性をより強調することが含まれていた。そして、どうやらアブドゥルマリクはこの過程において決定的な役割を果たしたようである。最初期の信仰者は、歴史上幾度となく神の言葉がさまざまな預言者へと下されたことをクルアーンによって知っていた。ムハンマドはその中で最も新しく現れた預言者である。この考え方は信仰者運動の本来の普遍的一神教的性質と調和しており、碑文や遺跡に書かれた落書きに表れている。これらには、信仰者の、神や、ムハンマドやイエスなどの幾人かの預言者に対する崇敬の表明が記録されている。

しかしながら、アブドゥルマリクの治世前後（ヒジュラ暦一世紀の最後の四半世紀／西暦七世紀末）から、信仰者の公的な文書にムハンマドの名前が言及されている事例が増加する。加えて、こうした言及から、ムハンマドと彼の伝道、そして啓示への共感が、信仰者の集団としての自己認識の構成要素とみなされるようになったことが窺える。あらゆる種類の銘文の中で、最初に「ムハンマドは神の使徒である」の一文を帯びていたのは、ビーシャープール（ファールス地方）で発行された貨幣である。この貨幣はどうやら、六六／六八五〜六八六年と六七／六八六〜六八七年にズバイル家政権の総督によって発行されたらしく、つまり預言者の役割を強調することについて、ウマイヤ朝は対抗者のアブドゥッラー・ブン・アッズバイルから発想を得たようなのだ。アブドゥッラー・ブン・アッズバイルと言えば、先にも述べたようにその厳格な敬虔さで有名である。その発想がどのようなものであったとしても、アブドゥルマリクとその側近はこのやり方を精力的に、いくつかの媒体で推進したようである。岩のドームの碑文は、預言者としてのムハンマドの地位を非常に強調している。しかし、より印象的なことには、アブドゥルマリクの治世以降、貨幣に「二つのシャハーダ」の全文が現れる。「唯一神のほかに神はない」の句と「ムハンマドは神の使徒である」の句が結び付いたもので、貨幣を発行している当局の性格を判別する決定的な標識となる。後代の文書において、完全なかたちの「二つのシャハーダ」の使用はますます頻繁になってくる。初期の信仰者は、彼らの運動がムハンマドという名の人物によって始まったことを、おそらくずっと認識していたのであろう。しかし先に述べたように、中東のユダヤ教徒やキリスト教徒が、ムハンマドが真に預言者であるというアラビア半島の信仰者の主張をどれほど受け入れるつもりがあったのかは判然としない。信仰者に対して神の使徒としてのムハンマドの地位の重要性を強調することは、ウマイヤ家とその助言者が信仰者と他者とを区別する明確な線を引く、もう一つの手段であった。そして、このようにして線が引かれることで、多くのキリスト教徒やユダヤ教徒が信仰者の集団に留まることが困難となったようである。ムハンマドの預言者としての意義がますます強調されると、ヒジュラ暦一世紀の最後の四半世紀／西暦七世紀末から、共同体内部のさまざまな習慣や制度を合法化するための手段としての預言者の言葉（アラビア語でハディース）の開拓・収集が行われるようになった。

こうして編まれたハディース集に、上述したような用語の変化の痕跡が見られる。一部のハディースには、片方がより広く「信仰者的」で、もう片方がより「ムスリム的」に見えるようなヴァリアントが存在する。例えば、「最良の行為とは何ですか」という質問に対する預言者の二種類の回答がハディース集に記録されている。片方は、「神を信じ、神の道でジハードを行い……」と答えているのに対し、もう片方は「神とその使徒を信じ、神の道でジハードを行い……」である。「信仰」を定義する際に、神のみを信じるのではなく、預言者を信じることも欠かせない要素とするために、このハディースの伝達の過程で前者に使徒／預言者の語句を加えることで後者が生まれたのだと考えられるだろう。

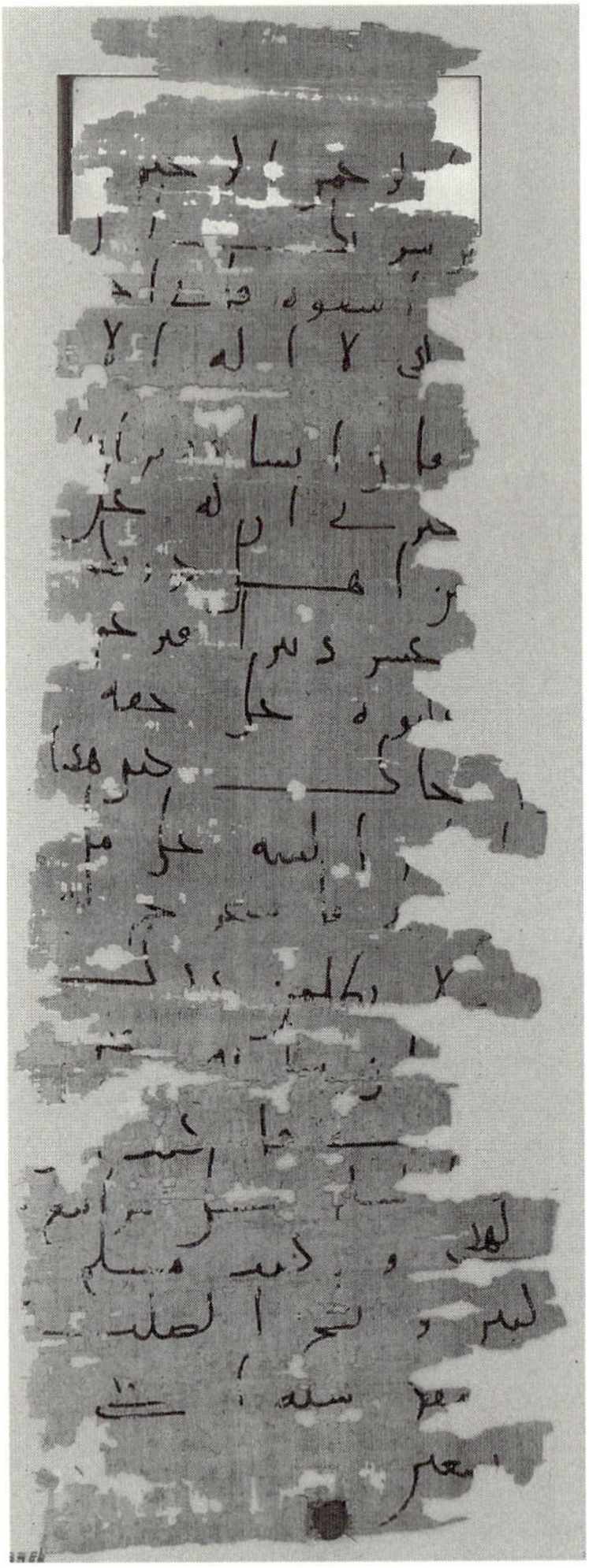

写真18　ウマイヤ朝総督クッラ・ブン・シャリークからの書簡。この書簡のように、初期の公的な書簡は大判のパピルスに堂々とした書体で書かれている。この書簡の断片からは、エジプトの農村にいた彼の部下から上げられた財産に関する争議を、クッラが裁いていることが判明する。

このムハンマドの預言者あるいは使徒としての立場の強調と深く関連しているのが、クルアーンそれ自体の強調である。アラビア語の啓示であるクルアーンは、いまや信仰者にとってはタウラート（『律法』）やインジール（『福音書』）を含む先行する啓示よりも優越するものと見なされた。アブドゥルマリクは真っ先に、（このことについては比較的よくわかっていないのだが）イラク総督のハッジャージュにクルアーンのテキストの再編集を命じた。これにより、正しい読みと朗誦を可能にする母音記号と弁別点が初めてテキストに付けられた。信仰者の長とその政権は、重要な信仰者の都市（とりわけ軍営都市）で使われるようにとこのクルアーン――神の言葉――の「改良」版を配布したことで、アブドゥルマリクは次のような主張を強調することができた。すなわち、彼が率いている政権というのが、確かに最初期の信仰者がその設立を目指した正しい「神の王国」なのだと。またこのことは、彼が率いている信仰者の政権が神から下された言葉であるクルアーンの普及と遵守に献身することを再び主張するものでもあった。岩のドームの碑文は、このことと関連して見るとまた有益である。碑文はムハンマドの預言を強調し、同様にクルアーンも強調している。碑文には、クルアーンの長大な章句が正確に写され、あるいは大きく意味が変わらない文言が記されている。このことから、彼が手をつけたこの最も壮麗な建造物の中で、アラビア語の啓示が宗教的正当性とその導きの源泉として首位にあることを、アブドゥルマリクとその取り巻きが強調しようと意図していたことは明らかである。

同様に、アブドゥルマリクとその助言者は、帝国の貨幣の意匠についても、クルアーンに基づく正当化を明確に打ち出すやり方で、徹底的な整備を始めた。信仰者によって発行された最初期の貨幣は、ビザンツ帝国やサーサーン朝の貨幣に基づくものであった。従来の金型が使用されたが、変更が（多少ながらも）加えられた。その特徴的な形状は置き換えられず、「唯一神のほかに神はない」のようないくつかの典型的な「信仰者的」スローガンが追加された。しかし、アブドゥルマリクは古い貨幣の様式を完全に廃棄し、短い試行期間を経て七七／六九六～六九七年に斬新な意匠の貨幣を発行しはじめた。支配者の肖像や、十字架や拝火神殿のような宗教的しるしを象ったビザンツ帝国やサーサーン朝の貨幣と異なり、ウマイヤ朝の新たな貨幣は完全に銘文からなっており、あらゆる類の図像を欠いていた。さらに重要なことに、これらの新しい貨幣に刻まれた銘文には、(製造地や製造年、信仰者の長か総督の名前の他に)完全なかたちの「二つのシャハーダ」とクルアーンの章句もまた含まれていた。多くの章句は神の唯一性を強調し、明白に三位一体の考えを否定していた。例えば、次のクルアーン一一二章一〜三節の章句は頻繁に見られる。「神にして唯一者、神にして永遠なる者。生まず、生まれず。」これらはすべて、真の信仰者がムハンマドを神の預言者として崇敬し、アラビア語のクルアーンを神の啓示として崇敬する人々だということを公的に宣言する手段であった。

実行にはいくらか時間はかかったものの、新たに改良された貨幣の発行によって比較的に標準化された帝国のための意匠が確立された。それは、初めて信仰者の価値観に調和したものであった。貨幣価値においても優れた画一性を確立し、おそらくそのことが商業を容易にした。同様の手法で、アブドゥルマリクは帝国の度量衡の標準規格を定めた。新たな基準としてヒジャーズの伝統的な重量単位が使用された。この選択は、ムハンマドと聖地メッカ・メディナを重要視する信仰者の思いを反映しており、そうした感情に訴えかけることでウマイヤ朝の支配を正当化しようとするアブドゥルマリクの関心も反映している。これらのすべての方策からは、アブドゥルマリクの(およびそのウマイヤ家の後継者の)、内乱によって分裂した帝国を再統合しようとする努力が窺える。さらに、彼らは意識的に信仰者運動の指針と信仰を表明し、そうすることで神の法によって統べられる正しい王国を建設するという目的に貢献するというやり方で共同体を束ねようと試みた。しかし、そうすることで、彼らは運動自体の境界線を明確にし、あるいは再定義することとなったのである。

このほかの、アブドゥルマリクによって採られた興味深い方策には、短期間であったが「ハリーファ・アッラー」の称号の採用がある。おそらくは「神の代理」を意味すると理解すべきで、過渡期の少量の貨幣に刻まれている。この貨幣は、ビザンツ帝国式貨幣の原型の修正版の流れを汲んではいるが、通常アラブ風の衣装をまとった立像を描いたものと理解されている図像を含んでいる。（この像ゆえに「カリフ立像」貨幣と呼ばれるが、この人物はアブドゥルマリクとも預言者自身であるともさまざまに解釈されている。）この用語「ハリーファ・アッラー」の重要性については、多くの議論がなされたが、これもまた、クルアーンに言及することによってアブドゥルマリクがその支配を正当化しようとした試みなのであろう。この場合は、特にクルアーンの三八章二六節である。神はダヴィデに言った。「おお、ダヴィデよ、われらは、お前を地上のハリーファとしてやった。よって、人々を真理にもとづいて裁け。けっして私欲に従うな」。アミール・アルムウミニーン（信仰者の長）の称号はクルアーンには見当たらない。それゆえ、アブドゥルマリクがクルアーンに出てくる用語である「ハリーファ・アッラー」を採用することで、彼の支配がクルアーンに正当な根拠を持つのだという認識を強化（あるいは樹立）しようとしたのだと推測できる。おそらく、アブドゥルマリクは自らとエルサレムの設立者であるダヴィデとを結び付けようともしたのだろう。というのも、彼はこの頃にかの地に岩のドームを建設しているからである。いずれにせよ、これらの貨幣は初めてハリーファ（「カリフ」）の用語を使用した文書史料としての証拠である。この言葉は、将来的にはイスラーム国家の指導者を表す通常の用語となった。ウマルやウスマーン、アリーといった先立つ信仰者の長にも、ハリーファの語が使用されていたと主張する者もいるが、こうした見解を裏づける文書史料は存在しない。そのような文書史料の数というのは限られているのだが、注目すべきことにアブドゥルマリクの時代より遡る信仰者共同体の指導者に関するおよそ一〇点の文書史料の証拠の「すべて」が、指導者をアミール・アルムウミニーンと呼んでいる。そして一度としてハリーファとは呼んでいない。

それゆえ、ハリーファの最初の使用を、信仰者の間ではクルアーンが高い地位にあり、正当化する力を持つということを強調しようとするアブドゥルマリクの断固たる計画に結び付けるのが、最も妥当であろう。これは、第二次内乱の出来事（および反ウマイヤ家のレトリック）によって著しくその正当性が侵食されたウマイヤ朝の支配の権威を回復しようとした、アブドゥルマリクのより大きな事業の一部をなすものであったように思われる。

写真 19　アブドゥルマリクによる 2 枚の貨幣。アブドゥルマリクは、ウマイヤ朝の貨幣の意匠面での劇的な変革を主導した。上の貨幣は、過渡期に発行されたもので、ヒジュラ暦 75 年（西暦 694〜695 年に該当する）にダマスクスで製造された。その表面には、衣をまとった人物が直立し、剣を握っている。通常は、信仰者の長本人だと理解されているが、もしかすると預言者ムハンマドを表したものかもしれない、と考える研究者もいる。裏面は、階段の上に据えられた十字架を表すビザンツ帝国の貨幣をもとにしている。十字架の横木が外されて柱とも杖ともつかないものが段上に残されており、影響力の強いキリスト教の十字架信仰を否定している。表面の銘文は、「神の御名において、唯一神のほかに神はなく、ムハンマドは神の使徒である」と読める。裏面の銘文は、「神の御名において、このディーナール金貨は 75 年に製造された」と読める。下の貨幣は、ヒジュラ暦 77 年（西暦 696〜697 年）に製造された改良版のディーナール金貨である。製造場所は不明である。具象的な図像はすべて取り除かれ、クルアーンの章句と宗教的なスローガンにとって代わられている。表面の中央の銘文は、「唯一神のほかに神はなく、神は唯一にして、並び立つ者はいない」と読める。周囲の銘文は、「ムハンマドは神の使徒である。［神は］お導きと真実の宗教とをもたせ、これがあらゆる宗教にまさることを宣言するために使徒を遣わしたもうた」（クルアーン 9 章 33 節、48 章 28 節、61 章 9 節を参照のこと）と読める。裏面の中央の銘文は、「神にして唯一者、神にして永遠なる者、生まず、生まれず」（クルアーン 112 章 1〜3 節）と読める。裏面の周囲の銘文は、「神の御名において、このディーナール金貨は 77 年に製造された」と読める。

彼と後のウマイヤ家の者たちは、ウマイヤ朝の宗教的基盤を特に強調することで、権威を回復しようと奮闘した。とりわけ強調したのは、彼らが信仰者共同体の首長としてのムハンマドの後継者という地位にあり、またムハンマドに下されたクルアーンの啓示によって導かれた支配者という地位にある点である。そうすることで、彼らは「イスラーム」を今日われわれが知るようなものとして、本質的に定義したのだ。二つの内乱は苦痛を伴ったが、このようにして歴史的発展にとって決定的な触媒となったのであろう。

三位一体の問題

初期の信仰者の、神の唯一性を信じ、正しく生きているすべての人に参加できる運動を自分たちが作り上げているのだという意識（これは先に、初期の信仰者運動の普遍的一神教的性格と呼んだものである）は、おそらく常に議論を招くものだったのだろう。しかし、既に見たように、信仰者運動にはユダヤ教徒やキリスト教徒が参加することができたし、いくらかは実際に加わっていた。先に述べたように、銘文と文献史料の双方に見える初期の信仰告白（「二文のシャハーダ」、「唯一神のほかに神はない」）は、こうしたより包括的な考え方を反映したものである。こうした証拠や、前の章で述べたような、少なくともキリスト教徒がいくつかの領域でウマイヤ朝時代まではしっかりと信仰者運動に加わって活動していたという継続的な証拠は、こうした宗教的に開かれた性格が現実にあったことを証明している。中東において、最初のアラビア半島の信仰者が遭遇したキリスト教徒の多くが、三位一体論についてはキリストの単一性を強調する単性論派か、キリストの人性を強調してその神性を軽視するネストリウス派であったために、彼らが即座に信仰者の反発を招くということにはおそらくならなかったのだろう。指摘されているように、シリアを拠点とし、またそこから支配するウマイヤ朝は、とりわけキリスト教徒の関心に注意を払っていたのかもしれない。一部のキリスト教徒は体制の重要な協力者であった（その中には、ムアーウィヤの一族と姻戚関係を結び、ウマイヤ朝軍に兵力を提供した強大なキリスト教徒のカルブ族が含まれる）。これは、シリアの信仰者がイエスの役割を相当強調しているように見える理由の説明となるのかもしれない。ウマイヤ朝時代まで遡るイスラームの終末論的伝承には、イエスの「再臨」がはっきりと示されている。（後に、ウマイヤ朝が打倒され、アッバース朝がイラクに帝国の中心を移して以降、イスラームの伝統の発達とともにこうした初期に見られたイエスの強調は放棄された。というのも、イラクにおいてはキリスト教徒よりもユダヤ教徒やゾロアスター教徒がより重要であり、数で勝っていたからである。）

しかしながら、神の唯一性の問題にこだわりがちな信仰者にとっては、キリスト教徒の三位一体の教義は常に問題となったにちがいない。実際、クルアーンにすら、わずかながら三位一体の概念を断固否定する章句が存在している。「『まことに神は三者の第三』などと言う人々はすでに背信者である。唯一なる神のほかにいかなる神もない。……」（クルアーン五章七三節）「これぞ神にして唯一者、神にして永遠なる者。生まず、生まれず。……」（クルアーン一一二章一～三節）。

信仰者たちがシリアで発行した初期の修正型のビザンツ帝国式貨幣は、信仰者運動の支配者集団、すなわち信仰者の長とその有力な助言者たちが、これらのキリスト教の教義（三位一体論、イエスが神の子であること、イエスの神性と復活）に反対する傾向にあったことを示す（クルアーンそれ自体を除く）最も古い現存する証拠である。その貨幣では、階段の上に十字架（イエスの神性と復活を表すキリスト教の象徴）が描かれているビザンツ帝国発行の貨幣を修正して、階段の上に垂直の棒のみが描かれている。十字架の横木が明白に取り除かれているのである。これらの貨幣の発行年代に関しては議論があるが、より古いものでないとすれば（ムアーウィヤ時代のものとする説もある）、おそらくアブドゥルマリクの治世の初期に発行されたものと考えられる。支配エリートたちの間に見られる反三位一体論的態度をより明確に示す証拠は、七二／六九二年に開始されたアブドゥルマリクによる岩のドームの建設とともに現れた。岩のドームの碑文の内容は、クルアーンの章句から特別に選び出されたもので、どうやら、三位一体論が許容できないことを強調し、神の不可分の単一性を強調しているようである。（巻末の補遺B「岩のドームの碑文（エルサレム）」を参照。）岩のドームは、信仰者の長の命令で、目立つ場所に豪勢に建設されたものであるがゆえに、アブドゥルマリクとその助言者たちが強力で明白なメッセージを伝えようとしたということに、ほとんど疑いはないだろう。このことから、遅くともこの頃までに、アブドゥルマリクとウマイヤ朝の支配エリートが、信仰者の共同体内部におけるキリスト教徒の地位について考え直しつつあったのだと想定することは妥当であろう（とはいえ、一三二／七五〇年に同王朝が滅亡するまで、多くのキリスト教徒は王朝に奉仕しつづけていた）。あるいは、より正確に言えば、エリートたちは自分たちの信仰者としての自己認識を再考することと、自分たちと三位一体の教義を少しでもほのめかすものを奉じる連中とを「区別する」ことに取り組んでいたようなのである。

イスラームの宗教儀礼的慣習の精緻化

初期の信仰者運動からイスラームが出来上がっていくプロセスのまた別の側面には、宗教的儀式の諸要素も含まれている。というのも、神学上の相違以上に、儀礼的慣習の相違が、ある宗教共同体を他の宗教共同体から引き離すものだからである。既に見たように、アラビア半島からやってきた初期の信仰者たちが、シリアやイラク、また可能性としては他の地方でも、彼らが遭遇したキリスト教徒の共同体（またユダヤ教徒の共同体もか？）の礼拝に、一つの宗教運動として参加していたという証拠が残っている。信仰者がキリスト教徒と教会を「分け合った」という報告や、また東向きのキブラ（礼拝の方向）についての報告がはっきりと書き残されているのである。

東向きのアプシス［キリスト教の聖堂の奥に位置する半ドームの天井がかけられた部分で、ここに聖職者が座した］と、建築の最終段階で追加された南向きのミフラーブ（礼拝の方向を示す壁龕《へきがん》）を持つカティスマ教会は、おそらく、クルアーンに従う信仰者が自らをかつてのキリスト教徒の共同信仰者とは異なる「ムスリム」と再定義しはじめたまさにその時期を建築というかたちで示す証拠であるのだろう。ムハンマド本人が、メディナにいた早い時期に礼拝の方向を変更したというはっきりしない伝承の報告は、この変化の記憶の痕跡に手を加えたもので、後代の人々にもこのことを受け入れられるように預言者の時代にまで話を遡らせたのかもしれない。

多くの学者が既に論じたように、ムスリムの金曜礼拝のいくつかの特徴とキリスト教やユダヤ教の礼拝の諸要素との間には類似点が存在しているのだが、この類似点からも、キリスト教徒やユダヤ教徒の信仰者が実際に信仰者運動に参加していた頃の、ムスリムの儀式の発展の初期段階を窺うことができる。クルアーンには、特に、礼拝の指導者によるフトバ（説教）、説教がおこなわれるミンバル（説教壇）、あるいは「金曜」の礼拝が何かしら特別だとする言説といった、金曜礼拝に特徴的な要素に関する記述が完全に欠落しているが、このことからは、そもそもウマイヤ朝時代以前に金曜礼拝の儀式が存在していたのかどうかという疑問が浮かび上がり、ウマイヤ朝国家が作り上げたのではとの疑問も浮上する。

しかしながら、礼拝やラマダーン月の断食に巡礼といった、信仰者の基本的な儀式的慣習が、ムハンマドの時代と信仰者運動の初期にまで遡ることも明らかである。なぜならば、これらの慣習については、常に完全なかたちではないにしても、クルアーンの本文に言及されているからである。とはいえ、これらやその他の儀式的慣習について、当初から後代に見られるほどには厳格に定義されていなかったということに疑問の余地はない。それゆえに、これらの儀式の一部が、肥沃な三日月地帯のユダヤ教徒やキリスト教徒の信仰者の慣習の（あるいはムハンマドの時代のアラビア半島にいた者たちの慣習からでさえ）影響を受けて発達したということは、ありうる話なのである。例えば、一日に執り行われるべき礼拝の回数は、クルアーンにのみ依拠するのでは明確には定められない。後代のムスリムの伝承は、最終的に必要とされる一日の礼拝を五回と定めたが、この問題はこの合意に到達するまでに、明らかに膨大な議論の対象となった。ムスリム共同体において二〜三／八〜九世紀に作り上げられた大量のハディース集に収録されている、預言者に帰せられる数多くの発言には、さまざまな儀式についていったいどのように執り行うべきであるのかを共同体内部であれこれと議論したなごりが含まれている。こうしたことから、また異なるハディースによって異なるやり方や視点が提示されていることから、しばらくの期間、こうした儀式が持つ特徴のいかに多くが流動的なままであったのかが明らかである。

ハッジという巡礼の儀式もまた、初期の共同体の歴史の中で発展を遂げたようである。アブドゥルマリクが信仰者の長として、その治世にハッジを指導したとする報告が見られるが、この報告は彼の時代にはハッジの儀式の細部がまだ定まる途中であったことを示唆している。また、アブドゥルマリクがカアバの完全なる「復元」を命じて、アブドゥッラー・ブン・アッズバイルによる追加部分を取り除かせた、という報告もある。同様に、アブドゥルマリクにとっての先駆者であった信仰者の長ムアーウィヤ（在位四一〜六〇／六六一〜六八〇年）は、彼自身と礼拝を行う一般の信仰者とを分け隔てるマクスーラ（礼拝堂内の仕切り）の設置を初めて推進した人物である（マクスーラは機能面において、おそらく、教会においてキリスト教の聖職者を会衆から保護するイコノスタシス（イコンで覆われた壁）と幾分類似している）。

このようにしてムスリムの儀式となるものを定義する過程には、ムハンマドの死から数十年、もしかするとそれ以上の年月を要したのである。

イスラームの起源に関する物語の推敲

信仰者運動からイスラームへの変化のまた異なる側面は、信仰者／ムスリムの共同体の活動の基盤をなす諸事件について語る、起源の物語の構築に関するものであった。ムハンマドの時代や征服・内乱の時代に共同体で生じた出来事に関する物語を、思い出し、集め、手直しする過程には、共同体の多くの人々が貢献した。しかし、特に、ウマイヤ朝の支配者たちがこの活動を推進するにあたって主要な役割を担っていたことは、明らかである。彼らは、知識をもつ人々を宮廷に招いて後援した。その代表例は、イブン・シハーブ・アッズフリーとウルワ・ブン・アッズバイルである。両者はともに、ムハンマドの預言者としての経歴を描いた現存する最古の伝記に、情報源として多大な貢献をした。

イスラームの起源の物語は、いくつかの主要なテーマや問題を重点的に扱っており、それらは、共同体の存在を正当化する詳細な根拠を提供している。そしてこの物語が、今日に至るまで、歴史研究者がイスラームの起源に生じた出来事を描く際に引用しなければならない主要な情報源の一つとなっている。いくつかのテーマはムハンマドの生涯にまつわるものであり、その最も重要な目的は、先行する預言者の雛型に沿ったかたちでムハンマドの預言者の地位を証明することであり、いかにしてムハンマドがクルアーンの啓示を受けたのかを描写することであった。そのほかのテーマでは、ムハンマドがいかにして最初の信仰者の共同体を打ち立てたのか、また共同体がいかにして預言者の死後も何十年と存続し、その基本的な価値観を保ちつづけたのかということに特に関心が向けられている。さらに他のテーマは、彼らが支配する広大な領域および住民に対する信仰者／ムスリムの覇権を正当化する根拠を提供している。その根拠は、ビザンツ帝国とサーサーン朝に対する信仰者たちの軍事的勝利が神の好意の証であり、そして彼らの支配が神の法を地上に実現するためのものであるという一対の主張によって表されている。

このように、起源に関する叙述が一つのまとまりとして形をなしたとき、その目的は、大まかに言えば、すべての信仰者——特に、後代に生まれたがために預言者を知らず、また初期の共同体の拡大を目撃していない者たち——のために、信仰者の共同体がどのように始まったのかについての詳細をはっきりと述べることで、この共同体を正当化することにあった。しかし、この正当化が、共同体の内側にばかりではなく、外側の非信仰者／非ムスリムにも向けられていたことも、明白である。ムハンマドの預言について述べた物語は、彼を預言者と認めない者は信仰者（あるいはムスリム）ではありえない、ということを言明している。それゆえに、この物語は、ムハンマドの預言者性についての判断を留保するキリスト教徒やユダヤ教徒と、ムスリムとを区別する線引きをするのに役立った。同様に、征服に関する膨大な叙述が、決まって征服者の宗教的動機を強調している一方で、一貫して彼らのことを信仰者やムハージルーンではなくムスリムと表現している。クルアーンやイスラーム以外の文書史料の証拠から知ることのできるこの二つの言葉は、運動の初期においては征服者たちが自身を表すために確かに使用していたものである。征服の叙述におけるムスリムとしての自己認識の強調は、信仰者運動がキリスト教徒やユダヤ教徒を排除し、クルアーンの法に従う信仰者に（あるいは未来の呼称では、ムスリムに）のみ適用するように再定義する、その過程の一部だったのかもしれない。

政治的「アラブ」意識の形成

信仰者運動からイスラームへの変化のいま一つの特徴は、初めて意識的に政治的「アラブ」意識が表明されたことであった。その「アラブ」意識とは、単に文化的なものではなく、政治的主張のかたちをとって漠然と表れる集団的な帰属意識であった。これは政治的な帰属意識であるので、この集団に属することで特別な政治的特権が付与された。それは特に、新しく現れたウマイヤ朝／ムスリム帝国において支配階層の一員とみなされる権利である。

これまでにも、イスラームの興隆（これは、われわれが信仰者運動の出現と拡大と理解したいところのものであるのだが）が本質的には「アラブ」の運動なのだと、ときに論じられてきた。このような見解は、ムハンマドの布教以前には政治的な「アラブ」意識が存在していたということ、またこの潜在的な「アラブ」としての集団的帰属意識を政治的なかたちで実現させようとする強い願望によって、実際に信仰者による拡大運動と帝国の形成が果たされたのだということを暗に想定している。しかしながら、このような見解は時代錯誤的なものであり、大いに人を誤らせるものである。こういう考えというのは、たいていは、一九世紀後半になって初めて出現した現代のアラブ・ナショナリズムの概念を七世紀へと遡らせるという、安易な書き換えの典型である。

確かに、七世紀初頭の（実のところ、古代においても）アラビア半島とそれに隣接する地域のアラビア語話者は、自分たちがお互いに理解することのできる共通語を喋っているという事実をよく知っていた。そして、会話で用いられたどの方言とも異なる、理想的な文学表現を行う共通の詩の言語アラビーヤが存在していた。しかしこれは、言語的に、おそらくは文化的に、あいまいな一体性を示すものでしかなく、政治的な「アラブ」意識を示すものではない。信仰者たちが帝国を築く以前に、集団的な政治的「アラブ」意識が存在したとする証拠はほとんど存在していない。さらに、信仰者運動とイスラームの起源を「アラブ民族的」あるいは「排外主義的」に説明するものは、政治的「アラブ」意識に対するクルアーンの深い沈黙を考慮に入れることができていない。いくつかの章句で、クルアーンは自らを「アラブのクルアーン」と呼んでいるが、これは使用している言語を表しているのであって、それ以上のものではない。クルアーンは、信仰者と呼ぶほかに、集団の帰属意識に関するいかなる表現をも、どこにも提示しておらず、またほのめかしもしていない。信仰者という帰属意識は、信仰心と正しい行いに直接的に基づくものであって、「民族」や文化的出自にさえ基づくものではない。さらに、わずかながらクルアーンはアアラーブ（遊牧民であると理解される）について言及しているが、この言葉には軽蔑的な含みがある。そして、「アラブ」という言葉はまったく使用されていない。

当時の中東のアラビア語話者は、さまざまな部族に分かれており、彼らは、自らの信仰に対してでなければ、それぞれの部族に対して第一の帰属意識を持っていた。言い換えるならば、現在においてイングランド人、アイルランド人、スコットランド人、アメリカ人、オーストラリア人、カナダ人、ニュージーランド人、ジャマイカ人等々が、（単に文化的にと言うのではなく）重大な政治的意味を伴う共通の「アングロ」意識を持っていると言うことができないのと同様に、当時の政治的な「アラブ」意識を語ることもできないのである。信仰者運動が、実際には「民族の」あるいは「排外主義の」あるいは「アラブの」運動であったと論じることは、クルアーンやわずかながら現存している初期の文書史料から明らかな信仰者運動の最も重要な特徴をあいまいにするものであるがゆえに、特に人を誤らせるものだといえる。それは、本質的に宗教的信条に根づいた運動であったのである。また、上述の議論は、この特徴を（「アラブ」としての）想定上の集団的帰属意識に由来する社会的要因とすり替えることにもなるが、そのような帰属意識は、存在したという信頼のできる証拠もなく、現在の状態から大雑把に証拠もなく推測されたものにすぎない。

このように、「アラブ」意識がなした初期の信仰者運動への何らかの貢献を示す証拠はないのであるが、時間の経過によって、信仰者運動が帝国の建設に成功したために、明らかに支配エリートの心に未発達ながら政治的なアラブ意識が芽生えたようなのである。言い換えるならば、アラブ意識は信仰者運動の想定外の産物であって、その原因ではないのである。アラビア半島で運動が始まったという歴史の偶然によって、この運動の上層部がアラビア語を母語とするアラビア半島出身者（実際には、その大半はヒジャーズ地方出身者）でほとんど独占されることとなった。信仰者たちは新たな広大な地域（シリア、イラク、イラン、エジプト、そしてさらに遠くの地域）へと散らばっていき、そこで覇権を打ち立てた。そのため、アラビア語を話す、そのほとんどがアラビア半島からやってきた指導者層や多数の戦士たちは、支配下にある住民の大半がアラビア語話者ではないということに、気づかずにはいられなかった。このようにして、アラビア語と政治的優位性との結び付きが、アラビア語話者が新しい帝国において支配者の地位を共有していたがゆえに、帝国は「アラブの王国」であるという意識と、すべてのアラビア語話者が政治的に一つの血縁集団なのだという意識を彼らの間に生み出したのであろう。しかし、このような政治的「アラブ」意識は（一九世紀にいたるまでは）弱いままであって、大半のアラビア半島出身者が持つ基本的な部族への帰属意識を深刻に脅かすということはなかった。

特に支配エリートの上層部で成長したと想像されるこうした意味での「アラブ」意識は、誕生したばかりの歴史叙述においても表明されている。征服に関する膨大な叙述の大部分は、「改められた」語彙と呼びうるものに従って言うならば、非ムスリムを征服するムスリム（不信仰者を征服する信仰者ではなく）の言葉で語られている。しかし、中には衝突を「アラブ」と「アジャム」（非アラビア語話者）、すなわちビザンツ帝国ないしペルシアの人々とのものとして描いている報告も存在する。こうした類の語彙は、征服の時代自体のものではなく、概念上での変化を経た後の時代（征服の叙述が編纂された時代）の帰属意識の区分を反映したものであるようだ。

以上のような帝国としての経験ばかりではなく、アラビア語のクルアーンの存在も、ウマイヤ朝時代に、生まれたばかりの「アラブ」意識を具体化させる原動力となった。信仰者運動が徐々にイスラームへと変化していた中で、先に述べたように、ある人物のムスリムへの帰属を決定づける要因としてクルアーンの法がますます強調されるようになっていた。このアラビア語のクルアーンの強調は、自らをもはや信仰者ではなくムスリムとみなそうとしていた支配エリートの間で、芽生えつつあった政治的「アラブ」意識とうまく結び付いたのである。

上からの変化か下からの変化か

ここまでに述べてきた幅広い変化を通じて、イスラームは信仰者運動から明確なかたちをとるようになったのであるが、この変化というのは部分的には支配者たるウマイヤ朝がアブドゥルマリクやその後継者のもとで計画的に進めた決定の結果であり、また部分的には一般の信仰者（アラビア半島に起源を持ちクルアーンを奉じる信仰者と、初期の信仰者運動の構成員であったユダヤ教徒やキリスト教徒のいずれをも含む）自身の間で物の見方が変化した結果である。つまり、イスラームの出現と信仰者運動を組織として機能させていた元来の概念の消滅は、きわめて唐突で急激な変化と、完成に至るまでに数十年、ときには百年以上をかけて緩やかに進行した変化の双方に起因するものであった。アブドゥルマリクによる、クルアーンの正当性の強調を伴った貨幣改革や、「二つのシャハーダ」を強調し、強烈な反三位一体論的碑文を持つ岩のドームの建設のような権力者側の手段は、数年の間に行われたものだときわめて正確に年代を特定することができる。一方で、キリスト教徒やユダヤ教徒、そしてクルアーンに従う信仰者の間で、最後のものだけが運動の参加者であったのだという認識が成長して広がり、定着するまでには、もっと長くの時間がかかったことであろう。さらに、この二種類の変化の関係というのもはっきりとしない。ウマイヤ朝が主導した特定の政策（例えば三位一体論への攻撃）が民衆の考えを変えさせる道を切り開いたのだろうか。それとも、政策そのものが、民衆の間で進行していた態度の変化を権力者側が表明したものであるのだろうか。判然とはしないが、より普遍的一神教的な信仰者運動からムスリムというより狭く定義された宗教的帰属意識への知的移行と明らかに一致する多くの重要な政策の開始が、七〇年代／六九〇年代のアブドゥルマリクの時代に固まっているようだということは言える。一方で、信仰者運動からイスラームへの移行がこの時代に完成したとは言えない。というのも、これ以降も引き続きムスリムと一定数のキリスト教徒との（あるいはひょっとするとユダヤ教徒とも）協力関係が確認できるからである。その敬虔さで有名なウマル（二世）・ブ

写真20　信仰者の長ウマル2世の墓。この墓廟は、聖シメオン教会・修道院複合施設のすぐそばに位置している。いくつかの伝承によれば、ウマル2世は101/720年にここで死亡したという。

ン・アブドゥルアズィーズ（在位九九～一〇一／七一七～七二〇年）に帰せられる箴言《しんげん》からは、キリスト教の修道士と聖人が高く尊敬されている様子が窺え、また彼はアレッポ近郊の丘にある聖シメオン修道院を訪問した折にこの世を去った。かの地では、現在でも彼の墓を目にすることができる。キリスト教徒の助言者とウマイヤ朝末期のカリフとの密接な関係（ダマスクスのヨハネスとヒシャームとの関係がもっとも有名である）は、かつての信仰者運動の指導層の中に正しいキリスト教徒やユダヤ教徒の居場所が十分にあった時代の名残であるのかもしれない。歴史的シリアにおいて、発掘されたモザイク床から二世紀／八世紀後半までキリスト教の教会の建設が継続され、あるいは少なくとも再建されていたことを特定できるのだが、このことは信仰者運動がムスリムであることを自覚した体制に移行してからもしばらくは、体制がその政策においてまだ常には宗教的に抑圧的でなかったことを示唆している。

　一世紀／七世紀末と二世紀／八世紀の初頭までに、運動のより開かれた「信仰者的」性格から、この運動の参加者が新しい宗教であるイスラームに所属しているというよりしっかりとした帰属意識を持つ状態へと移行しはじめたことに、疑問を挟み込む余地は少ない。このことについては、七世紀と八世紀のキリスト教の宗教論争から窺い知ることができる。一世紀／七世紀に書かれたものは、それ以前の論争と同様に、ユダヤ教や競合する（「異端の」）キリスト教の教義、つまりネストリウス派や単性論派、あるいはビザンツ帝国の公式教義の誤りを攻撃することに専念している。なかには、史料が描いている論争の中で、アミールやその他のムハッグラーイェーの代表者の存在にたまたま言及しているものもあるが、こうした論争にはまだ、イスラームに対する攻撃は見られない。これらの七世紀のキリスト教の論者は、どうやら信仰者たちを、神学的に反駁すべき独立した宗教的信条を持つ集団として認識していなかったようである。一世紀／七世紀末と二世紀／八世紀の初頭になって初めて、イスラームの主要な神学的立場に反駁するキリスト教の議論を見つけることができる。これは、この頃までにイスラームがキリスト教と異なる信条を持つものとして表現されることとなった証拠である。しかし、イスラームとなってからも信仰者運動がキリスト教と完全に相容れないものではないとの感覚は、少なくとも八世紀半ばまでは何らかのかたちで続いていたようである。というのも、この頃にダマスクスのヨハネスは（彼はウマイヤ朝の高位の行政官であったから、彼が論じていた対象のことも確実に知っていた）有名な「イシュマエルの子らの異端」を著したからである。言い換えるならば、彼はまだ生まれたてのイスラームを、完全に独立した宗教というよりもキリスト教の異端の一種として認識できたのである。

長い間、二～三世紀／八～九世紀に見られるような完全なかたちに発展したイスラームは、継続的な発展の結果であると認識されてきた。そして、多くの人間が最初のイスラーム国家の組織の展開について論じてきた。それはアラビア半島できわめて初歩的なものとして始まったが、一〇〇年のうちに常備軍だけでなく、しっかりとした政治的、司法的、行政的な機構を持つにいたった。また別の者たちは、イスラームの神学的な教義の発展や洗練化について論じてきた。それらは、クルアーンに見られる基本的教義に基づいて構築されたのであるが、その過程はウマイヤ朝の末期（二世紀／八世紀の前半）になってようやく熱心に推進されるようになったものである。しかしながら、この二つの発展過程が、すべてを語っているわけではない。同様に重要な、実のところより重要かもしれない三つめの過程は、クルアーンを神の永遠の言葉の最も新しい啓示として崇敬し、ムハンマドを神の言葉を伝える使徒であり最後の預言者であると承認することを柱とする独立した宗教、すなわちイスラームが、ムハンマドによって始められた、より緩やかに定義された信仰者運動から生じたその過程である。この過程こそが、本書を通じてその跡を辿ってきたものであり、真にイスラームの特徴を最初に確立した過程であったのである。

訳者あとがき

本書の著者フレッド・マグロウ・ドナー Fred McGraw Donner は、一九四五年アメリカ合衆国に生まれ、現在シカゴ大学人文学部の教授を務めている。当代の初期イスラーム史研究を代表する研究者であり、主な著作として『初期イスラームの征服 *The Early Islamic Conquests*』(一九八一年刊)および『イスラームの起源の叙述 *Narratives of Islamic Origins*』(一九九八年刊)が挙げられる。前者は、「イスラームの征服」の最初の十年ほどを対象として、ムスリムの文献史料に現れる錯綜した情報を厳密に検討してその過程を詳らかにした研究であり、後者は、ムハンマドの活動および彼の死後数十年程度を対象とするムスリムの文献史料の叙述について、その性質を検討した研究である。巻末の「注釈および参考文献案内」を一瞥していただければわかるように、この二書以外にも、学術雑誌や論文集に数多くの論考を寄せており、本書は、そうした著者のこれまでの研究成果をふんだんに盛り込んだ集大成とも呼べる作品となっている。それら数多くの論考の中でも、「信仰者からムスリムへ "From Believers to Muslims"」(二〇〇二〜二〇〇三年刊)は特記しておくべきであろう。本書は、この論考で提示された仮説に大きく立脚するかたちで構成されている。

「日本語版への序文」や「凡例」にも記されているように、本書は当該分野に興味をいだく初学者や一般読者へ向けて書かれた概説書/入門書である。そのような性質をもつ本書の翻訳をわれわれ訳者四名が手がけたのは、日本語で読める初期イスラーム史を単独で扱った同時代を専門とする歴史研究者の手による概説書が、久しく得られていないことを憂えたためであった。そのような概説書は、一九七七年に刊行された嶋田襄平著『イスラムの国家と社会』（岩波書店）が最後であろう。（もちろん、近年においても当該時代を専門とする歴史研究者によって、ムスリムの文献史料に基づいた数多くの精緻な研究が発表されている事実は、あらためて指摘しておきたい。そのような研究者としては、本書の監訳者である後藤明のほかに、余部福三氏、医王秀行氏、太田敬子氏、高野太輔氏、清水和裕氏、花田宇秋氏らの名前を挙げることができよう。）しかしながら、「日本語版への序文」や「注釈および参考文献案内」（特に二章の部分）に記されているように、ちょうど一九七〇年代に、世界では初期イスラーム史研究においてきわめて大きなパラダイム転換が生じたのであった。その具体的内容については、著者自身が「日本語版への序文」において詳しく述べているのでそちらに譲るが、爾後、貨幣や碑文等文書史料あるいはキリスト教徒等非ムスリムの手による文献史料を用いた研究が大きく進展し、あるいはそうした研究の進展を受けてムスリムの文献史料を批判的に利用する研究も大きく進展していったのである（これらの最新の研究成果については、巻末の「注釈および参考文献案内」参照）。しかしながら、嶋田氏の著作以降の日本語の概説書において、そうした世界の最新の研究成果が部分的に参照されることはあっても、その研究動向を完全に押さえたかたちで議論が展開されるようなことはなかった。「初期イスラーム史が、他のどの分野にも劣らず刺激的」とは、『ケンブリッジ・イスラーム史新版 *The New Cambridge History of Islam*』一巻（二〇一〇年刊）の序文に書かれたチェイス・ロビンソンの評であるが、専門的にこの時代の研究に携わるのではない多くの人々には、そのような刺激的な研究の現状は知られることがなく、停滞した代わり映えのしない研究分野だと認識されていたにちがいない。

一方で、欧米においても、各専門分野での研究の深まりは大いに見られたものの、その成果を統合し、一定のまとまったイメージを描き出すような初期イスラーム史の概説書はなかなかあらわれなかった。研究が進展しているとはいえ、いまだ統合的イメージを描くには、それぞれの研究成果は疎らであり、互いの間にある大きな隙間を埋めることができないからなのだろう。そのような状況の中で、本書は書かれたのである。大きな隙間を埋めるために、本書はかなり仮説に仮説を重ねるようなかたちで、ときには強引な印象を覚えるほどのやり方で、統合的イメージを作り上げ、ひとつの書物に仕上げているのである。本書で提示している仮説のすべてが時代の考証に耐えうるものではないことを、「日本語版への序文」において著者自身が述懐している。しかし、現時点ではそうしたやり方でしか成し遂げられない作業を著者はあえておこなったのである。それゆえ、批判にさらされるような、瑕疵が少なからず存在する本書ではあるが、初期イスラーム史研究の現況を紹介するのに、これ以上に適当な著作は存在しないであろうとの考えから、われわれ訳者は本書を翻訳するにいたったのである。初学者向けの概説書ということでは、奇しくも本書と同じ年に前述の『ケンブリッジ・イスラーム史新版』が刊行された。こちらも、近年の研究成果をふんだんに取り込んだものであるが、扱っている時代が本書よりも長く、非常に大部であるため、通読に適しているとは言い難い。本書の手軽さ、読みやすさという点もまた、初期イスラーム史研究の現況を日本の読者に紹介するというわれわれの意図に合致したのである。

本書の有するもう一つの側面についても一言述べておきたい。本書は、イスラームが他の一神教徒を内包しうる普遍的性格をもつ宗教運動として始まったことを主張している。これが、著者ドナーのこれまでの研究成果を踏まえたものであることは確かであるが、全編をとおしてこの主張が強調されている点については、おそらくアメリカ合衆国(あるいはキリスト教の影響が強い欧米諸国と言うべきか)におけるイスラームの現状に対するメッセージだと推測できる。きわめて強力な反イスラームの感情、あるいはイスラーム恐怖症が欧米にはびこっている中で、イスラームが本来的にはキリスト教と相容れないものではないのだという強いメッセージを投げかけることが、本書のひとつの大きな作成の動機となったにちがいない。(この視点は、後述のイスラーム初期史研究会において指摘されたものである。)

訳者四名(亀谷、橋爪、松本、横内)は、九州大学の清水和裕教授を中心に若手研究者が集まったイスラーム初期史研究会の参加者である。同研究会において、二〇一一年に訳者のひとり横内が本書の講評をおこなったことをきっかけに、本書の翻訳が検討された。その後、その翻訳計画の意義を認めていただいた立教大学の小澤実氏に慶應義塾大学出版会を紹介していただき、われわれの計画が現実的なものとなり、(われわれとしては想定外に早くに) 出版するにいたったのである。本文の訳は、日本語版への序文、はじめに、第一章を橋爪が、第二章は橋爪と横内が、第三章を亀谷が、第四章を松本が、第五章を横内が担当した。補遺Aは橋爪が担当し、補遺Bは亀谷が担当した。それ以外の部分の訳は全員が協力して作成したものである。翻訳にあたっては、その精度を高めるべく、必要に応じてアラビア語の原典をも参照した。なお、一度担当者が作成した訳については、週に二度の会議を全員参加でおこなって (遠方同士であるのでスカイプを利用した) 修正作業をおこなった。このあとがきも横内が作成したものであるが、全員の修正の手をへたものである。

本翻訳書を刊行するにあたって、監訳者としての責務を引き受け、数多くの助言をくださった後藤明先生に感謝の意を表したい。また、出版に関して素人である訳者たちのさまざまな無理を聞き入れつつ、本翻訳書の出版にまで導いてくださった慶應義塾大学出版会の宮田昌子氏にも厚く御礼申し上げたい。また、同出版会を紹介していただいた小澤実氏、本翻訳書の出版に向けてさまざまな助言をいただいた清水和裕教授をはじめとする初期史研究会のメンバーにも、この場で謝意を表したい。著者であるドナーは、「日本語版への序文」において、明瞭な文章を書くことを心がけたことを表明しているが、実際彼の文章は明快で、非常にわかりやすいものであった。本翻訳書において、意図の汲みとれない文章、あるいはドナーの意図にそぐわない文章があるとすれば、それらはわれわれ訳者の英語力および国語力の乏しさに起因するものであり、その責めはわれわれが負うものである。

訳者一同

二〇一四年五月

あとがきの中で示した研究書・論考などの書誌情報を以下に記す：

Fred M. Donner, *Early Islamic Conquests*（Princeton, Princeton U. P., 1981）.

Fred M. Donner, *Narratives of Islamic Origins: the Beginnings of Islamic Historical Writing*（Princeton, Darwin Press, 1998）.

Fred M. Donner, "From Believers to Muslims: Confessional Self-identity in the Early Islamic Community," *al-Abḥāth* 50–51（2002–2003）: 9–53.

Chase F. Robinson, ed., *The New Cambridge History of Islam I: the Formation of Islamic World, sixth to eleventh centuries*（Cambridge, Cambridge U. P., 2010）.

補遺A　ウンマ文書

時に「メディナ憲章」とか「サヒーファ文書」とか「スンナ・ジャーミア」と呼ばれるウンマ文書は、預言者ムハンマドとヤスリブの住民の間で交わされたと思われる一連の文書、ないし協定の条項である。原文書は散逸しているが、そのテキストは僅かな異同を有しつつも、早い時期に執筆されたイスラーム教徒による二つの文献史料中に保存されている。その二つとは、ムハンマド・ブン・イスハーク（一五〇／七六七年頃没）著の『スィーラ（預言者の伝記）』とアブー・ウバイド・アルカースィム・ブン・サッラーム（二二四／八三八年没）著『キターブ・アルアムワール（財の書）』である。あらゆる文献史料がムハンマドの死後一世紀かそれ以上を経て編纂されたものであるので、このテキストの真正性は疑われて然るべきである。しかし、学者たちの間では、一般的にこのような後世のテキストについて懐疑的な者さえも含めて見解が一致しており、このウンマ文書は十中八九、実際の古い文書からかなり正確に写されたものであるとされている。これは、形式や内容が古風であることと、事物の描写が後世の理想的見解に一致していないことに基づく。ゆえに、この文書は後世の創作ではないように思われるのである。

ここでの訳出にあたっては、主としてイブン・イスハークのテキストに基づいた。アルフレッド・ギヨーム、R・B・サージェント、そしてミハエル・レッカーによってなされた過去の翻訳や分析に多くを依拠している。

〔訳者：文献については、Guillaume, *Life*（同書の該当箇所は二三一～二三三頁）、及び文献案内第二章のウンマ文書の箇所を見よ。また『預言者ムハンマド伝』の該当箇所は二巻三〇～三五頁である。〕

ほとんどのテキストにある、神やムハンマドの後に付す称讃句はここでは除外している。

〔訳者：このウンマ文書の翻訳にあたっては、著者の訳と『預言者ムハンマド伝』を比較し、問題のない場合は、『預言者ムハンマド伝』の訳文をそのまま採用し、解釈が異なる部分に関しては著者の意図を汲んだ訳文とした。〕

テキスト

- これは預言者（ナビー）ムハンマドによる文書である。すなわち、クライシュ族とヤスリブの信仰者とムスリムと、彼らに従い、彼らと行動をともにし、彼らとともに奮戦する者たちのための文書である。これらの人々は、［他の］人々とは異なる、一つの共同体（ウンマ）をなす。
- クライシュ族のムハージルーンは彼ら自身の事について責任を負い、彼らの血の代償を支払う。また、信仰者たちの間での慣習と公正に基づいて捕虜を買い戻す。
- アウフ族は彼ら自身の事について責任を負い、従来の彼らの血の代償を支払う。また、その各支族は、信仰者たちの間での慣習と公正に基づいて捕虜を買い戻す。
- ハーリス族は彼ら自身の事について責任を負い、（以下同文）。
- サーイダ族は彼ら自身の事について責任を負い、（以下同文）。
- ジュシャム族は彼ら自身の事について責任を負い、（以下同文）。
- ナッジャール族は彼ら自身の事について責任を負い、（以下同文）。
- アムル・ブン・アウフ族は彼ら自身の事について責任を負い、（以下同文）。
- ナービト族は彼ら自身の事について責任を負い、（以下同文）。
- アウス族は彼ら自身の事について責任を負い、（以下同文）。

・信仰者たちは、彼らの内の債務者［あるいは貧困者］を見捨てることなく、慣習にしたがって、身代金や血の代償を肩代わりしなければならない。
・信仰者は他の信仰者の被保護民（マウラー）と、その信仰者に損害を与える［あるいは、その信仰者の同意なしに］同盟を結んではならない。
・神を畏れる信仰者たちは、彼らの中の悪行をはたらく者、信仰者の間に不正、罪、敵意、堕落を広めようとする者と対決しなければならない。一致団結して対決しなければならない。たとえその者が彼らの内の誰かの息子であっても。
・信仰者は不信仰者（カーフィル）のために［他の］信仰者を殺してはならない。また信仰者と対立している不信仰者を援助してはならない。
・神の保護は一つである。どんなに身分が低い信仰者が与えた保護も、全信仰者の義務となる。
・信仰者たちは、他の人々を排して、互いに同盟者（マワーリー）である。
・ユダヤ教徒の中でわれわれに従う者は、援助が与えられ、同等に扱われる。不当に扱われることも、彼らの敵に援助が与えられることもない。
・信仰者たちの和平は一つである。神の道での戦いにおいて、一部の信仰者が、他の信仰者を排して［すなわち、相談なしに？］［個別の］和平を結んではならない。和平は全員にとって平等かつ公平でなければならない。
・われわれと共に襲撃に参加する部隊は、次々と［すなわち交替で？］戦場に突撃しなければならない。
・信仰者たちは、神の道で自ら血を流した仲間の、血の復讐をしなければならない。
・神を畏れる信仰者は、この［合意の？］最良で最善のものに従わなければならない。
・多神教徒（ムシュリク）は、クライシュ族の人や財産へ保護を与えてはならない。信仰者を邪魔してはならない。
・正当な理由なしに信仰者を殺したことが明らかな者は、血の復讐を受ける。ただし、被害者の親族が［血の代償で］満足した場合は別である。全信仰者は一丸となって加害者と対決しなければならない。加害者と対決しないことは許されない。

・この文書（サヒーファ）の内容を承認し、神と終末の日を信じる信仰者は、悪人［殺人者？］を助けたり匿ったりしてはならない。悪人を助ける者、匿う者には、復活の日に、神の呪いと怒りが降りかかり、罪の贖いも償いも受け入れてもらえない。
・おまえたちの間で意見が分かれた場合、［裁定は］神とムハンマドに委ねられる。
・戦いを続けている間は、信仰者と同じく、ユダヤ教徒も戦費を負担しなければならない。
・アウフ族のユダヤ教徒は、信仰者たちとともに一つの共同体をなす。ユダヤ教徒は彼らの宗教／法（ディーン）、ムスリムは彼ら自身の宗教／法を保持する。彼らの被保護民（マワーリー）と彼ら自身に適用されるが、悪をなす者、罪を犯す者は除く。そのような者は、自らと家族を破滅させる。
・ナッジャール族のユダヤ教徒も、アウフ族のユダヤ教徒に同じ［権利と義務を有する］。
・ハーリス族のユダヤ教徒も、アウフ族のユダヤ教徒に同じ。
・サーイダ族のユダヤ教徒も、アウフ族のユダヤ教徒に同じ。
・ジュシャム族のユダヤ教徒も、アウフ族のユダヤ教徒に同じ。
・アウス族のユダヤ教徒も、アウフ族のユダヤ教徒に同じ。
・サアラバ族のユダヤ教徒も、アウフ族のユダヤ教徒に同じ［権利と義務を有する］。ただし、悪をなす者、罪を犯す者は除く。そのような者は、自らと家族を破滅させる。
・サアラバ族の支族であるジャフナ族も、サアラバ族に同じ。
・シュタイバ族も、アウフ族のユダヤ教徒に同じ［権利と義務を有する］。
・行い正しき人物は罪を遠ざける。
・サアラバ族の被保護民たち（マワーリー）も、サアラバ族の人に同じ［とみなされる］。
・ユダヤ教徒の仲間も、彼らに同じ。
・何人もムハンマドの許可を得ずに、［ヤスリブから？　ウンマから？　戦争へ？］出て行ってはならない。
・危害を加えられたことに対する復讐は妨げられない。
・［人を］不意打ちにすれば、その報いはおのれ自身と家族に降りかかる。ただし、相手が悪をなしたものである場合は別である。神はこれにおいて（？）、より正しき［人々］を支援する。
・ユダヤ教徒は自分たちの支出を自分たちで負担し、ムスリムは自分たちの支出を自分たちで負担する。
・この文書（サヒーファ）の民に誰かが戦いをしかけた場合は、協力して敵にあたる。
・たがいに誠実で親切であれ。
・行い正しき人物は罪を遠ざける。
・人は同盟者に罪を犯してはならない。悪行を受けた者は助けなければならない。
〔著者は一条落としている。『預言者ムハンマド伝』第二巻三四頁［四九］を参照。〕
・この文書（サヒーファ）の民にとって、ヤスリブの中（ジャウフ）はこの上なく神聖（あるいは聖なる場所）である。
・保護を受けた人間（ジャール）は〔保護を与えた〕人間と同等であり、害されることも不当に扱われることもない。
・女に対してはその家族の許可がなければ、保護を与えてはならない。
・この文書（サヒーファ）の民の間で、事件や諍いが生じて堕落が危惧される場合は、神とムハンマドに委ねられる。
・神は、この文書において最も正しく、最も公正なものを支持する。
・クライシュ族や、彼らに味方する者に保護を与えてはならない。
・ヤスリブを襲撃する者に対しては、彼ら［すなわち、この文書に関わる集団］の間で協力してあたらなければならない。
・彼らが和平（スルフ）を呼びかけられた場合には、それを受け入れ、守らなければならない。彼らがそれを呼びかけた場合には、信仰者はそれを受け入れ、守らなければならない。ただし、宗教／法（ディーン）のために戦っている場合はそのかぎりではない。
・どの人々も自分が負った責任を果たさなければならない。
・アウス族のユダヤ教徒は、その被保護民たち（マワーリー）も彼ら自身も、この文書（サヒーファ）の民と同じ条件のもとにあり、この文書の民から特段の誠実さをもって遇される。
・行ない正しき人は罪を遠ざける。
・稼ぎ［善いものも悪いものも？］は稼いだ者に返る。
・神は、この文書に対し最も誠実で、最も忠実に守る人々を支援する。
・この書は、悪をなす者、罪を犯す者を保護するものではない。
・出撃するものは安全であり、とどまる者は町［あるいは、メディナ］で安全である。ただし、悪をなす者や罪を犯す者はそのかぎりではない。
・神は、神を畏れる正しい者の保護者である。ムハンマドは神の使徒（ラスール）である。
・この文書（サヒーファ）において最も価値ある人々は、真に正しい者である。

補遺B

岩のドームの碑文（エルサレム）

信仰者の長アブドゥルマリクの命によって建設された岩のドームの内部のモザイク装飾に記されている碑文は、ヒジュラ暦一世紀の信仰者たちによる現存碑文としては最も長いものとなっている。そこに、クルアーンから選択された章句の引用や、それに類する文言が大量に含まれていることは注目に値する。その内容には反復が多いが、強い神学的メッセージを伝えている。碑文自体は七二／六九一年という年代が記されているが、装飾はこの建物の建設において最後の要素であっただろうから、これはその建設が完了した時点とそれほど離れていないに違いない。西暦九世紀、カリフ・マアムーン（在位一九八～二一八／八一三～八三三年）が、回廊上部のアーチ部分外側にある碑文を修正するように命じ、アブドゥルマリクの名前を自分自身の名前に変えさせたが、彼は碑文の年代については変えることを怠った。そのため、碑文と建設が、アブドゥルマリクによるものであることは確かである。書き換えられた部分は、以下の翻訳では傍線で示されている。碑文は一般に句読点が付けられていないが、アーチ部分外側の各文は、円形装飾によって分けられている。以下の翻訳では、それぞれの円形装飾の場所を、星印（＊）によって示した。

翻訳はクリステル・ケスラーによって一九六七年に行われた「クーフィー」体からの丁寧な翻刻に基づいている。（Christel Kessler, "'Abd al-Malik's Inscription in the Dome of the Rock: A Reconsideration," *Journal of the Royal Asiatic Society* (1970): 2–14).

碑文テキスト

A. 回廊上部のアーチ部分の内側

慈悲深く慈愛あまねき神の御名において。唯一神の他に神はなく、神は唯一であり、神に並び立つ者はいない。神にこそ主権は属し、神にこそ栄光がある。神は、生を与え、死を与え、万事に力を及ぼしたもうお方である(クルアーン六四章一節、五七章二節)。ムハンマドは神の僕にしてその使徒(ラスール)である。神とその天使たちは預言者(ナビー)に祝福を与えた。おお、信仰する者たちよ、彼を祝福し、その平安を祈れ(クルアーン三三章五六節)。神が彼を祝福したまいますように、彼に平安と神の慈悲がありますように。啓典の民よ、おまえたちの宗教(ディーン)のことで度を超してはならない。また、神について真理でないことを一言も言ってはならない。メシアこと、マリアの息子イエスはただの神の使徒であり、マリアに授けたもうた神のみことばであり、神より出た霊である。それゆえ、神とその使徒たちを信ぜよ。けっして「三」などと言ってはならない。やめよ、それがおまえたちのためにもっともよいことである。神は唯一なる神。神を讃えよ。神に子どもがあってよいものか。天にあるものと地にあるものとはすべて神に属する。保護者は神だけで十分である(クルアーン四章一七一節)。たとえメシアであっても、神の僕であることに不服はないはず。おそば近くの天使たちにしても同様である。しかし、神を崇める／神に仕えることを不服としてみずから高ぶる者はみな、ご自身のもとに呼びつけたもうぞ(すなわち、審判の日に。クルアーン四章一七二節)。神よ、あなたの使徒(ラスール)であり僕であるマリアの子イエスを祝福したまえ。彼が生まれた日、死ぬ日、復活する日に、彼の上に平安あれ(クルアーン一九章一五節)。これがマリアの子イエスであり、みなが疑い惑っていることの真実を述べたものである。神が子をもちたもうことなど、あるべきではない。神に栄光あれ。なにごとかを決したもうたときは、ただ「あれ」とのみ言いたまえば、そうなる。まことに神はわが主(ラッブ)であり、またおまえたちの主であらせられる。それゆえ、神を崇めよ／神に仕えよ。これこそ正しい道である(クルアーン一九章三四〜三六節)。神はご自身のほかにいかなる神もないことを証言したもうた。また、もろもろの天使や公正(キスト)にたつ知識ある者たちも[証言した]。権能あり聡明であらせられるお方のほかにいかなる神もない（クルアーン三章一八節）。神のみもとの宗教／法（ディーン）こそイスラームである。啓典を授けられた人々が相争うに至ったのは、叡智を授かっておきながら、たがいに憎悪の心を起こしたからに他ならない。もし神よりのみしるし（アーヤート）を信じない者があるならば、神は計算の早いお方（クルアーン三章一九節）。

B. 回廊上部のアーチ部分の外側

慈悲深く慈愛あまねき神の御名において。唯一神の他に神はなく、神は唯一であり、神に並び立つ者はいない。言え、これぞ、神にして唯一者、神にして永遠なる者。生まず、生まれず、一人として並ぶ者はない（クルアーン一一二章）。ムハンマドは神の使徒（ラスール）である。神が彼を祝福したまいますように。＊慈悲深く慈愛あまねき神の御名において。唯一神の他に神はなく、神は唯一であり、彼に並び立つ者はない。ムハンマドは神の使徒である。神とその天使たちは預言者（ナビー）に祝福を与えた。おお、あなたがた信仰者たちよ、彼を祝福し、その平安を祈れ（クルアーン三三章五六節）。＊慈悲深く慈愛あまねき神の御名において。唯一神の他に神はなく、神は唯一である。神を讃えよ。神は子どもをもちたもうことなく、その主権（ムルク）を共有する者もなく、俗世からの助け手（ワリー・ミン・アッズッル）を必要としたもうこともない。神の偉大さを讃美せよ（クルアーン一七章一一一節）。ムハンマドは神の使徒である。神とその天使とその使徒たち（ルスル）が彼を祝福したまいますように。彼に平安と神の慈悲あれ。＊慈悲深く慈愛あまねき神の御名において。唯一神の他に神はなく、神は唯一であり、神に並び立つ者はいない。神にこそ主権は属し、神にこそ栄光がある。神は生を与え、死を与え、万事に力を及ぼしたもうお方である（クルアーン六四章一節、五七章二節）。ムハンマドは神の使徒である。神が彼を祝福し、彼の共同体（ウンマ）のために復活の日に彼の執り成しを受け入れてくださいますように。＊慈悲深く慈愛あまねき神の御名において。唯一神の他に神はなく、神は唯一であり、神に並び立つ者はいない。ムハンマドは神の使徒である。神が彼を祝福し給いますように。＊神の僕アブドゥッラー・イマーム・マアムーン・アミール・アルムウミニーン〔本来は「神の僕アブドゥルマリク・アミール・アルムウミニーン（＝信仰者の長）」

と記されていたと考えられる〕が〔ヒジュラ暦〕七二年にこのドームを建てた。神がそれを彼から受け入れ、彼に満足したまいますように。アーメン。諸世界の主、称賛は神に属する。＊

慶應義塾大学出版会

イスラームの形成

宗教的アイデンティティーと権威の変遷

ジョナサン・バーキー著／野元晋・太田（塚田）絵里奈訳

古代末期からイスラーム時代への継続性や民衆のイスラーム実践の実態も踏まえながら、イスラームの形成の新しい歴史観を描く。北米中東学会アルバート・ホーラーニー賞受賞作の初邦訳。

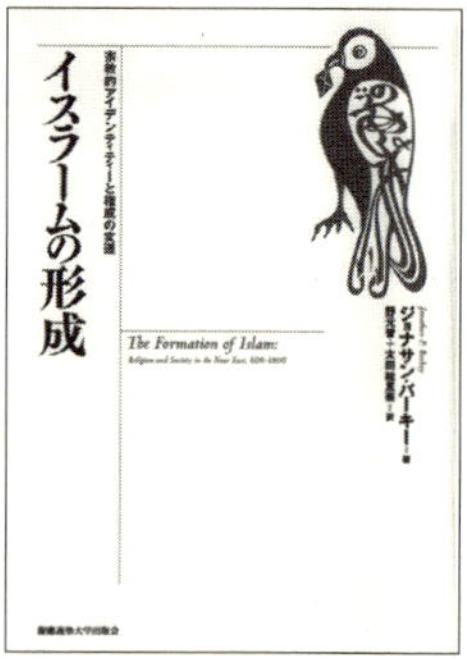

A5判／上製／464頁
ISBN 978-4-7664-2033-3
◎4,800円　2013年5月刊行

◆主要目次◆

表示価格は刊行時の本体価格（税別）です。

イスラームの誕生
——信仰者からムスリムへ

2014年6月30日　初版第1刷発行

著　者———フレッド・マグロウ・ドナー
監訳者———後藤 明
訳　者———亀谷 学、橋爪 烈、松本 隆志、横内 吾郎
発行者———坂上 弘
発行所———慶應義塾大学出版会株式会社
〒108-8346　東京都港区三田2-19-30
TEL〔編集部〕03-3451-0931
〔営業部〕03-3451-3584〈ご注文〉
〔　〃　〕03-3451-6926
FAX〔営業部〕03-3451-3122
振替　00190-8-155497
URL　http://www.keio-up.co.jp/
装　丁———中垣信夫＋大倉真一郎［中垣デザイン事務所］
印刷・製本——株式会社加藤文明社
カバー印刷——株式会社太平印刷社

Printed in Japan ISBN 978-4-7664-2146-0

［著者］

フレッド・マグロウ・ドナー（Fred McGraw Donner）

1945 年生まれ。シカゴ大学東洋研究所および人文学部近東言語・文明学科教授。
専門はイスラーム初期史。
1968 年プリンストン大学東洋学科卒業。1966–67 年レバノンにてアラビア語を習得。
1970–71 年エアランゲン Erlangen（ドイツ）のフリードリヒ・アレクサンダー Friedrich-Alexander 大学にて東洋文献学を専攻後、プリンストン大学に戻り 1973 年に近東学修士号、1975 年近東学博士号を取得。1975–1982 年イェール大学歴史学科にて中東の歴史を教える。1982 年現職。2011 年より北米中東学会会長（President-Elect of Middle East Studies Association of North America：MESA）。
主要著作は、著書に *The Early Islamic Conquests*（Princeton, 1981）；*Narratives of Islamic Origins：the beginnings of Islamic historical writing*（Darwin, 1998）；翻訳に *The History of al-Ṭabarī, vol. X：The conquest of Arabia*（SUNY Press, 1993）.

［監訳者］

後藤　明（ごとう　あきら）

1941 年生まれ。東京大学名誉教授（東洋文化研究所）。
専門は西アジア史およびイスラーム史。
主要著作は、単著に『ビジュアル版　イスラーム歴史物語』（講談社、2001 年）、『ムハンマド時代のアラブ社会（世界史リブレット 100）』（山川出版社、2012 年）、共訳にイブン・イスハーク著、イブン・ヒシャーム編註『預言者ムハンマド伝（イスラーム原典叢書）』（全 4 巻）（岩波書店、2010 年〜2012 年）など。

［訳者］

亀谷　学（かめや　まなぶ）　［第 3 章、補遺 B］

1977 年生まれ。國學院大學文学部兼任講師。
専門は初期イスラーム時代（西暦 7 世紀〜9 世紀）を中心とするカリフ論、史料論、イスラーム国家論。
2002 年北海道大学大学院文学研究科修士課程修了。2003 年〜2005 年日本学術振興会特別研究員（DC）。2006 年カイロ・アメリカン大学（エジプト・アラブ共和国、カイロ市）に留学。2009 年北海道大学文学研究科後期博士課程修了。2010 年〜2013 年国立民族学博物館共同研究員。2011 年〜2014 年日本学術振興会特別研究員（PD・公益財団法人東洋文庫）。博士（文学）。
主要論文は、「七世紀中葉におけるアラブ・サーサーン銀貨の発行――アラブ戦士に対する俸給との関係から」（『史學雜誌』第 115 編第 9 号、2006 年）、「ウマイヤ朝期におけるカリフの称号――銘文・碑文・パピルス文書からの再検討」（『日本中東学会年報』24 巻 1 号、2008 年）、「アブド・アッラッザークの『ムサンナフ』とカリフの歴史――「マガーズィーの書」におけるカリフ史叙述の分析」（『史朋』41 号、2009 年）。

橋爪　烈（はしづめ　れつ）　［はじめに、第 1 章、第 2 章、補遺 A］

1975 年生まれ。千葉科学大学薬学部薬学科講師。
専門はアラブ・イスラーム史（8-12 世紀の政治史、政治思想史）。
2001 年慶應義塾大学大学院文学研究科史学専攻東洋史分野修士課程修了。2002 年〜2004 年カイロ大学聴講生。2009 年東京大学大学院人文社会系研究科博士課程学位取得。博士（文学）。2008 年〜2011 年日本学術振興会特別研究員（PD・公益財団法人東洋文庫）。
主要論文は、「『王冠の書』にみるアドゥド・アッダウラの王統観」（『オリエント』54 巻 1 号、2011 年 9 月）、「『時代の鏡』諸写本研究序説」（『オリエント』第 49 巻第 1 号、2006 年 9 月）、「初期ブワイフ朝君主の主導権争いとアッバース朝カリフ――イマーラ、リヤーサ、ムルクの検討を中心に」（『史学雑誌』第 112 編第 2 号、2003 年 2 月）。

松本　隆志（まつもと　たかし）　［第 4 章］
1978 年生まれ。中央大学文学部兼任講師。
専門はイスラーム史（叙述史料の研究）。
2008 年中央大学大学院文学研究科東洋史学専攻博士前期課程修了。2012 年から同大人文科学研究所準研究員。2014 年同大大学院博士後期課程修了。博士（史学）。
主な論文は、「『歴史』と『征服』におけるハッジャージュ像の検討――ホラーサーン総督ヤズィード解任へと至る叙述について」（『中央大学アジア史研究』第 36 号、2011 年）、「『歴史』と『征服』におけるイブン・アルアシュアスの反乱――ウマイヤ朝史史料研究の一試論」（『オリエント』第 52 巻第 2 号、2009 年）。

横内　吾郎（よこうち　ごろう）　［第 2 章、第 5 章、訳者あとがき］
1979 年生まれ。京都大学文学部非常勤講師、京都外国語大学非常勤講師、滋賀医科大学非常勤講師、福井県立大学非常勤講師。
専門は初期イスラーム史（ウマイヤ朝史）。
2004 年京都大学大学院文学研究科修士課程修了。2008 年京都大学大学院文学研究科博士後期課程研究指導認定退学。2011 年学位取得。博士（文学）。
主要論文は、「ウマイヤ朝におけるエジプト総督人事とカリフへの集権」（史学研究会）（『史林』88 巻 4 号、2005 年）、「ウマイヤ朝マルワーン家時代におけるメディナ統治」（西南アジア研究会）（『西南アジア研究』74 号、2011 年）。

索　引

【凡例】
索引項目中、太字で示しているものは、用語集に立項されている語句である。

［ア］

［カ］

［サ］

［タ］

［ナ］

［ハ］

［マ］

［ヤ］

［ラ］

［ワ］

注釈および参考文献案内

以下の頁では、本書で扱った内容について更なる情報を得るために何を読めばよいのかを読者に示している。適宜、専門家や興味を抱いた一般読者の助けとなる典拠を提供することになろう。文献は概ね各章で扱われる内容の順で並べられている。

この参考文献案内で用いる略号については以下の通りである。

BSOAS: *Bulletin of the School of Oriental and African Studies*, University of London.

CCJ: Michael Maas, ed., *The Cambridge Companion to the Age of Justinian* (Cambridge: Cambridge University Press, 2005).

Donner, "Believers to Muslims": Fred M. Donner, "From Believers to Muslims: Confessional Self-identity in the Early Islamic Community," *Al-Abḥāth* 50-51 (2002-2003): 9-53.

Donner, *Conquests*: Fred M. Donner, *The Early Islamic Conquests* (Princeton, NJ: Princeton University Press, 1981).

Donner, *Narratives*: Fred M. Donner, *Narratives of Islamic Origins: The Beginnings of Islamic Historical Writing* (Princeton, NJ: Darwin Press, 1998).

***EI* (2)** : *Encyclopaedia of Islam*, 2nd ed. (Leiden: E. J. Brill, 1960-2002). 引用に際しては項目名のみ表記した。

Guillaume, *Life*: Alfred Guillaume, trans., *The Life of Muhammad* (Oxford: Oxford University Press, 1955).

Hoyland, *Seeing Islam* : Robert Hoyland, *Seeing Islam As Others Saw It. A Survey and Evaluation of Christian, Jewish and Zoroastrian Writings on Early Islam* (Princeton, NJ: Darwin Press, 1997).

IJMES: *International Journal of Middle Eastern Studies*

JSAI: *Jerusalem Studies in Arabic and Islam*

Tab.: Muḥammad ibn Jarīr al-Ṭabarī, *Ṭa'rīkh*, ed. Michaël Jan de Goeje (Leiden: E.J. Brill, 1879-1901). 英訳版 *The History of al-Ṭabarī*, 40 vols. (Albany: State University of New York Press, 1985-2007). 引用箇所の提示は、ド・フーイ版のアラビア語テキストに拠る。ド・フーイ版の頁は英訳版の余白に示されているので、どちらの版でも参照可能である。

はじめに

引用は、Ernest Renan, "Mahomet and the Origins of Islamism," in his *Studies of Religious History* (London: Heineman, 1893), 187 より。(フランス語の原著は *Études d'histoire religieuse* [Paris: M. Lévy, 1857].)

第一章　イスラーム前夜の中東

古代末期世界についての一般的な入門書としては、古典的名著である Peter Brown, *The World of Late Antiquity, AD 150-750* (London: Thames & Hudson, 1971)〔邦訳：『古代末期の世界――ローマ帝国はなぜキリスト教化したか？』宮島直機訳、刀水書房、2002 年〕が手短で優れた概説であるので、これから始めるのがよいだろう。より詳細に知りたければ、G. Bowersock, P. Brown, and O. Graber, eds., *Late Antiquity: A Guide to the Postclassical World* (Cambridge, MA: Belknap Press of Harvard University Press, 1999) をひもとくとよい。同書に示された長めの解説や数多くの短文の項目は、ビザンツ帝国や初期中世西

欧、サーサーン朝帝国、そして初期イスラームを含む古代末期の歴史や当時の生活などの多くの側面について良き導きとなるだろう。Stephan Mitchell, *A History of the Later Roman Empire, AD 286-641: The Transformation of the Ancient World*（Oxford: Blackwell, 2007）はローマ帝国の東西両地域を扱い、Kevin Butcher, *Roman Syria and the Near East*（London: British Museum Press, 2003）は帝国東部に焦点を当てた書物。

ビザンツ帝国に関しては、Averil Cameron, *The Mediterranean World in Late Antiquity, AD 395-600*（London: Routledge, 1993）が、従来の国家や教会制度に焦点を当てる研究に加え、社会経済史に関する最近の研究もまとめている。*CCJ* は数多くの有用な章を含んでおり、F. M. Donner, "The Background of Islam," *CCJ*, 510-533 は、本書が扱っている幾つかの問題について多少ながらより詳細な検討を行っている。

「最後のビザンツ皇帝」という考え方については、Paul J. Alexander, *The Byzantine Apocalyptic Tradition*（Berkeley: University of California Press, 1985), 151-184、及び同著者による "Byzantium and the Migration of Literary Works and Motifs: The Legend of the Last Roman Emperor," *Medievalia et Humanistica* n.s. 2（1971), 47-68 を参照せよ。

ビザンツ帝国の社会経済構造に関しては、前掲の Cameron, *Mediterranean World* の第 4 章、Mitchell, *History of the Roman Empire* の第 10 章、および John F. Haldon, *Byzantium in the Seventh Century: The Transformation of a Culture*（Cambridge: Cambridge University Press, 1990）の特に第 3 章、第 4 章、第 10 章を参照せよ。また中流層については、Linda Jones Hall, "The Case of Late Antique Berytus: Urban Wealth and Rural Sustenance – A Different Economic Dynamic," in Thomas S. Burns and John W. Eadie, eds., *Urban Centers and Rural Contexts in Late Antiquity*（East Lansing, MI: Michigan State University Press, 2001), 63-76 を参照せよ。禁欲主義的キリスト教と平等主義的展望の広がりについては、Han J. W. Drijvers, "Saint as Symbol: Conceptions of the Person in Late Antiquity and Early Christianity," in Hans G. Kippenberg, Y. B. Kuiper, and A. F. Sanders, eds., *Concepts of Person*（Berlin: Mouton de Gruyter, 1990), 137-157 を参照せよ。また Alan G. Walmsley, "Byzantine Palestine and Arabia: Urban Prosperity in Late Antiquity," in N. Christie and S. Loseby, eds., *Towns in Transition: Urban Evolution in Late Antiquity and the Early Middle Ages*（London: Scolar, 1996), 126-158 は 3-6 世紀における発展についての優れた概説である。

キリスト論論争については、F. M. Young, *From Nicaea to Chalcedon*（Philadelphia: Fortress, 1983）が古典的権威であり、Patrick T. R. Gray, "The Legacy of Chalcedon: Christological Problems and Their Significance," in *CCJ*, 215-238 は複雑な論争とその結果について明解で簡潔な説明を与えてくれる。

キリスト教の禁欲主義や修道制については、Derwas J. Chitty, *The Desert a City*（Oxford: Blackwell's, 1966）が良い概論である。Peter Brown, "The Rise and Function of the Holy Man in Late Antiquity," *Journal of Roman Studies* 61（1971): 80-101 は独創性に富んだ論文であり、Vincent L. Wimbush and Richard Valantasis, eds., *Asceticism*（New York: Oxford University Press, 1995）は大著で、幾つかの有用な章を含み、特に Averil Cameron, "Ascetic Closure and the End of Antiquity," 147-161 が参考になる。キリスト教徒たちが示した強い信仰心の、これ以外の諸相については、Derek Kruger, "Christian Piety and Practice in the Sixth Century," *CCJ*, 291-315 を参照せよ。

古代末期の（主にキリスト教の）終末論については、Bernard McGinn, *Visions of the End: Apocalyptic Traditions in the Middle Ages*（New York: Columbia University Press, 1979）の最初の 50 頁ほどに良質の概論が示されている。前掲の Alexander, *Byzantine Apocalyptic Tradition* および Bernard H. Stolte and Gerrit J. Reinink, eds., *The Reign of Heraclius（610-641): Crisis and Confrontation*（Leuven, Belgium: Peeters, 2002）所収の G. Reinink and W. van Bekkum による諸論文も参照せよ。

古代末期のユダヤ教については、Nicholas de Lange, "Jews in the Age of Justinian," in *CCJ*, 401-426、Michael Avi-Yonah, *The Jews under Roman and Byzantine Rule: A Political History from the Bar Cochba War to the Arab Conquest*, 2nd ed.（Jerusalem: Magnes Press, 1984)、Gilbert Dagron and Vincent Déroche, "Juifs et chrétiens dans l'Orient du VIIe siècle," *Travaux et Mémoires*, 11（1991): 17-46、Gordon Darnell Newby, *A History of the Jews of Arabia*（Columbia, SC: University of South Carolina Press, 1988)、Christian-Julien Robin, "Himyar et Israël," *Académie des Inscriptions et Belles-Lettres*, Comptes-Rendus des Seances des de l'Année 2004, avril-juin, 831-908 が挙げられる。

ヘラクレイオス帝については、Walter E. Kaegi, *Heraclius, Emperor of Byzantium*（Cambridge: Cambridge

University Press, 2003）が最も信頼に値する研究であり、詳細な内容であるが、非常に読みやすい。

サーサーン朝帝国については、Touraj Daryaee, *Sasanian Persia. The Rise and Fall of an Empire*（New York: I. B. Tauris, 2009）を参照せよ。また Michael Morony, "Sāsānids," *EI*（2）の専門的な説明や、より大部ではあるが *Cambridge History of Iran* の第 3 巻（Cambridge: Cambridge University Press, 1983）が有用である。後者はサーサーン朝とアラビア半島やビザンツ帝国との関係など、同王朝の歴史の諸相に関する優れた内容をもつ多くの章で構成されている。サーサーン朝がイラン支配の正当性を示すために用いたゾロアスター教的ないしアヴェスター的神話については、Touraj Daryaee, "Memory and History: The Construction of the Past in Late Antique Persia," *Nāme-ye Īrān-e Bāstān* 1:2（2001-2002）: 1-14 において論じられている。*Cambridge History of Iran* 第 3 巻の 864-865, 409-410, 692-696 の各頁も参照せよ。

ゾロアスター教については、Mary Boyce, *Zoroastrians: Their Religious Beliefs and Practices*（London: Routledge and Kegan Paul, 1979）〔邦訳：『ゾロアスター教――三五〇〇年の歴史』山本由美子訳、講談社、2010 年〕が最良の概論であり、また Robert C. Zaehner, *The Dawn and Twilight of Zoroastrianism*（New York: Putnam, 1961）、同じく Zaehner, *Zurvan: A Zoroastrian Dilemma*（Oxford: Clarendon Press, 1955）もある。

イスラーム以前のアラビア半島については、優れた内容であり読みやすい一般的な入門書として、Robert G. Hoyland, *Arabia and the Arabs: From the Bronze Age to the Coming of Islam*（London: Routledge, 2001）がある。また F. E. Peters, ed., *The Arabs and Arabia on the Eve of Islam*（Aldershot: Ashgate, 1999）に収録された多くの優れた論考も見るとよい。イスラーム前夜のメッカ内部の政治状況についての簡潔な概説書はいまだに W. M. Watt, *Muhammad at Mecca*（Oxford: Clarendon Press, 1953）, 4-16 であるが、同書のいたるところで示された「部族中心主義」と、彼が前提とする「メッカは国際的な奢侈品交易の要であった」という議論は、近年重大な挑戦を受けていることを読者諸氏は念頭に入れておく必要がある。特に Patricia Crone, *Meccan Trade and the Rise of Islam*（Princeton, NJ: Princeton University Press, 1987）がその代表である。Watt, *Muhammad at Medina*（Oxford: Clarendon Press, 1956）, 151-174 も同様にイスラーム以前のメディナについての有益な概説書であるが、現在では Michael Lecker, *Muslims, Jews, and Pagans: Studies on Early Islamic Medina*（Leiden: E. J. Brill, 1995）も参照せよ。

メッカおよびヤスリブとの関係構築に関する二帝国の試みについては、M. Lecker, "The Levying of Taxes for the Sasanians in Pre-Islamic Medina（Yathrib）," *JSAI* 27（2002）: 109-126 および F. M. Donner, "The Background to Islam," in *CCJ*, 528, notes 16, 17 を参照せよ。Patricia Crone, "Making Sense of the Qurashi Leather Trade," *BSOAS* 70（2007）, 63-88 はアラビア半島の皮革がビザンツ帝国およびサーサーン朝の軍隊にとって非常に重要であった事を強調している。

イスラーム以前のヒジャーズ地方のキリスト教徒については、Guillaume, *Life*, 572 の「フナインにて殺害された者たちの内にキリスト教徒の奴隷が含まれていた」という示唆的な報告、および 552 頁の「イエスとマリアの絵がカアバの内部にあった」という報告を参照せよ〔邦訳：『預言者ムハンマド伝』第 3 巻 318 頁〕。Günter Lüling の二つの著作 *Die Wiederentdeckung des Propheten Muhammad*（Erlangen: H. Lüling, 1981）および *Über den Ur-Qur'ān*（Erlangen: H. Lüling, 1974）は、近年の研究の中で、ヒジャーズ地方においてキリスト教徒が見出されたという主張を最も強調するものである。後者には英訳がある *A Challenge to Islam for Reformation*（Delhi: Motilal Benarsidass, 2003）。

ナザレ派については、François de Blois, "Naṣrānī（*Ναζωραῖοξ*）and ḥanīf（*ἐθνικόξ*）: Studies on the Religious Vocabulary of Christianity and Islam," *BSOAS* 65（2002）: 1-30 を参照せよ。

活動する預言者の伝統については、Rebecca Gray, *Prophetic Figures in Late Second Temple Jewish Palestine*（New York: Oxford University Press, 1993）を、モンタヌス派については、Ronald E. Heine, ed., *The Montanist Oracles and Testimonia*（Macon, GA: Mercer University Press, 1989）を、マニ教については、Samuel N. C. Lieu, *Manichaeism in the Later Roman Empire and Medieval China*（Tubingen: Mohr, 1992）をそれぞれ参照せよ。

リッダ戦争については Elias S. Shoufani, *Al-Riddah and the Muslim Conquest of Arabia*（Beirut: Arab Institute for Research and Publishing, and Toronto: University of Toronto Press, 1972）を参照せよ。

第二章　ムハンマドと信仰者たちの運動

ムハンマドの生涯についての伝統的な見解を概観する読み物としては、イスラーム史料に忠実に基づいて、その一般的な概略を引き写した W. Montgomery Watt, *Muhammad, Prophet and Statesman*（Oxford: Oxford University Press, 1961）がある。同書は彼のより詳細な研究書 *Muhammad at Mecca* および *Muhammad at Medina* に基づいて書かれたものである。より簡略なものとしては、F. Buhl により執筆され、A. T. Welch によって改訂された *EI*（2）の "Muḥammad" の項目を参照せよ。その他としては、伝承に基づく伝記の概要に従いながらも、近年の修正主義者や懐疑的な批判を十分に意識した F. E. Peters, *Muhammad and the Origins of Islam*（Albany: State University of New York, 1994）がある。同書も、関連する伝統的なアラビア語の伝承史料の多くの文章を英訳しているという長所を有す。

クルアーンには各種の英訳版がある。ほとんどのものは極めて有用な翻訳であろうが、新たにこの分野に興味を抱いた読者は、クルアーンのテキストから導き出せる解釈の幅を知るために、二つかそれ以上の所与の文章を比較することを試みるべきである。クルアーンは大部分、その題材を一貫した叙述で示すとか、あるいは特定の問題についてのあらゆる記述を一つの場所に集めるといったことをしていないため、新たな読者は、所与の主題についてテキストが述べていることを探す道具として詳細な索引が必要不可欠であることに気づくだろう。クルアーンの翻訳を購入する際には索引の十全さを考慮すべきである。

クルアーンをめぐる修正主義者と伝統的な考えの学者たちの間で交わされている近年の議論についての読みやすい論考としては、Toby Lester, "What is the Koran?", *Atlantic Monthly*（January 1999）, 43-56 がある。より最新の情報を盛り込んだものとしては、F. M. Donner, "The Qur'ān in Recent Scholarship: Challenges and Desiderata," in Gabriel Said Reynolds, ed., *The Qur'an in Its Historical Context*（London: Routledge, 2008）, 29-50 がある。

イスラーム勃興期を扱うイスラームの伝承史料に対する西洋の研究については、Donner, *Narratives* の序章において概観と分類がなされている。特にムハンマドの生涯については、F. E. Peters, "The Quest of the Historical Muhammad," *IJMES* 23（1991）: 291-315 を参照のこと。同論文は、先に述べた同著者による *Muhammad and the Origins of Islam* の巻末の補遺として収録されている。

近年の修正主義者によるイスラームの起源に関する見解は、P. Crone and M. Cook, *Hagarism*（Cambridge: Cambridge University Press, 1977）および J. Wansbrough, *Quranic Studies*（Oxford: Oxford University Press, 1977）に示されており、後者はクルアーンの「後代の起源」説を初めて提唱したものである。しかしながら、前者には容易には与しえないし、また後者は、たとえ専門家にとっても、ほとんど理解しがたいものである。Wansbrough の考え方は彼の同調者の一人である Andrew Rippin, "Literary Analysis of *Qur'an, Tafsir*, and *Sira*: The Methodologies of John Wansbrough," in Richard C. Martin ed., *Approaches to Islam in Religious Studies*（Tucson: University of Arizona Press, 1985）, 151-163 の論考を読むことで理解可能となる。私は Donner, *Narratives* の第 1 章において、クルアーンの完成した年代に関する Wansbrough の考え方に対する批判を示しておいた。クルアーンは預言者ムハンマドに先立つアラビア半島のキリスト教徒の素材を「再利用したもの」が含まれるかもしれないという考えが、Günter Lüling（第一章の文献案内の終わりの方に挙げた *Über den Ur-Qur'ān* および *Wiederentdeckung* を参照せよ）によって提出された。彼は事実上近年の修正主義者たちの中では最初期の人物であるが、その考えは Wansbrough や Crone や Cook によって代表される「イギリス学派」のものとはほとんど相通じるところがなく、また現在に至るまでその影響力ははるかに小さい。クルアーンの大部分はアラビア語ではなく、アラム語で書かれているという論旨を有する Christoph Luxenberg, *The Syro-Aramaic Reading of the Koran*（Berlin: Schiler, 2007. ドイツ語原本の出版は 2000 年）を皮切りに Luxenberg が世に問うている作品は、クルアーンのテキストについての、数多くの独特な再解釈とクルアーンとキリスト教の伝統との関係についてより広範にわたる論点を提起しているが故に、大きな物議を醸している。いまだ継続中のこれらの議論については Gabriel Said Reynolds, *The Qur'ān and Its Biblical Subtext*（New York: Routledge, 2010）が注目に値する。

初期イスラームに関して深く追求した多くの論考がM. J. Kisterによって世に問われている。彼の論集M. J. Kister, *Studies in Jāhiliyya and Early Islam*（London: Variorum, 1980）を参照せよ。これらの論集や、あるいは*Jerusalem Studies in Arabic and Islam*誌に彼のより近年の研究の多くが示されている。ムハンマドの生涯において示される数々の逸話（そこでは象徴的な数についても言及される）の語りについて、その象徴性と正当化の観点から行った価値ある研究として、Uri Rubin, *In the Eye of the Beholder: The Life of Muḥammad as Viewed by the Early Muslims*（Princeton, NJ: Darwin, 1995）が挙げられる。同書もまた、修正主義者たちの主張、すなわちムハンマドの伝記の多くの部分は啓典解釈的である、つまり、クルアーンのある種の文章を「説明する」ための事実無根の主張であるということに反駁を加え、代わりに多くの記述がより初期のものであろうこと（言うまでもないが、もちろんそれらは何が起こったのかについての正確な記録であるということ）を示している。ムハンマドがイエスのように「給食の奇蹟」を為したことに関しては、Guillaume, *Life*, 451-452を参照せよ。この種の他の事例に関しては、Toufic Fahd, "Problèmes de typologie dans la «Sira» d'Ibn Ishaq," in *La vie du prophète Mahomet*（Colloque de Strasbourg, octobre 1980）（Paris: Presses Universitaires de France, 1983）, 67-75を参照せよ。

初期信仰者運動の普遍的一神教的性格に関して本章で示された基本的な考え方は、Donner, "Believers to Muslims."に示されたより専門的な研究を発展させたものである。

ムハンマドが自らの運動をハニーフィーヤと呼んだことについては、Jacques Waardenburg, "Towards a Periodization of Earliest Islam According to Its Relations with Other Religions," in R. Peters ed., *Proceedings of the Ninth Congress of the Union Européenne des Arabisants et Islamisants*,（Leiden: E. J. Brill, 1981）, 304-336の311頁を参照せよ。

しばしば「メディナ憲章」と誤解を招く言葉で表現されるウンマ文書については、R. B. Serjeant, "The Constitution of Medina," *Islamic Quarterly* 8（1964）: 3-16で一通り議論されており、またより詳細には同じくSerjeant, "The *Sunnah Jāmi'ah*, Pacts with the Yat͟hrib Jews, and the Taḥrīm of Yat͟hrib: Analysis and Translation of the Documents Comprised in the So-Called 'Constitution of Medina'," *BSOAS* 41（1978）: 1-42で議論されている。またMichael Lecker, *The "Constitution of Medina": Muhammad's First Legal Document*（Princeton, NJ: Darwin, 2004）でも詳細に検討されているので、そちらも参照せよ。

クルアーンによるムシュリクーンに対する非難が、おそらくは多神教徒に向けられたものではなく、むしろ「いい加減な」一神教徒にも向けられたものだという考え方はG. Hawting, *The Idea of Idolatry and the Emergence of Islam*（Cambridge: Cambridge U.P., 1999）によって提出されている。同様の考え方はRaimund Köbert, "Zur Bedeutung der drei letzten Worte von Sure 22, 30/31," *Orientalia* 35（1966）: 28-32においても提示され、また前掲のLüling, *Über den Ur-Qur'ān*の、特に202-203頁でその考え方が発展させられている。

クルアーンにおける敬虔さについてはDonner, *Narratives*の第2章にて議論されている。ザカートやサダカの本来の意味が、喜捨というよりもむしろ罪の償いのための支払いであったことについては、Suliman Bashear, "On the Origins and Development of the Meaning of Zakāt in Islam," *Arabica* 40（1993）: 84-113で鮮やかに考察されている。信仰者たちの敬虔さと古代末期のキリスト教の伝統における敬虔さについての類似性については、Ofer Livne-Kafri, "Early Muslim Ascetics and the World of Christian Monasticism," *JSAI* 20（1996）: 105-129を参照せよ。礼拝が宗教生活の構成要素であるとする文言の引用は、*Encyclopedia of the Holy Qur'ān*, N. K. Singh and A. R. Agwan eds.,（Delhi: Global Vision, 2000）のN. Hanifが執筆した項目"Salat（Ritual Prayer）"の1309頁から。

礼拝に関するクルアーンの情報については、数多くの参考文献を提示しうるが、関心のある読者には次に挙げる章句が出発点となるだろう。礼拝の時間については、クルアーン2章238節、4章103節、11章114節、20章30節、30章17-18節、52章48-49節、73章2-7節、76章25-26節。また礼拝動作の内、立つ、跪く、座る、という行為についてはクルアーン2章43節、4章103節、5章55節を、平伏についてはクルアーン50章40節、9章112節を参照のこと。礼拝への呼びかけはクルアーン5章58節を、浄めについてはクルアーン5章6節をそれぞれ参照のこと。

アーシューラーの断食については、Suliman Bashear, "'Āshūrā', an Early Muslim Fast," *Zeitschrift der deutschen morgenländische Gesellschaft* 141（1991）: 281-316を参照せよ。

ユダヤ教からイスラームへの改宗者については、Michael Lecker による一連の論文 "Ḥudhayfa b. al-Yamān and 'Ammār b. Yāsir, Jewish Converts to Islam," *Quaderni di Studi Arabi* 11 (1993): 149-162、"'Amr ibn Ḥazm al-Anṣārī and Qur'ān 2, 256: 'No Compulsion Is There in Religion'," *Oriens* 35 (1996): 57-64、"Zayd b. Thābit, 'A Jew with Two Sidelocks': Judaism and Literacy in Pre-Islamic Medina (Yathrib)," *Journal of Near Eastern Studies* 56 (1997): 259-273 を参照せよ。

「預言者の封印」という概念を含む、クルアーンの預言者論に先行するものとしてのユダヤ的キリスト教については、François de Blois, "Elchasai-Manes-Muḥammad. Manichäismus und Islam in religionshistorischem Vergleich," *Der Islam* 81 (2004): 31-48 を参照せよ。初期キリスト教における預言については、Ernst Käsemann, "The Beginnings of Christian Theology," *Journal for Theology and the Church* 6 (1969): 17-46、特に 27-29 頁を参照せよ。

初期共同体の終末論的、黙示録的展望については、今のところ十分に満足のいく包括的議論は存在しないが、いくつかの例に関しては、Lawrence I. Conrad, "Portents of the Hour: Hadith and Historiography in the First Century A. H.," *Der Islam* (forthcoming)、Michael Cook, "The Heraclian Dynasty in Muslim Eschatology," *Al-Qantara* 13 (1992): 3-23、Suliman Bashear, "Apocalyptic and Other Materials on Early Muslim-Byzantine Wars: A Review of Arabic Sources," *Journal of the Royal Asiatic Society* 1 (1991): 173-207、Wilfred Madelung, "'Abd Allāh b. al-Zubayr and the Mahdi," *Journal of Near Eastern Studies* 40 (1981): 291-305 を参照せよ。黙示録的終末論と終末はすでに実現し始めているという考えが同時に見出されたのかもしれないという説は、論理的に不可能なように思われるが、これらの考え方の共存は他の宗教伝統においても知られている。注目すべきは初期のキリスト教のものであり、それについては、David Aune, *The Cultic Setting of Realized Eschatology in Early Christianity* (Leiden: E. J. Brill, 1972) を見よ。何人かの学者たちは、クルアーンにおける黙示録的色合いは「強くない」と主張するが、それらの見解は、クルアーンの短い章の多くで用いられている黙示録的表現のもつ説得力や緊迫感を等閑視している。クルアーンの終末論に関して考慮すべき見解としては、Andrew Rippin, "The Commerce of Eschatology," in Stefan Wild ed., *The Qur'an as Text*, (Leiden: E. J. Brill, 1996), 125-135 がある。「たやすく可視化された情景」という文についての引用は、Bernard McGinn, *Visions of the End: Apocalyptic Traditions in the Middle Ages* (New York: Columbia University Press, 1979), 6 よりのものである。

クルアーンにみえる攻撃性や行動主義に関する議論は、Reuven Firestone, *Jihād: The Origin of Holy War in Islam* (Oxford: Oxford University Press, 1999) をもとにしている。同書は信頼性が高く、また読みやすい。クルアーンが用いる「但し書き」については、F. M. Donner, "Fight for God - But Do So with Kindness: Reflections on War, Peace, and Communal Identity in Early Islam," in Kurt A. Raaflaub ed., *War and Peace in the Ancient World* (Oxford: Blackwell's, 2007): 297-311 を参照せよ。

「善きことを命じ、悪しきを禁ずる」義務については、Michael Cook, *Forbidding Wrong in Islam* (Cambridge: Cambridge University Press, 2003) から始めるのが良いだろう。

第三章　信仰者共同体の拡大

イスラームの征服活動に関するごく簡単な概観は、F. M. Donner, "Islam, Expansion of" in J. Strayer, ed., *Dictionary of the Middle Ages* に見られる。この問題のより詳細な概説としては、F. M. Donner, "The Islamic Conquests" in *Companion to Middle Eastern History*, ed. Youssef Choueiri, 28-51 (Malden, MA: Blackwell's, 2005) にある。伝統的なパラダイムという条件の中で組み立てられた、古いが読みやすい概説として、Francesco Gabrieli, *Muhammad and the Conquest of Islam* (New York: McGraw-Hill, 1968) がある。本書で示されたシリアやイラクへの拡大の概要は、Donner, *Conquests* に基づいている。

征服についての叙述の信頼性（あるいは信頼できないこと）については、Donner, *Narratives*, 特に第 7 章、Albrecht Noth and Lawrence I. Conrad, *The early Arabic Historical Tradition: A Source-Critical Study* (Princeton, NJ: Darwin, 1994)、 Chase F. Robinson, "The Conquest of Khūzistān: A Historiographical Reassessment," *BSOAS* 67 (2004): 14-39 を参照せよ。中央集権への疑問と初期の征服についての叙述に対する幾人かの著者の一

般的な懐疑論については、F. M. Donner, "Centralized Authority and Military Autonomy in the Early Islamic Conquests," in Avril Cameron ed., *The Byzantine and Early Islamic Near East, III: States, Resources and Armies*, 337-360（Princeton, NJ: Darwin, 1995）を参照せよ。

「心の一致 ta'līf al-qulūb」については、Watt, *Muhammad at Medina*, 348-353 を参照せよ。

アムル・ブン・アルアースの不動産については、Michael Lecker, "The Estates of 'Amr b. al-'As in Palestine: Notes on a New Negev Inscription," *BSOAS* 52（1989）: 24-37 を参照せよ。

エルサレムについての引用は、Bernard McGinn, "The Meaning of the Millennium," *Encuentros* 13（January 1996）: 10［Lectures published by the Inter-American Development Bank Cultural Center, Washington, DC］からのものである。

リッダ戦争については、S. Shoufani, *Al-Riddah and the Muslim Conquest of Arabia*（Beirut: Arab Institute for Research and Publishing, and Toronto: University of Toronto Press, 1972）を参照せよ。

シリアとイラクにおける初期の征服軍の部族構成については、Donner, *Conquests* の補遺を参照せよ。

常備軍が明確な形を取るようになった決定的な経験としてのリッダ戦争については、F. M. Donner, "The Growth of Military Institutions in the Early Caliphate and Their Relation to Civilian Authority," *Al-Qantara* 14（1993）: 311-326 を参照せよ。

ラバザにおけるヒマーについては、Sa'd al-Dīn al-Rāshid, *Rabadhah. A Portrait of Early Islamic Civilisation in Saudi Arabia*（Riyadh: King Saud University College of Arts, and Harlow, UK: Longmans, 1986）, 1-7 を参照せよ。ラバザからラクダの骨がまとまった形で大量に見つかったことについては、発掘者の一人によって 1994 年に個人的に教示を受けた。これらは al-Rāshid による報告には言及されていないが、al-Rāshid は文章（そのほとんどは業務の記録であった）が書かれたラクダの骨がいくつか発見されていることに言及している（p.88）。

イスラームの起源についての、キリスト教徒による同時代史料、またその他の同時代に近い史料は、Hoyland, *Seeing Islam* において、利用しやすい形で収集され、翻訳され、議論されており、この研究書は今や不可欠なものとなっている。

イスラームの「征服」に伴う破壊についての考古学的証拠の欠如については、Robert Schick, *The Christian Communities of Palestine from Byzantine to Islamic Rule*（Princeton, NJ: Darwin, 1995）の特に 222-224 頁に述べられている。具体例を挙げると、エルサレムについては、Meir Ben Dov, *In the Shadow of the Temple*（Jerusalem: Keter, 1985）、ジェラシュ（ゲラサ）については、Iain Browing, *Jerash and the Decapolis*（London: Chatto and Windus, 1982）, 57-58 を参照せよ。ハマーについては、Harald Ingholt, *Rapport Préliminaire sur sept campagnes de fouilles à Hama en Syrie*（1932-1938）（Copenhagen: Munksgaard, 1940）, 136-139 を、ただし考古学的層位 B については、ビザンツ帝国期と年代比定されているが、おそらくそれはビザンツ帝国期とイスラーム初期の双方にまたがるものであろう。アスカロン/アシュケロンについては、Lawrence E. Stager, *Ashkelon Discovered*（Washington, DC: Biblical Archaeological Society, 1991）, 53-54 が、その移行について論じているが、それを示す重要な遺物はないと述べている。より一般的には、Averil Cameron, "Interfaith Relations in the First Islamic Century," *Bulletin of the Royal Institute for Inter-Faith Studies* 1/2（Autumn 1999）, 1-12 を参照せよ。

「征服」の少し後に建設された、あるいは再建された教会については、Schick, *The Christian Communities* を参照せよ。Michele Piccirillo, *The Mosaics of Jordan*（Amman: American Center of Oriental Research, 1992）は、多くは六世紀と七世紀に建てられた教会について、豪華な図版とともに描いている。

ムハンマドに言及しているほぼ同時代のキリスト教徒のテキストについては、Robert Hoyland, "The Earliest Christian Writings on Muhammad: An Appraisal," in Harald Motzki, ed. *The Biography of Muḥammad: The Issue of the Sources*,（Leiden: E. J. Brill, 2000）, 276-297 を参照せよ。また、G. J. Reinink, "The Beginnings of Syriac Apologetic Literature in Response to Islam," *Oriens Christianus* 77（1993）: 165-187 も参照せよ。ムハンマドの預言者性についての主張の展開と、それに対するユダヤ教徒およびキリスト教徒の共同体における反応との関係については、Sarah Stroumsa, "The Signs of Prophecy: The Emergence and Early Development of a Theme in Arabic Theological Literature," *Harvard Theological Review* 78（1985）: 101-114 を参照せよ。

ゾロアスター教徒の地位については、Y. Friedmann, *Tolerance and Coercion in Islam*（New York: Cambridge

University Press, 2003), 72-76 and 198 を参照せよ。

初期のシャハーダについては、Donner, "Believers to Muslims," 47-48 を参照せよ。 A. J. Wensinck, ed., *Concordance et indices de la tradition musulmane* (8 vols., Leiden: E. J. Brill, 1936-1988) は、ムハンマドの預言者性ではなく、神の唯一性のみを認める多くの伝承をシャハーダの項目に列挙している。M. J. Kister, "*...illā bi-ḥaqqihi* ... A Study of an Early *ḥadīth*," *JSAI* 5 (1984): 33-52 は、ムハンマドの預言者性について言及する事なしに「唯一神の他に神はなし」とだけ言うのが、シャハーダとして十分であるかどうかを巡る議論を扱っている。Guillaume, *Life*, 668〔邦訳：『預言者ムハンマド伝』第三巻、547-548 頁〕には、真の信仰の基礎が神の唯一性を認めること、礼拝、喜捨、断食、巡礼、浄めであるという記事があるが、ムハンマドが預言者であると認めることについての言及はない。Hoyland, *Seeing Islam*, Excursus F (687-703) では、ムスリムが書いた、年代の記されているものについて、135/752-753 年までの一覧を掲載している。

ネストリウス派総主教からの引用のテキストは、*Corpus Scriptorum Christianorum Orientalium*, Series III, vol. 64, 248-251 にある。Tor Andrae, "Der Ursprung des Islam und das Christentum," *Kyrkshistorisk årsskrift* 23 (1923): 167 も参照。また、Sebastian Brock, "Syriac Views of Emergent Islam," in G. H. A. Juynboll, ed. *Studies on the First Century of Islamic Society* (Carbondale: Southern Illinois University Press, 1982), 9-21 の 15 頁でも引用されている。

ムスリムの和平条約のテキストについては、Albrecht Noth, "Die literarische Überlieferten Verträge der Eroberungszeit als historische Quellen für die Behandlung der unterworfenen Nicht-Muslime durch ihre neuen muslimischen Oberherren'," in Tilman Nagel et al., ed., *Studien zum Minderheitenproblem in Islam* I, Tilman Nagel et al. ed., (Bonn: Selbstverlag des Orientalischen Seminars der Universität, 1973), 282-304 を参照せよ。

信仰者が教会において礼拝の空間をキリスト教徒と共有したことについては、Donner, "Believers to Muslims," 51-52 を参照せよ。ダマスクスとヒムスについては、Philip K. Hitti, *The Origins of the Islamic State* (New York: Columbia University Press, 1916 の 125 頁と 201 頁、また、Suliman Bashear, "*Qibla musharriqa* and the Early Muslim Prayer in Churches," *Muslim World* 81 (1991): 267-282 を参照。カティスマ教会については、Di Segni, "Christian Epigraphy in the Holy Land: New Discoveries," *Aram* 15 (2003): 247-267 の 248 頁を参照せよ（この参考文献に関しては Lennart Sundelin の教示を得たことに感謝したい)。

エルサレムについては、Heribert Busse, " 'Omar b. al-Ḫaṭṭāb in Jerusalem," *JSAI* 5 (1984): 73-119、Busse, " 'Omar's Image as the Conqueror of Jerusalem," *JSAI* 8 (1986): 149-168、Busse, "Die 'Umar-Moschee im östlichen Atrium der Grabeskirche," *Zeitschrift der Deutschen Palästina-Vereins* 109 (1993): 73-82 を参照せよ。アークルフが関連する文章は、Hoyland, *Seeing Islam*, 219-223 において翻訳され、論じられている。

ムスリムの叙述史料において描かれている初期の遠征は、Ulrich Rebstock, *Tübingen Atlas des Vorderen Orients*, Map B.VII.2, "The Islamic Empire under the First Four Caliphs" (1989) の地図において視覚化された形で美しく描かれている。

ゾロアスター教徒の徴税人については、Claude Cahen, "Fiscalité, Propriété, Antagonismes Sociaux en Haute-Mésopotamie au temps des premiers 'Abbasides d'après Denys de Tell-Mahré," *Arabica* 1 (1954): 136-152 を参照せよ。

モスルとジャズィーラについては、Chase F. Robinson, *Empire and Elites after Muslim Conquest* (Cambridge: Cambridge University Press, 2000) の特に 33-41 頁を参照せよ。

中央集権については、F. M. Donner, "Centralized Authority and Military Autonomy in the Early Islamic Conquests," in Averil Cameron ed., *The Byzantine and Early Islamic Near East III: States, Resources and Armies*, (Princeton: Darwin Press, 1995), 337-360 を参照せよ。セベーオスの引用については、Hoyland, *Seeing Islam*, 131 を参照せよ。

アムサール／軍営都市については、Donald Whitcomb, "Amsar in Syria? Syrian Cities after the Conquest," *Aram* 6 (1994): 13-33 を参照せよ。アイラについては、Whitcomb, "The Miṣr of Ayla: New Evidence for the Early Islamic City," in G. Bicheh, ed., *Studies in the History and Archaeology of Jordan, V: Art and Technology throughout the Ages*, ed. G. Bicheh (Amman: Department of Antiquities, 1995), 277-288 を参照せよ。クーファのプランについては、Donner, *Conquests*, 226-236 および Hichem Djaït, *Al-Kūfa: naissance de la ville islamique* (Paris: G. -P.

Maisonneuve et Larose, 1986）を参照せよ。フスタートについては、Wladislaw Kubiak, *Al-Fustat: Its Foundation and Early Urban Development*（Cairo: American University in Cairo, 1987）を参照せよ。

ディーワーンについては、Gerd-Rüdigar Puin, "Der Dīwān des 'Umar ibn al-Ḫaṭṭāb: Ein Beitrag zur frühislamischen Verwaltungsgeschichte"（diss. Bonn, 1970）を参照せよ。

征服期におけるバリードについては、Adam Silverstein, "A Neglected Chapter in the History of Caliphal State-Building," *JSAI* 30（2005）: 293-317 を参照せよ。

征服後に「自治的に運営」し、新たな支配者へと税を送っていた田園地域については、Terry Wilfong, *Women of Jeme: Lives in a Coptic Town in Late Antique Egypt*（Ann Arbor: University of Michigan Press, 2002）を参照せよ。

イラクとシリアにおける定住地については、Donner, *Conquests* の第 5 章を、特に 239-250 頁を参照せよ。

第四章　共同体の指導者の地位をめぐる争い：34–73／655–692 年

イブン・アッサビールの意味については前掲の G. -R. Puin, "Der Dīwān des 'Umar ibn al-Ḫaṭṭāb"で議論されている。

シューラーについては Gernot Rotter, *Die Umayyaden und der zweite Bürgerkrieg*（680-692）（Wiesbaden: Franz Steiner, 1982), 7-16 を参照せよ。死に瀕したウマルの逸話は Tab., i/2778-2779 に見られる。

戦士の俸給削減については Tab., i/2929 を参照せよ。

土地所有と征服地の分配に関する複雑な問題については、まず Michael G. Morony, "Landholding in Iraq," in Tarif Khalidi ed., *Land Tenure and Social Transformation in the Middle East*（Beirut: American University of Beirut, 1984), 209-222 から見るべきだろう。またアラビア語で書かれた有益な研究として、Fāliḥ Ḥusayn, "Al-Dawla al-'arabīya al-islamīya wa-l-'ard al-maftūḥa khilāla al-fatra al-rāshida," *Dirāsāt* 22（1995): 1807-1830 がある。

ウスマーンによる巡礼儀礼の変更については、Tab., i/2833-2835 を参照せよ。

アブー・バクル、ウマル、ウスマーンの時代の人事にあらわれた政策の変化については、Martin Hinds, "The Murder of Caliph 'Uthmān," *IJMES* 3（1972): 450-469 を参照せよ。

昨今議論の的となっているクルアーンの正典化については、W. M. Watt, *Bell's Introduction to the Qur'an*（Edinburgh: Edinburgh University Press, 1970), 40-56 および *EI*（2), "Kur'an," section 3, by A. T. Welch にある概説を参照せよ。

第一次内乱中の諸事件に関する記述は、Wilfred Madelung, *The Succession to Muḥammad*（Cambridge: Cambridge University Press, 1997）の詳細な記述に準拠したものである。残念ながら、Madelung はアリーの主張に肩入れし、実質的にその党派の一員となってしまっている。そのため、諸事件に関する本書の記述は、Madelung の記述に基づきながらも、彼の解釈とははっきりと一線を画している。Madelung はアリーの預言者との近しい血縁関係を特に強調しており、これは Asma Afsaruddin, *Excellence and Precedence*（Leiden: E. J. Brill, 2002), 277-284 において主張された、敬虔さが血縁よりも重要であったとする見解と対照的である。

十字架と聖セルギウスの旗をもって行軍した、ヤズィードのタグリブ族兵士に関する報告は、ウマイヤ朝の宮廷詩人にしてキリスト教徒であったアフタルの詩によるものである。この詩は H. Lammens, "Le califat de Yazîd Ier," *Mélanges de la faculté orientale de l'Université Saint-Joseph de Beirut* 5（1911-1912): 229 に引用されている。イスラーム以前にまで遡るカルブ族とクライシュ族の密接な結びつきについては、M. J. Kister, "Mecca and the Tribes of Arabia," in M. Sharon ed., *Studies in Islamic History and Civilization in Honour of Professor David Ayalon*,（Jerusalem, Cana, and Leiden: E. J. Brill, 1986), 33-57 の特に 55-57 を参照せよ。

ユハンナー・バル・ペンカーイェーの引用については Donner, "Believers to Muslims," 43-45、 G. J. Reinink, "The Beginnings of Syriac Apologetic Literature in Response to Islam," *Oriens Christianus* 77（1993): 165-

187 を参照せよ。

ムアーウィヤやカダー・アルムウミニーン等に関する碑文その他の文書史料については、Hoyland, *Seeing Islam*, 687-703, nos. 7, 8, 9, 16、Donner, "Believers to Muslims"、Yusuf Ragib, "Une ère inconnue d'Égypte musulmane: l'ère de la jurisdiction des croyants," *Annales islamologiques* 41（2007）：187-207 を参照せよ。

北アフリカの征服とそこでの奴隷獲得については、Jamil M. Abun-Nasr, *History of the Maghrib in the Islamic Period*（Cambridge: Cambridge University Press, 1987）, 28-37、Elizabeth Savage, *A Gateway to Hell, a Gateway to Paradise*（Princeton, NJ: Darwin, 1997）、*EI*（2）, "Kusayla" by M. Talbi を参照せよ。

セルギオス・ブン・マンスールの錯綜した伝記と、歴代統治者のもとで財務を司っていたダマスクスのヨハネスの一族の重要性については、M.-F. Anuzépy, "De la Palestine à Constantinople（VIIe-IXe siècles): Étienne le Sabaïte et Jean Damascène," *Travaux et Mémoires de Centre de Recherche d'histoire et de la civilisation byzantines* 12（1994）：183-218 の特に 193-204、C. Mango and R. Scott, trans., *The Chronicle of Theophanes Confessor*（Oxford: Clarendon Press, 1997）, 510, n. 4 を参照せよ。

第二次内乱での諸事件を簡潔かつ明確に把握するには、G. R. Hawting, *The First Dynasty of Islam: The Umayyad Caliphate AD 661-750*（London: Routledge, 1987）, 46-57 参照せよ。諸事件をより詳細に再構築したものとしては、'Abd al-Ameer 'Abd Dixon, *The Umayyad Caliphate 65-86/684-705: A Political Study*（London: Luzac, 1971）、Gernot Rotter, *Die Umayyaden und der zweite Bütgerkrieg*（680-692）（Wiesbaden: Steiner, in Komm. für DMG, 1982）、Chase F. Robinson, *'Abd al-Malik*（Oxford: Oneworld, 2005）を参照せよ。

ヤズィードを貶したイブン・アッズバイルの説教は、Aḥmad ibn Jābir al-Balādhurī, *Ansāb al-ashrāf* IVB, ed. Max Schloessinger（Jerusalem: Hebrew University Press, 1938）, 30 に記されている。

ムフタールに関する引用は Tab., ii/650 にある。

68/688 年 6 月の巡礼指導者については Tab., ii/782 にある。

第五章　イスラームの誕生

アブドゥルマリクの宗教的学識については、Ibn Sa'd, *Ṭabaqāt,* ed. E. Sachau（Leiden: E. J. Brill, 1917-1940）, V, 172-174 を参照せよ。Robinson, *'Abd al-Malik*, 53-57 では彼の人となりを知ることの難しさが記されている。

イスラームの歴史叙述における預言という主題については、Donner, *Narratives* の第五章を参照せよ。

ズバイル家政権のビーシャープールの貨幣については、Hoyland, *Seeing Islam*, 550-554 の議論を参照せよ。

「階段の上の十字架」とアブドゥルマリクの貨幣改革については、Michael Bates, "History, Geography and Numismatics in the First Century of Islamic Coinage," *Revue Suisse de Numismatique* 65（1986）: 2310-2362、Sheila Blair, "What Is the Date of the Dome of the Rock?," in Raby and Johns, eds., *Bayt al-Maqdis* I, 59-88〔詳細な書誌情報は下記参照〕、Clive Foss, "The Coinage of the First Century of Islam," *Journal of Roman Archaeology* 16（2003）: 748-760 を参照せよ。

岩のドームの美術的研究については、Myriam Rosen-Ayalon, *The Early Islamic Monuments of al-Ḥaram al-Sharīf: An Iconographic Study*（Jerusalem: Hebrew University of Jerusalem, 1989）［*Qedem*. Monographs of the Institute of Archaeology, Hebrew University of Jerusalem, No. 28.］を参照せよ。

岩のドーム一般については、Julian Raby and Jeremy Johns, eds., *Bayt al-Maqdis: 'Abd al-Malik's Jerusalem* および Jeremy Johns, ed., *Bayt al-Maqdis: Jerusalem and Early Islam*（Oxford: Oxford University Press, 1992 and 1999）［*Oxford Studies in Islamic Art*, IX, parts 1 and 2］所収の論考または、Oleg Grabar, *The Shape of the Holy: Early Islamic Jerusalem*（Princeton, NJ: Princeton University Press, 1996）を参照せよ。ドーム内部の碑文については、以下の論考において書写したものが出版されている。Christel Kessler, "'Abd al-Malik's Inscription in the Dome of the Rock: A Reconsideration," *Journal of the Royal Asiatic Society*（1970）: 2-14. 碑文の翻訳は、本書の補遺 B に示している。近年、C. Luxenberg が以下の論考で、彼ら〔本書で言うところの信仰者〕が三位一体論以前のキリスト教の信条を掲げていたのだとする独自の見解を補強する形で、碑文を

新たに翻訳したが、この見解はあまり広範な支持を得ていない。C. Luxenberg, "Neudeutung der arabischen Inschrift in Felsendom zu Jerusalem," in Karl-Heinz Ohlig and G. -R. Puin, eds., *Die dunklen Anfänge: neue Forschungen zur Entstehung und frühen Geschichte des Islam*（Berlin; Schiler, 2005）, 124-147.

初期のシャハーダについては、第三章であげた文献を参照せよ。Y. D. Nevo, Z. Cohen, and D. Heftmann, *Ancient Arab Inscriptions from the Negev* I（[Beersheba]: Ben-Gurion University/IPS, 1993）, 54, no. ST 640（34）において、ムハンマドとイエスとエズラの名に言及している碑文が報告されている。117/735年の年号をもつ別の碑文では、「ムハンマドとアブラハムの主」に祈願をおこなっている。この碑文については、Moshe Sharon, "Arabic Rock Inscriptions from the Negev," in *Archaeological Survey of Israel, Ancient Rock Inscriptions, Supplement to Map of Har Nafha（196）12-01*（Jerusalem: Israel Antiquities Authority, 1990）, 22*, no. 66. I. を参照せよ。

ムスリムとキリスト教徒、ユダヤ教徒の礼拝儀式の類似については、C. H. Becker, "Zur Geschichte des islamischen Kultus," *Der Islam* 3（1912）: 374-399、E. Mittwoch, "Zur Entstehungsgeschichte des islamischen Gebets und Kultus," *Abhandlungen der königlichen Preussischen Akademie der Wissenschaften, Phil.-Hist. Classe* 1913 no. 2. を参照せよ。

義務として必須とされる「1日5回」の礼拝については、Uri Rubin, "Morning and Evening Prayers in Islam," *JSAI* 10（1987）: 40-64 を参照せよ。

イスラームの起源に関する物語の発達については、Donner, *Narratives* を参照せよ。

「カリフ立像」貨幣の解釈については、Clive Foss, "A Syrian Coinage of Mu'āwiya?," *Révue Numismatique* 158（2002）: 353-365, Foss, "The Coinage of the First Century of Islam," *Journal of Roman Archaeology* 16（2003）: 748-760、および Michael Bates, "Byzantine Coinage and Its Imitations, Arab Coinage and Its Imitations: Arab-Byzantine Coinage," *Aram* 6（1994）: 381-403 を参照せよ。

文献史料に見られるハリーファ・アッラーの称号については、Avraham Hakim, "'Umar ibn al-Khaṭṭāb and the title *khalīfat Allāh*: A Textual Analysis," *JSAI* 30（2005）: 207-230、Wadād al-Qāḍī, "The Term 'khalīfa' in Early Exegetical Literature," *Die Welt des Islams* 28（1988）: 392-411、Patricia Crone and Martin Hinds, *God's Caliph: Religious Authority in the First Centuries of Islam*（Cambridge: Cambridge University Press, 1986）を参照せよ。

初期イスラーム時代の終末論におけるイエスの重要性については、David Cook, *Studies in Muslim Apocalyptic*（Princeton, NJ; Darwin, 2002）, 323-334、Cook, "The Beginnings of Islam in Syria during the Umayyad Period"（diss. University of Chicago, 2001）を参照せよ。

ウマイヤ朝が「権威の源泉として、先行する数々の預言者たちと自身との繋がりを強調していたこと」については、Uri Rubin, "Prophets and Caliphs: The Biblical Foundations of the Umayyad Authority", in Herbert Berg, ed., *Method and Theory in the Study of Islamic Origins*（Leiden: E. J. Brill, 2003）, 73-99 を参照せよ。

用語集

本書で用いられている、主にアラビア語の専門用語の意味を簡単に解説したものである。本文中では、ここに示した通りに表記されている（原語の転写表記は日本語訳において新たに加えたものである）。

アーシューラー　'āshūrā'：ムスリムの暦で最初の月であるムハッラム月の10日を指す。この日、シーア派のムスリムは61/680年にカルバラーにて惨殺されたフサイン・ブン・アリーの追悼行事を催す。

アフル・アッズィンマ　ahl al-dhimma：信仰者たちとの保護（ズィンマ dhimma）契約と引き換えに特別な税金を納めることで、信仰者たちに服属する庇護民。

アフル・アルキターブ　ahl al-kitāb：「啓典の民」すなわち、信仰者たちがイスラーム以前に神の啓示を受けたと見なすキリスト教徒とユダヤ教徒。

アフル・アルバイト　ahl al-bayt：文字通りに訳すと「家の人々」であるが、しばしば預言者ムハンマドの一族（お家の人々）を意味する。また「神の館」と呼ばれるメッカのカアバ神殿との関係を有する人々を意味する場合もある。

アーミル　'āmil：地方の税務官。大抵の場合、アミール（軍事総督）と共に活動する。

アミール　amīr：遠征軍の軍事司令官ないし地方の軍事総督を指すアラビア語。

アミール・アルムウミニーン　amīr al-mu'minīn：「信仰者の長」。信仰者／ムスリム共同体の指導者としてムハンマドの後継者となった人物に与えられた称号。

アムサール　amṣār：ミスルを見よ。

アーヤ　āya：クルアーンの節を指す。文字通り訳すと（神の恩寵の）「徴」。

アンサール　anṣār：文字通りに訳すと「援助者」であり、ムハンマドの運動に加わったヤスリブ（後のメディナ）の人々を示す語。

イマーム　imām：礼拝の際、人々の前で祈る者のこと。人々はその動作に則って礼拝を行う。より広い意味では、ある特定の文脈において指導者とみなされる人物を指す。シー

ア派におけるイマームは、ヒジュラ暦2世紀までに、共同体全体を率いる神に導かれし指導者を意味するようになった。このイマームはムスリム共同体全体を救済するのに不可欠な秘密の知識を与えられており、それゆえに（その人物が実際にその地位に就いていなくとも）正当な信仰者の長たり得る唯一のムスリムであるとされた。

ウムラ　ʻumra：「小巡礼」、メッカの内部でカアバの周回その他の儀式が行われる。一年のどの時期に行ってもよい（ハッジを見よ）。

ウンマ　umma：共同体、特に信仰者の共同体。

カアバ神殿　Kaʻba：メッカにある立方型の石造建築。イスラームの信仰における中心的な場所であり、ここに向かって礼拝が行われる。

カーフィル　kāfir（複数形カーフィルーン kāfirūn）：不信仰者のこと。文字通り訳すと「恩知らず」であり、神の恵みに感謝しない者のこと。

カダー　qaḍāʼ、カーディー　qāḍī：クルアーンでは、カダーは神の命令、あるいは神の決定に関わる行為を表す際に用いられる。この言葉は、法的な論争についてクルアーンに基づいて裁決を下すことを委ねられた人々（カーディー）が行使する裁判権に用いられるようになった。

カリフ　caliph：ハリーファを見よ。

キブラ　qibla：ムスリムが礼拝の際に向く、メッカのカアバ神殿の方角。

クフル　kufr：不信仰。カーフィルを見よ。

クライシュ族　Quraysh：預言者ムハンマドが属していたメッカの部族。

クルアーン　Qurʼān：ムスリムの聖典。神によって預言者ムハンマドに下されたものであると、ムスリムによって信じられている。

コーラン　Koran：クルアーンを見よ。

サーイファ　ṣāʼifa：信仰者／ムスリムによって実行された夏の遠征。特に、ビザンツ帝国領であるアナトリアが遠征の対象となった。

ザカート　zakāt：イスラーム法においては、「喜捨」。信仰の基本儀式である「五行」の一つ。ムハンマドの時代においては、過去の罪をあがなうために支払われた。

サダカ　ṣadaqa：信仰者共同体に納付される税。時に、ザカートと同一視された。多くの史料によれば、特に遊牧民が支払うものとされているようである。

サッブ　sabb：金曜礼拝の説教において行われた政敵に対する呪詛。特に、指導権をめぐる争いの中でウマイヤ家勢力やアリー家勢力によって実践された。

サラート　ṣalāt：信仰者／ムスリムの礼拝。カアバ神殿の方角を向きつつ、数ラクア（rak'a、1ラクアは直立、屈折礼、平伏礼からなる）をクルアーンの章句を唱えつつ行う。毎日、規定の時間にとり行われる。

シーア派　shī'a、シーア・アリー　Shī'at 'Alī：アラビア語のシーアとは、基本的には「党派、派閥」を意味する。預言者ムハンマドの従兄弟にして女婿であるアリー・ブン・アビー・ターリブの党派は、第一次内乱（35–40/656–661年）の間彼を支えた。後に、アリーに従う者たちはアリーの全ての子孫を崇敬するようになり、彼らが共同体の指導権をとるべきだという特別な主張をするようになった。イマームも見よ。

ジハード　jihād：「努力すること、尽力すること」を意味するアラビア語。転じて一部の文脈では「戦うこと、奮闘すること、聖戦」を意味する。

シャハーダ　shahāda：「証言」。ムスリムの基本的信条の表明（信仰告白）。「唯一神のほかに神はない、ムハンマドは神の使徒である」。この文句を唱えることは、イスラームの基本儀式である五行の一つとなった。

シューラー　shūrā：重要な問題、特に指導権の問題を解決するべく召集された、共同体の指導的立場にいた者たちによる会議。伝承によれば、シューラーの構成員は問題について完全に意見の一致が見られるまで、議論を続けなければならなかった。

スグール　thughūr：信仰者たちの支配領域の中の、防備を固めた辺境地域、特にビザンツ帝国と接する地域。文字通りに訳すと「隙間」、「歯と歯の間の空間」を意味するアラビア語であり、外部からの侵略に対して防備を固める必要がある山間の隘路を指す。

スーラ　sūra：クルアーンの章。それぞれの章が名前（雌牛の章、悔い改めの章など）をもち、また伝統的に章に番号付けもなされている（例えば、雌牛の章は第二章）。

タウワーブーン　tawwābūn：「悔悟者たち」。初期にあらわれたシーア派の一集団で、61/680年にイラクのカルバラーでウマイヤ朝の総督に惨殺されたフサイン・ブン・アリーの運動を、十分に支えることができなかったとして後悔した人々。

タンズィール　tanzīl：文字通り訳すと「下すこと」。この言葉で、クルアーンの章句が神からムハンマドへ下されたその過程を表すことが通例となった。つまり、「啓示（の過程）」である。

単性論派　monophysite：イエスは同時に人的であり神的であるという単一の性質（ギリシ

ア語でフィシス physis）を持っていたと信じるキリスト教徒のこと。ビザンツ帝国の「正統派」教会は 451 年のカルケドン公会議で単性論派を異端とした。両性論派も見よ。

ディフカーン　dihqān：中世ペルシア語（パフラヴィー語）で、古代末期からイスラーム初期時代のイランの農村地帯を支配した在地の地主。

ディーワーン　dīwān：初期の信仰者運動において、政府から給与を受ける資格のある戦士（やその他の者）を記した台帳ないし名簿。元来のディーワーンが時と共に戦士の給与やその他の業務を司る巨大な官僚機構へと成長したため、ディーワーンという言葉は「政府の官庁」の意味を獲得した。また詩人の作品を集めたものの意味もあるが、それはディーワーンが何がしかのもののリストないし編纂物からなっているという共通の概念に基づく。

ナビー　nabī：人々を警告し、導くために神に遣わされた預言者。ラスールを見よ。

ハガレーノイ　hagarēnoi：ムハージルーンを見よ。

ハーシム家　Hāshim：預言者ムハンマドが属していた、メッカのクライシュ族内の一族。

ハッジ　ḥajj：「大巡礼」。ムスリムの暦で 12 番目の月に行われる年一度の巡礼儀式。その間巡礼者たちはメッカ近郊にあるアラファなどの各所で数多くの儀式を執り行う。

ハディース　ḥadīth：預言者ムハンマドに帰せられる言葉、ないし彼の行った何がしかの行為についての報告。本文の前には、それを伝えた伝承者が順番に列挙される。

ハニーフ　ḥanīf：クルアーンにおいては幾分曖昧な言葉であるが、どうやら、キリスト教やユダヤ教のような確立された一神教のいずれにも属さない、「本来の」一神教徒を指すようである。

ハラム　ḥaram：7 世紀のアラビア半島社会において神聖視された特定の地域、ないし特定の空間のこと。メッカはイスラーム以前の主要なハラムであった。622 年の移住の後、ムハンマドはヤスリブを新たにハラムとした。

バリード　barīd：書簡や諜報活動の情報をやり取りするために信仰者の長によって維持された公の通信制度。

ハリーファ　khalīfa：信仰者の長アブドゥルマリク（在位 685–705 年）により国の指導者を指すもう一つの称号として採用された、クルアーンの用語。慣例では「カリフ」と呼ぶ。

ハワーリジュ派　khawārij：文字通りに訳すと「出て行った者たち」。元々のハワーリジュ派は信仰者共同体における超敬虔主義的な者たちであり、彼らは信仰者の長アリー・ブン・アビー・ターリブが指導権の問題を交渉に委ねると決断したことを重大な罪とみなし（そしてそれゆえに彼に指導者たる資格はないとみなし）、彼のもとから離れた。

ヒジュラ　hijra：アラビア語で「移住」や「避難」、場合によっては「入植」を意味する言葉。ムスリムの暦の初年となった預言者ムハンマドのメッカからメディナへの移動（622年）を指して用いられる。また、信仰者運動の初期におけるアラビア半島外への信仰者の移住を指す場合もある。ムハージルーンを見よ。

ヒマー　ḥimā：税として集められた家畜（主にラクダ）のために、信仰者の長によって保護された牧草地のこと。

フィトナ　fitna：クルアーンの用語としては「誘惑」を意味する。後代のイスラームの歴史叙述において、7世紀の内乱を指す言葉として用いられた。その理由は指導権を争った者たちが世俗権力の獲得という誘惑に屈してしまったと見なされたためである。

フトゥーフ　futūḥ：アラビア語で「開くこと」や「神が恩寵を与えること」を意味する言葉。イスラームの歴史叙述において、信仰者運動による新しい地域や都市の征服を指す場合に用いられた。しばしば「征服」と訳される。

フトバ　khuṭba：金曜の正午の礼拝時に行われる説教のこと。

マウラー　mawlā（複数形マワーリー mawālī）：アラブの血縁集団にいた被保護民のこと。彼らは異なる血統でありながら、実質的には血縁集団の構成員とみなされた。一般に改宗者もこの立場に置かれた。

マガリタイ　magaritai：ムハージルーンを見よ。

ミスル　miṣr（複数形アムサール amṣār）：信仰者運動の軍が拠点として建設した軍営都市のこと。時が経つとともに大都市へと発展した。イラクのクーファやバスラ、エジプトのフスタート、北アフリカのカイラワーン、中央アジアのメルヴなどがこれにあたる。

ミフラーブ　miḥrāb：モスクや礼拝場所の壁面にあるくぼみのこと。このくぼみはキブラの方角を示しており、これに向かって礼拝を行う。

ミンバル　minbar：モスクにある説教壇のこと。金曜礼拝の時に礼拝指導者はここから説教（フトバ）を行う。

ムウミン　mu'min（複数形ムウミヌーン mu'minūn）：神が下した法に従って正しく生きる、

唯一なる神の信仰者のこと。クルアーンの用法では、正しい啓典の民（アフル・アルキターブ）も含み得る。

ムシュリク　mushrik（複数形ムシュリクーン mushrikūn）：「別の何ものかの仲間とする人々」。神を別の何ものかの仲間に加え、それゆえに神の唯一性を否定する人々。多神教徒。

ムスリム　muslim：クルアーンにおいては、神の命令や法に服従する人。おそらく、より正確には、『福音書』や『律法』よりも、啓示や法としてのクルアーンに従う人。

ムハージルーン　muhājirūn：ヒジュラを行った者たちのことであり、特に預言者ムハンマドに最初期から従って一緒にヤスリブ（メディナ）へと移住したメッカの人々のこと。また、信仰者運動の最初の拡大期にアラビア半島の外へと移住した、半島出身の信仰者たちのことを指しても用いられる。この言葉は、信仰者たちがアラビア半島外にあらわれた時の最初の名称として、ギリシア語やシリア語の史料にもあらわれている（シリア語でムハッグラーイェー、ギリシア語でハガレーノイないしマガリタイ）。

ムハッグラーイェー　mhaggrāyē：ムハージルーンを見よ。

ラーシドゥーン　rāshidūn：「正しく導かれた人々」。後代のイスラームの歴史叙述で遡及的に使用された、ムハンマドの後継者のうちの最初の四人〔日本語では正統カリフと訳される〕を指す言葉。アブー・バクル（在位 11–13/632–634 年）、ウマル（在位 13–23/634–644）、ウスマーン（在位 23–35/644–656）、アリー（在位 35–40/656–661 年）の四人。この言葉は、彼らの指導権の主張の正しさという、共同体を分裂させるおそれのある議論には立ち入らないとする神学的判断を反映したものである。

ラスール　rasūl：使者あるいは使徒、特に宗教共同体の指導者として神に遣わされた人物。ナビーを見よ。

リッダ　ridda：「戻ること」、「答えること」あるいは「引き返すこと」を意味するアラビア語。後代のイスラームの伝承では、アブー・バクルの指導下で行われた信仰者共同体の拡大に対する、アラビア半島で生じた抵抗運動を表すために用いられた侮蔑的意味合いを含む言葉であり、また「背教」の意味を有する。

両性論派　dyophysite：イエスは別個の二つの性質（ギリシア語で「フィシス physis」）、すなわち人間の性質と神の性質をもち、その二つの性質は彼の中で独立した形で存在すると信じるキリスト教徒。単性論派を見よ。